死ぬか生きるか 海・山・川

# 絶体絶命

## アウトドア体験談55

つり人社書籍編集



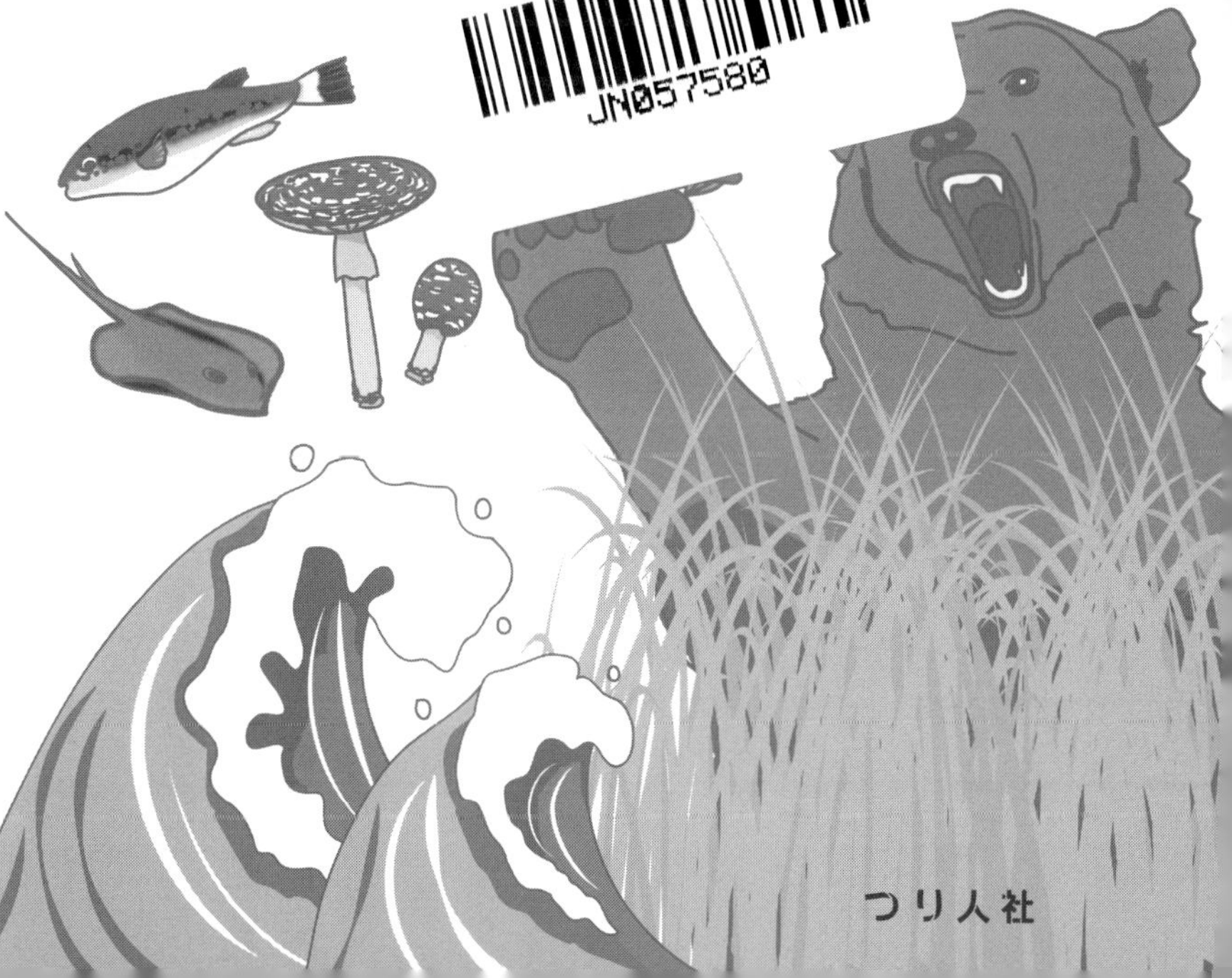

つり人社

# 目次

## 危険な生物との死闘編



## 恐ろしい自然の脅威編

## 食にまつわる危機一髪編



## アウトドアでもやっぱり人間が怖い編



**【お断り】** 本書は月刊『つり人』２００２年７月号～２０２１年１月号「釣り人たちの九死に一生スペシャル」等をもとに書籍化した『釣り人の「マジで死ぬかと思った」体験談』シリーズから、選りすぐりを再編集したものです（時制等は初出当時のママ）。また、「行先も告げず春の単独渓流釣りで滑落、骨盤骨折で身動きとれず。激痛・雨・冷え・獣の恐怖に耐えた３日間／ぴちこ」はＸ（旧 Twitter）でのツイートを本人が加筆・修正したものです。

# 思わぬアクシデントで九死に一生編

# 危険な生物との死闘編

「たかがサル1匹のために絶好のポイントを譲ってなるものか」。
岩の上のサルとにらみ合いながら淵に近づいたその時、
それまで静かだった森の表情が一変した。

# 森でサルの群れに囲まれる

体験者◉五十嵐 洋

※2004年刊行の『釣り人の「マジで死ぬかと思った」体験談』より転載

あの事件は人間の尊厳を失った時間として、決して忘れることのできない出来事である。

その日、私は群馬県利根川のとある支流を遡行していた。上流に向かうほどに釣れるヤマメが20㎝、25㎝、27㎝とサイズアップし、釣り人としての私の気持ちもどんどん高揚し、次に目指すポイントのことしか考えなくなっていた。「この先の大きな淵にはきっと尺オーバーの大ものがいるに違いない」と信じて遡行の足を速めた。

渓が狭まる峡谷を抜け、小さなナメ滝を上り切ると、目的の大きな淵に出た。目の前の視界が開けた瞬間、淵にある岩の上で何か生き物がうごめいた。

「なんだサルか」と思った瞬間、目が合った。かなり眼光の鋭いサルだった。目は口ほどにものを言うというが、敵対心がはっきりと見て取れる。しかし、たかがサル1匹のためにあの淵は譲れない。サルと目線を合わせたまま、確実にポイントににじり寄る。サルも微動だにせず、私を凝視している。

私が数歩前進した時だった。突然、サルは目線を外し、威嚇の表情で牙を見せた。次いで口を天空に突き出し、「ギーッ！」と吠えたのである。

この威嚇に怯んだ私は、次に起きる出来事に対処できるほどの心の余裕はなくなっていた。

静かだった森が、この一声で全く表情を変えた。突然、周囲の木という木の葉が「ガサッ、ガサッ」と揺れたかと思うと、「ベキッ、ベキッ」と枝をきしませるほどの重量感が周囲を支配した。

「ウォ！　ウォー」、「ギャ！　ギャ！」とサルの群れがいっせいに吠え出した。身体中の血液が重力の何倍もの力で心臓に押しもどされたように、全身から消えた。

あのサルは、まだ私を睨み続けている。それればかりか、1歩ずつ私に向かって来るではないか。たとえボスザル1匹でも、こんな山中で戦ったならば相当に手ごわい。さらに、サルの群れの総数は、いったいどれくらいなのか見当もつかない。

多勢に無勢。勝ち目はない。などと、いまだから冷静に戦況を分析しているようだが、あの時はマジで「死ぬかも……!」と思った。

イヤだ。サルに殺されるなんて死に方は絶対にイヤだ。こうなったら逃げるしかない。

しかし、渓流は登って行くことのほうが、下って行くことよりも容易である。

彼らの威嚇の声はさらに大きくなり、森のざわめきも最大ボリュームになった。目の前のサルは、徐々に速さを増し、近づいて来る。

この時、「タックルを置けばいいんだ!」とひらめいた。なぜそんな行動をしたのか不思議だが、この行動が私を救った。右手にしっかりと握っていたロッドを彼らの怒りに触れないように、静かにその場に置き、肩から下げたバッグを外し、これもその場に置いた。かなり怯えていたが、必死に恐怖心を抑えながら、1歩ずつ後退りして元のナメ滝まで戻った。

彼らの突然の襲来に備えて、手に石をしっかりと握り締めていたのだが、どのようにして滝を降りたのか覚えていない。

滝を降り切ると、木々の奥のざわめきも消えていた。それでも恐怖心は消えず、水飛沫をあげながら、水面を走るようにして入渓点まで戻った。

それから1時間ほど経過しただろうか、人心地つくと、置いてきた高価なタックルが惜しくなり、恐る恐るあの地点へ戻った。

無残にもロッドは折られ、バッグは引き裂かれていた。あらためてサルの凶暴性に驚くとともに、相当の恐怖心を抱いた。

タックルを失ったことの悔しさもあったが、時間の経過とともにふつふつと沸きあがるのは、人間の尊厳を失ったことへの悔しさだ。進化したはずの人間が、遠い祖先にかんぷなきまでの敗北を喫したのだから。

野生動物も人間という未知の生物と突然山中で出遭えば、どのような行動を取るのか想像もつかない。出遭った時に、自分の持ち物を犠牲にしてでも、逃げること以外に対応策はないのかもしれない。とはいえ釣り人たるもの、いかなる状況でも心に余裕を持って、周囲の状況を冷静に分析して行動することが一番大切だろう。

安全と思い込んでいたホームグラウンドでまさかの遭遇。
身近に潜む危険が私を襲った。

# 川辺でマムシに噛まれる

体験者◉沼野恭久

※2004年刊行の『釣り人の「マジで死ぬかと思った」体験談』より転載

ひとくちに「釣り」といってもその範囲は広く、多岐に渡る。釣りは子どもから大人まで楽しめる遊び、趣味、道楽、スポーツであり、なかにはこれを職業にする人もいる。

このように多くの人に愛される釣りだが、磯釣り、船釣り、解禁当初の雪深い源流釣り、急流や岩場の多い渓流釣り、増水した激流でのアユ釣りなどなど、ある程度危険を予知できるだけの知識と経験がないと単独釣行は無理、という種類のものもある。もちろん、危険を承知での釣行など論外だ。

ところが、危険とはまったく無縁と思っていた場所で、予想もしない危険にさらされることもある。

それは1985年8月初旬のことだ。例年この時期の私は明けても暮れてもアユ、アユ、アユ。所は、京都市内から40~50分で行ける上桂川。親しくしている常照皇寺そばの料亭兼オトリ店の『山陵汀』で、いつもの身支度を済ませた。酷暑の時期でも特に暑い一日だった。

後に思い返すと、この時の身支度に問題があった。2日前の釣行で、いつも愛用していたウエーダーを着用したところ暑さに閉口したため、この日は暑い日にのみ着用するウーリーナイロンのタイツに同じような材質のフェルト底のタビを履いたのである。

荷物を預け、車でほんの3分走った江口橋たもとから入川。左岸を少し下った浅い瀬肩を右岸へ渡る。流れはあまり速くないが、川幅が広く、こぶし大から頭大の石がびっしりと敷き詰められ、流れに美しく磨かれている。当然、魚もたくさん見える。しかもここは良型がよく混じるので大好きな場所だ。
後ろには川沿いに適当な並木があるため涼しく、川原はないが足もとは浅く、立ち込んでいると
ウーリーナイロンを通る水もヒンヤリと気持ちがよい。今日はこの履物で正解だと思ったのだが
……。
9mザオで泳がせると、対岸のヘチまで届く。ポッポッと退屈しない程度に釣れ、しかも釣り場
は広いのでわずかずつ上下流に動くだけでポイントには困らない。いたって楽チンな釣りなのだ。
対岸近くまで遠ざかっている目印を見つめていたその時、いきなりカツンと木片のようなものが
右足の膝下に当たった。と同時にチクリ。
「あっ痛！」
見ればそれは木片ではなく、50㎝ほどの黒い斑紋のあるヘビだった。ヘビはこちらを一瞥するこ
ともなく、ノロノロと後ろの陸地に消えて行く。
慌てるでもなく、そのようすをボーっと見ていた私だが、さすがに「ヘビに噛まれたのだ」と気
づく。待てよ？　噛むヘビといえばマムシ⁉︎
慌ててサオを置き、タイツをめくる。ちょうどカツンとショックのあった箇所にポッリと小さな
穴。そして少量の血がタラリ。
やられた！　腰の帯で傷の上方を堅く縛って、とりあえず山陵汀へ。理由を話すと、マスターい
わく、「そら間違いなくマムシでっせ、はよ血清打たなアカン、京北病院へ電話してみまっさ」。結

果、土曜日の午後ということで宿直の先生と看護婦が1人ずついて、準備して待っていてくれているらしい。「道具は始末しとくから、そのまま早よ行きなはれ」ということで、ハッピにタイツというウエーダーを立ちで病院に直行した。畜生、ウエーダーさえ着用していればこんな事態にはならなかったろうに。

病院に着くなり治療室に案内される。看護婦さんに促されてベッドへ。彼女はさっそく傷口に縦横にメスを入れ、血を絞り出す。先生は血清らしき薬のビンを片手に説明書を読んでいるようす。大丈夫かな、と心配になったが、専門の先生なんかいるわけがない。

血清に対して、まれに過敏反応でショックを起こす人もいるらしく、その検査のためとかで、まずは腕の2ヵ所に注射を打つ。20分ほどようすを見て、いよいよ血清を注射。先生いわく、山間部の病院にはたいてい対マムシ用のワクチンが用意されているから、今どきマムシに噛まれて死ぬ人はいないとか。

「2、3日泊まっていくか」

「えー、それはちょっと困ります」

近いといっても我が家から車で40分、バスだと1時間以上かかる病院への入院なんてとんでもない。

「ほなちょっと休んだら、なるべく早よ帰りなさい。あとは近くの病院へ行って治療してもろうたらええ。ただ、この血清は続けて二度は打てんから、また噛まれんようにな」と先生。冗談じゃない。一度だってマムシに噛まれること自体が宝くじに当たるより低い確率なのに、二度目があってたまるか。

後のことは山陵汀のマスターにお願いして、そのまま我が家へ急いだ。運転している間は感じなかったが、車をガレージに入れて歩き出した途端、ズキンズキンと痛みだした。妻には連絡してあったが、マムシに噛まれるという珍事に仰天してか、私の顔を見るなり「早よ日赤病院へ行ったら」と、まだ慌てていた。私が医者の受け売りをすると、やっと安心したようだ。

翌日、噛まれた右足はうっすらと暗紫色の斑紋が浮き出てパンパンに腫れ上がり、足首も象のようになった。ちょっと触ってもピリッとくる痛さ、立つだけでズキズキと疼く。熱も出た。日赤病院が近いので通院したが、順番待ちが長いうえに治療は傷口の消毒だけ。これには閉口し、2日でやめた。結局、完全に痛みが引くまで2週間以上を費やしたと思う。

それにしても、私たちは身近にいる毒ヘビ・マムシについてのノウハウをあまりにも知らなすぎるのではないだろうか。漢方薬に使うマムシを専門に捕る業者も少なくなり、マムシ自体がかなり増えているとか。山間はもちろん、マムシは町のすぐ近くの神社や寺の草むら、石垣、森や小川にも出没する。釣りはもちろん、キャンプ、川遊び、山遊び、バーベキューなどで遭遇する機会は意外に多い。彼らは自ら体温の調節ができないので、暑い時は涼しい所、寒い時は暖かい所に移動する。マムシは胎生で子どもを産み、ウソかマコトか、歯が邪魔になるので、繁殖期はなんにでも噛みつくという。安全のために、ヤマメやアユ釣りの際は4㎜厚のウエーダーかタイツを着用したい。

この年の8月といえば、日航ジャンボ機墜落という悲惨な大事故があった。あれから10周年、20周年と追悼行事が行なわれるたびに、私も神妙な気持ちでこの出来事を思い出すのである。

「ハブって血清を打てば平気ですよね？」と尋ねた私に、
医者は、「いや、死ぬよ。もしくは足切断」とあっさり告げた。

# 南国のホテルでハブに噛まれる

体験者◉松尾 健

※2004年刊行の『釣り人の「マジで死ぬかと思った」体験談』より転載

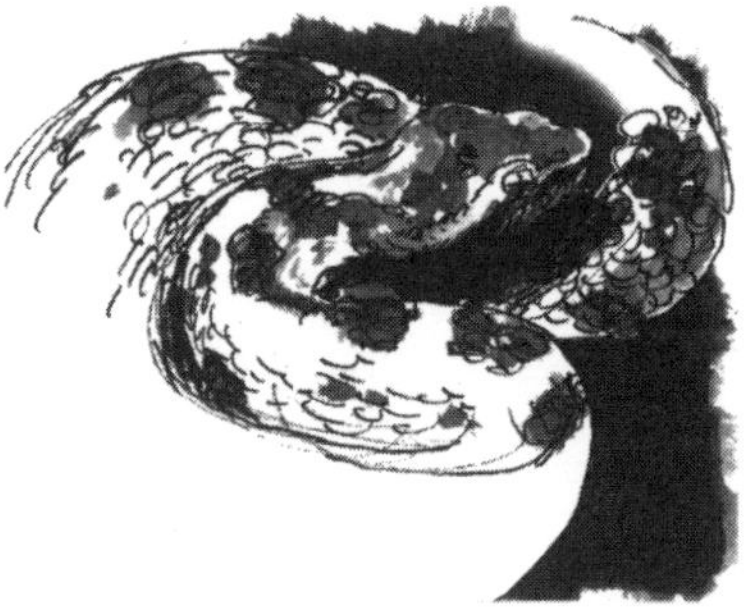

この事件は今年（２００２年）４月に起きたばかりである。友人と３人でジギングをしに沖縄県久米島へ行った時のことだ。久米島へは２年前にも行ったことがあるが、その時は「数は出るけどサイズがイマイチ」だったため、今回は50kgオーバーのキハダマグロを釣ってやろうと意気込みだけは充分だった。

２泊３日の日程で、船には２日間乗る予定だったが初日はあいにくのシケ。出船は取りやめ、昼間は陸っぱりでメッキと戯れ、夕方６時から船長を含めた漁協の皆さんと港で酒盛りをすることになった。沖縄の人は酒好きが多いらしく、なかば強引にお酒を勧めてくる。今回船を出してもらうことになっていた船長も例外ではなく、かなりの酒豪。私も、前日に獲れたというカジキの刺身を肴にビールや泡盛などをいただいていい気分になっていた。

８時を回った頃、そろそろ明日に備えて帰りましょうということになり一路ホテルへ。

ホテルに到着後、部屋に帰る前にちょっと彼女に報告しようと思い、ひとり別行動。いま思えば、これが不幸の始まりだった……。

ホテル前をブラブラしながら携帯電話で話をしていたその時、左足にチクッと痛みを感じた。草かなにかで切ったかな、と思った次の瞬間、左足に激痛が走った。何事かと思い後ろを振り返ると、１mほどの細長い物体が逃げていく。

まさかヘビ？　でもってここは沖縄だからハブ？

サーッと血の気が引くのを感じながら、ホテルのロビーへ猛ダッシュ。といっても、激痛のため思うように走れない。いや、歩くこともままならない。

幸いなことにロビーまでは100mもなかったため、這うようにしてなんとかたどり着く。従業員に連絡を取ってもらい、急いで血清のある病院へ。病院に着いた頃には左足の感覚はほとんどなく、全身は震え、なにしろ痛かった。

処置してもらっている間にちょっと医者に尋ねてみた。

「ハブって血清を打てば平気ですよね?」

すると、「いや、死ぬよ。もしくは足切断」と、なんとも素っ気ない返事が返ってきた。

実は私、今年3月に医学部を卒業し、この釣行は卒業旅行であった。自分が勉強した頼りない知識によれば、ハブは奄美と沖縄諸島特有の出血毒を持つ毒蛇で攻撃性が強い。受傷部位は95%が四肢で、局所は激痛、裂傷、発赤腫脹、浮腫が広い範囲で及ぶ。全身症状を伴い、死亡例もある、と。本当に死ぬのか? 待てよ、死亡率は0・5%以下って書いてあった気がするぞ。

「先生、冗談ですよね」

「冗談に決まってるだろ。でも後遺症が残る可能性はあるよ」

ひとまずは安心したが、痛いことには変わりがない。その夜は痛み止めを6回ほど打ってもらったが、結局一睡もできず朝を迎えた。朝になる頃には足がパンパンに腫れ上がり、痛みも引くようすがなかったが、幸い処置が早かったためハブ咬傷の中では軽傷ですみ、後遺症もなく回復した。

私はその後5日間入院し、友だちは先に帰ってしまい、釣りをすることもなく島を後にした。なんて運の悪い旅行だったのだろうか。これから患者を診ることになるはずが、自分が患者になるなんて。

あとで聞いた話によると、ハブによる被害者は沖縄県では年間250名。沖縄県全体でも1992年以降、ハブによる死者は出ていないそうだ。咬傷時のファーストエイド普及、抗毒素血清の使用によって致死率はほとんどゼロに近い。しかし、初期の処置が遅れたり不適切であった場合には後遺症で悩まされたり、血清使用ではアナフィラキシー、血清病の発生をみたりすることもある。とにかく咬まれたらなるべく早く病院で受診することが大切らしい。

なお、島の名誉のために書いておくと、観光客がハブに咬まれたのは私が初めてだという。ましてやヤブの中でもないのに。入院中は観光協会の方もお見舞いに来てくれるなど、島では一大ニュースになってしまった。私のことを島の人全員が知っているらしく、帰りの空港ではたくさんの人に声を掛けられた。「あなただったんですか」って。島では今後、ハブの徘徊を防止するために、仕切りとして用いられる防蛇網を増やすなどの対策を立ててくれるらしい。安心されたし。

私もこんなことくらいでくじけるわけにはいかない。傷も癒えない受傷後1週間で次のチケットを取り、受傷後3週間目の明日からまた久米島へ行くのだ。免疫がついたからもうハブの心配はないし、今度こそビッグワンを釣ってやる！

喜んでばかりもいられないが、正直、最初はまんざらでもなかった。
しかし時が経つにつれ、ある1つの絶望が黒く膨らんできた。

# 草むらでブユに局部を刺される

体験者◉赤澤正

※2005年刊行の『釣り人の「マジで死ぬかと思った」体験談2』より転載

私が「死ぬかと思った」ではなく「死のうと思った」のは、まだまだ遊びたい盛りだった20年前の真夏のことである。

私は福島県の某川でのんびりとアユの友釣りを楽しんでいた。4つの目印を上へ上へと踊らせ、時々「の」の字を描いてさらに上へ。すると「ガツガツガツーン！」の衝撃とともに目印が飛ぶ。とまあ、ここまではいいのだが、すかさずサオを立て、頃合いを見計らって抜きにかかると、2尾のアユがはるか頭上を越えていく場外ホームラン。アユ釣りを始めてまだ2年目の私は36㎝のタモでは簡単に取り込めず、アユを掛けるたびに右往左往。それがとにかく楽しかった。

釣り人ひしめく関東のアユ河川と違って平日の東北の川は人影もまばらで、恥をかく心配もなく、心ゆくまで場外ホームランを連発できるのがうれしかった。

そんなこんなで、いつの間にやら昼になっていたと思う。しゃがんでオトリを交換した時、股間に異変を感じた。ウエットスーツの上から触ってみると、「アレー？」と声が出てしまうほど大きい。いや、大きいというよりも膨張している感じ。

何だよ、昼間からその気になっちまったか？　我ながら、さすがにこれは恥ずかしい。サオを置き、ウエットスーツを下げ、アンダーウエアをめくり、パンツの中を覗いてびっくり仰天！

「デ、デカい！　デカすぎる！」

いつもの3倍。いや、4、5倍はあるかもしれない。見覚えのない立派なセガレに茫然自失。うれしいやら恥ずかしいやら。状況が飲み込めないまま立ちすくんでいた。

痛みはない。ただ、ビリビリと痺れているような感じはする。だから、股間が異常に膨らんでいて恥ずかしいものの釣りには支障がないから、ちょっとガニ股姿勢でまた釣りを続行したのだった。そのまま夕方まで釣りを続け、6時頃に納竿。宿に帰り、ひと風呂浴びようと浴室へ向かうと、すでに湯船には釣友たちが浸かっていた。そして「ガラッ」とドアを開けて、私が浴室に入った途端、湯煙の先の全員の視線が私の下半身に集中した。

「うわ、ご立派!」

「靴べらみたい!」

「握らせてくれ!」

拍手喝さい。やんややんやの大騒ぎである。我がセガレがその夜の酒席の話題を独占したのはいうまでもない。私としても、なんだか大物になったようで気分は悪くない。夢なら覚めないで、という感じでもあった。見れば見るほど惚れ惚れする。ただだらしなく伸びたのではなく、先端部分が特に素晴らしい成長ぶりを示し、キノコを通り越してUFOのように傘が張っている。

とはいえ、ただ喜んでいるわけにもいかない。突然の成長ぶりには理由があるはずだ。というわけで、今日1日、自分の行動を慎重に振り返ってみる。結論はこうだ。

朝一番、お腹の調子が悪かった私は草むらにて用を足していたのだが、その時、ゴマ粒大のハエのような虫が足の周りにまとわりついていたのだった。目に見える足の周りにいた虫こそ手で払ったものの、もしかすると目に見えない陰部は虫に刺され放題だったのかもしれない。いや、そうに違いない。

翌朝、そのことを民宿のおかみさんに話すと、「それはブユの仕業だね。キンカンを塗るといいよ」と言うので、すぐに薬局に走った。

そしてパンツの中を覗くと、ひと晩経ったというのに、いまだ「ビンビン」というか「ブクブク」に膨張した靴べらがあった。そして虫に刺されたと思しき箇所にたっぷりとキンカンを塗ったのだった。

やれやれ、これで治るだろう。と思ったのも束の間、今度は火がついたように患部が熱くなってきた。いや、患部だけではない。つま先から頭のてっぺんまで、目や鼻や口からも内側から熱いものが噴き出すような刺激が走る。

「うわあぁぁぁ！　痛てぇ！」

七転八倒して悶絶する私。すぐに冷水を浴びせて、痛みはしだいに鎮まったが、依然として膨張したままだった。

その後、釣りから帰ってもセガレは相変わらず靴べらのままだった。小用を足すにもひと苦労。なにせズボンのチャックから出ないのだから。しかも図体ばかりデカくて力はなく、オシッコは真下にタラッタラッと雫が垂れる程度で時間ばかり掛かり、仕舞うのもまたひと苦労という有り様。実際、お尻を突き出すようにしないと仕舞えないのだから情けない。

さらに面倒くさいのが、バカな釣友たちからの電話攻撃である。

「どうだ、使ってみたか?」

「靴べらの性能はいかが?」

「母ちゃんは喜んでるか?」

そんな質問を受けるたびに、私の心はグサッと傷ついていたのである。見た目はいくら立派でも、これではただの肉の塊で、文字どおりの〝役立たず〟なのである。この間、何度絶望のため息をついたことだろう。この歳で打ち止めなんて死んだほうがマシと……。

ところがあのキンカンが効いたのか、しばらくは靴べらだったセガレも2週間も経つ頃には見慣れたオソマツ君に戻ってくれ、何とか男として復帰することができたのだった。めでたしめでたし。

それからというもの、釣りに行く際は防虫スプレーが欠かせなくなった。皆さんも、川原での用足しには必ず防虫スプレーを携帯することをすすめますヨ!

絶叫とともに餌食になった友人。次のターゲットは私？
逃げるにも小屋の軒先には巨大提灯のようなハチの巣が。
脱出の術はあるのか？

# 軒先にぶら下がる巨大な巣から
# スズメバチが群れで急襲

体験者◉石津輝幸

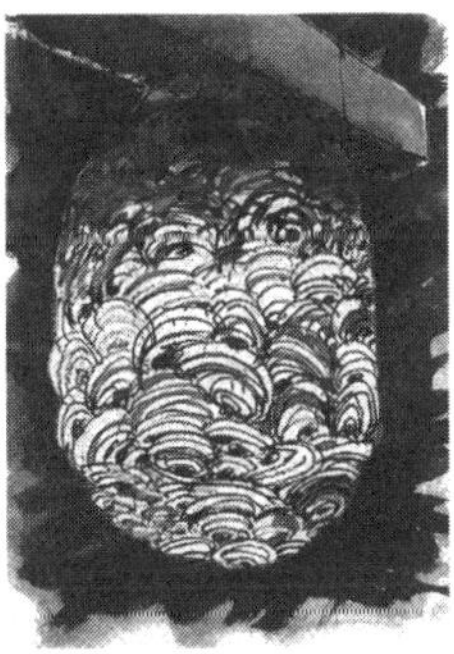

※２００９年刊行の『釣り人の「マジで死ぬかと思った」体験談４』より転載

毎年秋頃になると、ある生物の被害に遭って生命の危険にさらされる人が全国各地で後を絶たない。そんな報道を見ていながら、まさか自分自身はそんな目に遭うわけがないと思い込んでいた。しかし今でもあの恐怖は脳裏に鮮明に焼きついている。

あれは17年前、その頃の私は野池専門のバスアングラーだった。毎週のように友人たちと連れ立っては釣ったバスの大きさや数を競い合う日々が続いていた。

その日もいつものように、数日前に友人から「今度の勝負は絶対に負けねえ！」と挑戦状を叩きつけられ、「よし分かった！　じゃあ勝負だ！」とバス釣りの勝負を受けてしまっていたのであった。当時は私も若かったので「絶対に負けねえ！」と鼻息を荒くして当日を迎えた。その友人とは住んでいる方角が別方向だったので、お互いの車で約束の野池で落ち合った。

さて実釣、いや勝負のゴングが鳴ったのだが、なぜか今日に限ってバスからの反応が悪い。インレット、オーバーハング、ウイードなどのポイントを探っていくが、芳しくない。

そんなこんなでポイントを探り歩くうちに、普段はあまり来ない野池の堰堤まで辿り着いてしまった。この堰堤の中ほどはコンクリートで基礎が固められ、さらにコンクリート製の水位調整のために築かれた小屋があり、小屋から水中の水位調整弁に向かってパイプが伸びている。この野池では唯一のマンメイド・ストラクチャーであり期待が持てるポイントと認識できた。このようなポイントはコンクリートのエッジ部分にバスが潜んでいる可能性がとても高く、タイトにアプローチする必要がある。そこで、小屋を越えてコンクリートの基礎にそっと近付き、息を潜めて慎重にキャストした。後方では友人も遅れを取るまいと私のあとを追って堰堤に移動し、小屋のそばまで近付いてきた。と、その時である。

「うぎゃー、助けてくれー！」

突如友人が叫んだ。しかも頭の上で両手をバタバタと振り回しており、何かを振り払おうと一所懸命。私もこれはただごとではないなと感じ、「おい、どうしたんだ⁉」と声を掛けると、「石津！後ろ後ろっ！」と叫んでいる。友人の叫ぶ方向へ振り向くと、なんと小屋の軒先に横幅60㎝、縦80㎝はあろうかという、まるで大きな提灯のような巨大なスズメバチの巣が下がっていたのだ。

友人は命からがら難を逃れたようで、その場から走り去った。私もすぐにでも立ち去りたいのだが、時すでに遅し……。友人を襲ったスズメバチが今度は私をターゲットにしたのである。

まず3匹ほどが襲ってきた。友人同様、手を頭付近で振り回しながらスズメバチからの攻撃を振り払おうと奮闘するが、あっという間に10匹以上のスズメバチが集まってしまった。もう駄目だ！逃げるにも巣のある小屋の前を通らなければならない。かといってここにいても絶対に襲われるのは間違いない。一か八か、巣のある小屋の前をダッシュで走り抜けるしかないようだ。呼吸を整え、一気にダッシュを試みる。が、この選択は裏目に出た。

「痛っ、痛っ！」。あえなく奴らの猛攻の餌食になってしまった。走っている私の頭、腕、顔面に容赦なく毒針が刺さる。もう最悪である。こうなったら戦うしかない！

さらに頭、腕に攻撃をしてくる奴らを、素手で叩いたり握りつぶしたりして5〜6匹退治しながら走り続け、やっと攻撃を振り切ることができたのだった。

しかし私が受けたダメージはかなり大きかった。頭に2ヵ所、顔面の鼻、左腕の計5ヵ所をスズメバチに刺されたのである。人によっては1ヵ所でも刺されると死に至ることがあると新聞やテレビで報じられているのに、私は5ヵ所も刺されてしまった。

激しく気持ちが悪くなったが、なんとか車までたどり着いた。すぐに病院に向かおうと思ったのだがあいにくの日曜日である。もちろん当番の病院など知っているわけがない。あまりの激痛で意識が朦朧としてきたが、なぜか自力で車を運転し、私の車の後ろを友人の車が付いて来る形であてもなく病院を捜した。その道すがら、消防署が目に飛び込んできた。私はわらにもすがる思いで「救急病院、または当番外科医を教えてください」と哀願。消防署員の方に最寄りの当番外科医を教えていただき、さらに10分ほど自らハンドルを握る。実際のところ激しい痛みで運転どころではなかったのだが、根性で病院に辿り着いたのだった。

受け付けで現状を説明し、診察室に通され、ようやく処置に入る。医師は私の顔面を見るなり、「こりゃひどいな〜」となんとも表現のしがたい表情でひと言。手術台のような所へ寝かされ、鼻の頭と左腕の2ヵ所に麻酔の注射を打たれ、頭部2ヵ所の患部は頭髪を部分的に軽く剃られてから注射された。スズメバチから刺された部分をメスで切り開き、スズメバチの針が残っていないかを確認。幸い針は残っておらず、「2〜3日で腫れはひくでしょう」と痛み止めを受け取り、外科を後にした。

さすがに友人も心配だったのか、家まで車で付いてきてくれた……と思ったのだが、よくよく話を聞いてみると、まだ釣り足りないらしい。しかも、「思ったより元気そうだし、ポイントを変えて勝負をやりなおそう！」だと。ある意味この友人はスズメバチよりも怖い生物だと思った（笑）。

さすがに私は完全に戦意喪失していたのだが、渋々勝負に付き合うハメに……。当然、釣りをしていても集中できるわけもなく、木の上にハチの巣があるのではないかと気になるし、飛んで来る虫の類すべてがハチに見えてしまう始末。実際、スズメバチ被害で死ぬ人の多くは2回目に刺された時が多い。初めて刺された時に体内にできた毒への抗体が、2度目に体内に入ったハチ毒に過剰に反応するアナフィラキシーショックを引き起こすことがあるからだ。

もしかすると、次に刺されたらあの世行きかもしれない。

そう思うと、本当は釣り勝負なんかどうでもよかったのだが、「今、勝負に負けるとコイツから一生言われるかもしれない」と悟り、死ぬ気で頑張った結果なんとか私が勝利し、ほっと胸をなで下ろしたのである。

帰宅後、改めて自分の顔を鏡で見ると、鼻が見事なほどの団子っ鼻になっており、せっかくの美青年が台無しになっていた（笑）。

翌日、その団子っ鼻にバンドエイドを貼り、昔のガキ大将のような姿で出社して会社の先輩方の笑いを誘ったのはいうまでもない。

当然のことながら、この日以来、本気でハチが大の苦手になってしまった。

アマゴ釣りに一緒に出掛けた仲間がスズメバチに襲われ、
顔や頭や手を刺されまくった。
まさか、それから10日も経ずして彼と同じ恐怖と痛みを味わうことになるとは……。

# 渓流でスズメバチの群れに刺されまくる

体験者◉春名久雄

※2021年刊行の『釣り人の「マジで死ぬかと思った」体験談6』より転載

友人のY氏と十津川村に釣行した時のことを話そう。夏も終わりにさしかかりつつあった頃だ。湯の沸く河原に張ったテントを暗いうちから畳み、目的の渓谷に車を走らせた。川筋を走る明け方の冷気に包まれて僕らは渓に入る。上流部にそびえる山の頂付近が朝日を浴びて輝き始める。Vの字に切れ込んだ谷底はまだうす暗い。辺り一面に沈んだ影の中で、いよいよ釣りの仕掛けの準備を始める時、それは僕たちにとって一番心ときめく時間なのだ。

Y氏と僕は渓を上下に分けて釣り歩く。Y氏がサオをだし、しばらくして最初の1尾を釣りあげるのを確認してから、僕は渓沿いの林道を彼の車でさらに奥に向けて走らせる。林道の終点付近で車を停め、そこから上流部を僕は攻めるのだ。Y氏は先ほど入渓したところから川を遡上し、この場所にたどり着くことになっている。約束の時刻は午前10時だから、たっぷり時間はある。

快晴、水量はやや渇水気味。そんな状況からすればできすぎの釣果であった。25㎝クラス2尾を含む20尾余りの良型アマゴを手にすることができたのだから。この分なら彼もけっこう釣っているだろうな、などと想いを巡らせながらサオを畳み、待ち合わせの場所へと山道を下っていった。

緊張感がほどよく抜けていくと今度は腹の虫が騒ぎ出した。弁当のことを考えながら足を速める。車が見えた。車は場所を移動して影のある場所に停まっている。彼がすでに戻ってきていることが分かる。太陽はすでにからりと晴れた空の中心付近に陣取り、じりじりと山を焦がしている。標高のある山中とはいえ、直下に陽射しを浴びた車の中は蒸し風呂のような有様になる。先に車に到着した彼はたまらず日陰に移動して僕を待っていたのだ。

再会後に釣友と交わす言葉は決まっている。

「どうやった？」

窓を全開にして座席にもたれかかっているY氏に声を掛けた。「まあまあや」。返ってくる言葉もたいがいそんなものだ。が、返事がない。あれ、あかんかったんか？　そう聞き返そうとすると、思わぬ言葉が返ってきた。

「やられた……」

「えっ、何？」

「ハチ……スズメバチ」

全く予想外の返事にとまどいながら彼を見ると、ぐったりとして元気がない。ど、どないしたん！

ここからY氏の話が始まる。

僕と別れて2時間ほど経った頃のこと。たて続けに良型アマゴを魚籠に収めて自然に笑みがこぼれていた耳元付近に、移動する小さな黒い影があった。と同時に、その耳は戦闘機のような羽音を聞いた。「ハチ！」と思うが早いか、続けさまに頭部を刺された。激痛にサオを捨て、右手で頭を押さえ込んだところ、今度はその手の甲を刺された。そして逃げた。

岩の隙間に身を伏せる。逃げる途中にさらに顔面を刺された。空中に舞い続けるハチの羽音を聞きながら、自分に起こっている現実を理解し始めた。理性的であろうとすればするほど、一方で、自分は今、死の危険と対面しているのではないかという怖れを感じた。

痛みはますます激しくなってきたが、それより一刻も早くこの状況から逃げ出したい思いだった。サオをその場に捨てたのは覚えているが、それに眼鏡まで置いてきたのはなぜだろう。まだ頭上に飛び交うハチの群れにおののきながら、それらの遺物を取り戻し、やっとの思いでその場から脱出。林道まで駆け上がった。車にたどり着くまでの時間がなんと長かったことか。

クーラーボックスの氷水にタオルを浸して患部に押し当てていると痛みもいくぶん和らいできたようだ。しかし、そのうち全身に鳥肌というのか湿疹が現われ、手足の末端がしびれてきた。どうも目も霞むような感じがする。鼻と唇が異様に膨れあがり顔いっぱいに広がったような妙な気分だ。つい最近も身近な事件として、ハチに刺されてショック死した人を知っていたのであれこれ考えないわけでもなかったが、ショック死は刺された直後に起こると聞いていたし、すでに相当の時間が経っている自分は生命の危険だけは免れたようだと、不幸中の幸いと理解して自らを慰めていた。

先ほどまでのしびれと不快な気分も徐々に失せて、なんとか落ち着いてきたところに、楽しい半日を過ごした元気な僕が帰ってきたという塩梅である。まさか、それから10日も経ずして彼と同じ恐怖と痛みを味わうことになることも知らずに……。

１９８４年（昭和59年）はスズメバチ惨禍の年であった。スズメバチに刺されて亡くなった人が全国で75名にのぼり、ＮＨＫは「恐るべきスズメバチの実態」という特集番組まで放映した。その前年には、僕の住む町や隣町でも死者が出た。Ｙ氏は聞きかじりの情報から、被災し死に至った者のすべてが刺されたショックと急激なアレルギー反応で即座に気を失い、短時間のうちに命を落としたものと思っていた。

しかし、事実を詳しく聞いてみると、失神までに多少の時間があり、「寒い」「目が霞む」と訴え、身体への外部症状として湿疹が現われるケースもあったようだ。とすれば、Y氏の身体に表われた湿疹と悪寒、しびれや目の霞みという症状は、ひとつ間違えば取り返しのつかない命にかかわる状況であったということだ。Y氏も後からそのことを聞き、あらためてハチの怖さを知ったと述懐している。あとひと月も釣期を残しながら「もう、サオを納める」と宣言したのも身に染みた痛さのためばかりではなかったのだ。

このハチ事件があって1週間を少し過ぎたある日。僕はといえば、もうすっかり先の出来事を忘れて、禁漁期までの残された時間を惜しんでせっせと渓流に通い続けていた。西吉野村（現・五條市）のとある小さな支川は、僕のホームグラウンドのひとつであった。雨が降り、水が出ればとにかくよく釣れた。普段は全く魚の影もないのに、雨の後は魚が水底から湧いてくるのではないかと思えるような不思議な渓であった。その日の僕は、夕方の4時頃入渓し、日没までの数時間を楽しむ予定だった。

数日前の強い雨も谷を流れ下り、すでに平水に戻っていたが、第一投から良型アマゴが飛びついてきた。ポイントというポイントでは必ずといってよいほど魚信があり、大漁を予感させた。すでに腰魚籠には20尾を超えるアマゴが納まっていた。

突然、目の前の朽ちた切り株付近からうなりを立てて僕をめがけ、まっしぐらに飛んでくる幾つかの影を見た。

と、そのうちの数匹が僕の後頭部に取り付いた。素手で払おうとしたその瞬間、耳たぶの後ろが熱くなった。

「ちっ、やられた」と思った時には、痛みは頭部から顔面にかけて走り抜けていた。慌てて後退し、岩陰に身を伏せた。頭上の羽音に怯え激痛に身もだえしながら、なぜか、サオと帽子、そして眼鏡を放り出して逃げてきた自分を、高いところから見下ろしているような感覚が不思議だった。

Y氏がハチにやられた時のようすを妻に話したところ、「なんで眼鏡まで置いてきたんやろうね」と問われ、そう言えばその通り、僕も同じ眼鏡人間なのだが、眼鏡人間から眼鏡を取れば手足をもぎ取られたバッタ同然だ。妻の疑問に笑って同意しながら、今度会った時に聞いてやろうと思いつつ、すっかり忘れていたのだった。

そしてその答えは彼に聞くまでもなく自分で出すことになってしまった。岩陰に頭を抱えて身を伏せる時、まず眼鏡が邪魔になるのである。岩にレンズが触れ、大切な眼鏡が破損することを怖れて無意識のうちに外してしまったのである。眼鏡族の哀しい習性か、痛みの中での泣きたいような笑いたいような複雑な気分を味わっていた。その後の僕は、まるで無知を絵に描いたようなことを真剣に行ない、後々の笑い話のネタになる。

僕は後退した後、ポケットからハンカチを取り出した。それから背と頭をかがめた窮屈きわまりない姿勢でおしっこをした。そのおしっこをハンカチにかけて痛む患部に塗りつけた。つんと鼻を突く生暖かい自分の排泄物。

「ハチにアンモニア」という旧式の方程式が脳裏をかすめ、そのことを実行したまでのことであったが、痛みは治まるどころかますます激しくなってくる。焼け火箸を当てられたようなというたとえが、実際に体験した人の感想なのかと思えるような強烈な痛みだ。

その後のことはよく覚えていない。頭をかしげて車を飛ばし、家にたどり着く頃には目鼻の区別もなく、ぱんぱんに腫れ上がった顔の僕であった。後に、アンモニアはハチ毒に何の効果もないことを知って、思い出すたびに笑えて仕方がないのだが、その時の本人は必死なのだからそれがまたおかしい。案の定、僕は翌日、職場を休むことになってしまった。

翌々日、まだ腫れの残る顔をぶらさげて職場に出るなり、「アマゴの祟り」という声が飛んできた。何のこっちゃない。みんなで寄ってたかって僕を笑いモンにしていたのだ。

その年僕は、Y氏同様再度サオをだすことはなかったことは語るまでもない。ふたたび刺されると命にかかわると知ってからは、ハチの飛影に異常に敏感になった。もちろん、スズメバチが活性化する9月に入ってからの釣行禁止は厳守している。

エギングのために渡った地磯。
「え、なんでイノシシが？」と思った瞬間、
太もものあたりに衝撃が走り、私は後方にすっ飛ばされた。
ここからまさに壮絶な死闘が始まる。

# 海岸でイノシシに襲われ、噛まれ、牙で刺される

体験者◉下田直樹

※2021年刊行の『釣り人の「マジで死ぬかと思った」体験談6』より転載

それは今年（2020年）の2月24日の出来事だ。当時、私の住む長崎県では新型コロナウイルスの感染者がひとりも出ていない状況で、なおかつその日は3連休の3日目とあって、多くの方が海へ釣りに出掛けていたようだ。

個人タクシーを営む私は、夜から仕事に入るつもりで夕方少しだけ釣りを楽しむことにした。現在52歳の私の釣り歴は40年と長いが、特に釣りマニアというわけではなく、近所の堤防で小ものを釣ったり、たまに仲間と近場で船釣りを楽しむ程度。そんな私のスタイルにぴったりな釣りがエギングだ。まだハマって数年ほどだが、何より手軽なのがいい。しかも食べて美味しく、ここ長崎県は全国でもトップクラスにアオリイカが多いから釣り場にも困らない。

この釣りに夢中になりだした頃は、タクシーのトランクにエギングタックルと餌木ケースを忍ばせ、仕事中でも釣れそうな場所があれば数投なんてこともしていたが、釣れれば氷やクーラーボックスが必要になるため今では釣りは釣りと区別している。

この日に向かったのは自宅から車で30分ほどの小江町の堤防。日没まで釣って自宅に帰って夜から仕事に行くつもりだった。

時期的にはまだ春イカにはひと月以上早いのだが、それでもここ長崎では完全なオフシーズンはない。その堤防ならこの時期でもチャンスはあると思えて向かったが、思いのほか釣り人が多く、これでは餌木を投げるスペースがない。堤防の対岸には高さ3ｍほどのコンクリートの壁が海岸線に沿ってそびえており、その壁の下にはわりと足場のよい三角テトラがなだらかに積まれ、そのすぐ先はテーブル状の平磯が並んでいる。いわゆるハナレ磯なのだが、干潮時になると地続きで行けるところもある。せっかくここまで来たのだからせめて数投はしたいと思った私は、壁を歩いて、乗りやすいところから三角テトラに下り、エギングがしやすそうなハナレ磯（干潮時は間に水がないので地磯になる）へ進んだ。

よしよし、ここなら人も少ない。混雑した釣り場を迂回して磯の先端付近まで来たことで、なんだかとても釣れそうな気になった。ラインの先のスナップに餌木をセットして、海藻や水色のチェックを開始したそのときだった。

「グ、グルルルル……」

背後から唸り声のような音が聞こえた。何だろう？　そう思って顔だけ後ろに向けると、先ほど通ってきた岩場で丸々と太った焦げ茶色の獣が私を睨んでいるではないか。その距離はわずか５ｍ。

「え、なんでイノシシが？」

そう思って体ごと振り返った瞬間、私の太もものあたりに衝撃が走り、まさにラグビーのタックルを受けるような形で私は後方にすっ飛ばされた。

不思議と恐怖や痛みは感じず、ただこのままでは殺されると思い、私の上に覆いかぶさっているイノシシを下から思い切り蹴り上げた。一瞬後ずさりしたので効いたと思って、その隙に立ち上がったところへまたも猪突猛進。なす術もなくまた激しく倒された。片手に持っていたエギングロッドのサオ尻で何度も頭や背中を叩いたが全く効かない。目つぶしも試みたが、ほとんど効果なし。

まともに戦ったら100％勝ち目のない相手なのだとつくづく実感した。

さらに倒れた下半身に頭を突っ込んで、足を噛むわ、キバで刺すわとやりたい放題の攻撃を受け続け、ズボンを噛んで引きちぎった瞬間に体が離れた。今しかないと思って立ったら、もう次の瞬間には強烈なタックルをお見舞いされ、三たび私は宙を舞った。

組んずほぐれつしながら今度はわりと深い潮溜まりにドボンと落ちた。先に水面に浮上した私が体を後ろにあずけるとお尻が岩の上に乗った。続いてイノシシも浮上してきたので、そうはさせじとイノシシの頭を左脚で強く踏みつけて海中に沈めると、苦しそうにもがき始めた。こちらも必死で浮かんでいる尻側の毛を掴んで、浮かんでこないように両手で相手の背中を押さえ込んだ。

どれくらい時間が経ったのか全く記憶にない。

「もう離しても大丈夫ですよ」

そんな声がすぐそばで聞こえて、ようやく全身の力が抜けた。ありがたいことに周囲にいた釣り人が警察に連絡し、救急車が駆け付けてくれていたのだ。通報からの逆算で、死闘はおそらく10分ほど続いたようだった。

救急車に乗せられて初めて「助かった……」と安堵した。病院に搬送されると、興奮が覚めてきてひどく左脚が痛いことに気づく。見れば出血もひどい。噛みつかれた左膝はあと数㎝傷が深ければ動脈に達して致命傷だったと医師から言われ8針縫った。岩場で切ったとみられる手も3針縫った。尻にもキバで突かれた傷があった。

警察によれば、私を襲ったイノシシは体長1m、体重80kgの成獣で、おそらく海を泳いで岩場に上がってきたところで出会い頭に遭遇してしまったとのこと。窒息死したそのイノシシは長崎猟友会の方が引き受けてくれたそうだ。

感染症の懸念もあったため、そのまま2週間の入院を余儀なくされ、退院しても2ヵ月も通院した。これだけの重傷を負っても傷害保険も適用されないのだからツイていない、と言いたいところだが、私は非常にツイていたと思う。

通常であれば逆に殺されていたのは私だった可能性のほうが高かったのだから。いくつもの幸運が重なり、たまたま助かったが二度とこんな思いは御免である。そして野生の獣と戦ってはいけないと心から思う。

堆積した泥の中に沈み込んだ瞬間
「ドスッ！」という衝撃とともに右足に激痛が走った。
それから7年経った今でも刺された傷を触ると痛むのである

# 川底の泥の中に潜んでいたアカエイに刺される

体験者◉安藤克宏

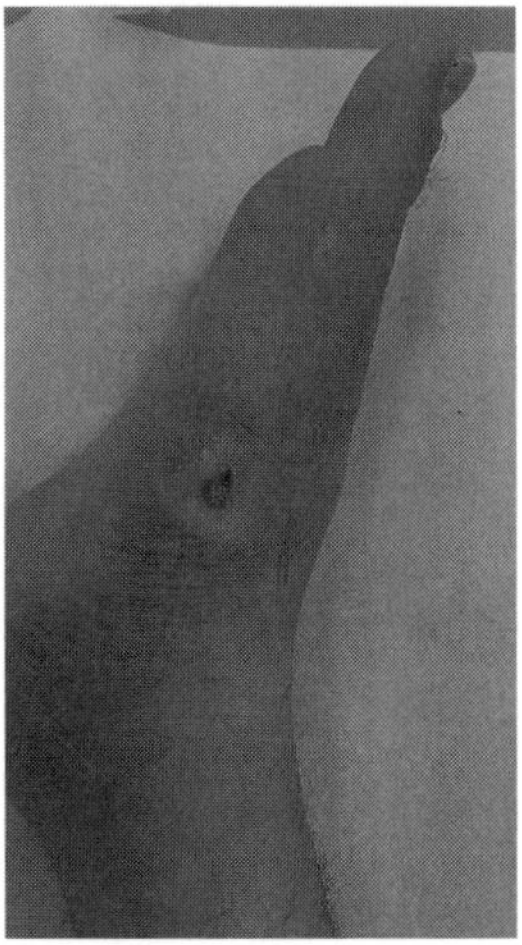

※2021年刊行の『釣り人の「マジで死ぬかと思った」体験談6』より転載

私はとにかく釣りが大好きで、それこそ暇を見つけては釣り場に通う「釣りバカ」である。特にシーバス釣りが好きで、中でも水の中に立ち込むウエーディングスタイルで釣ることが多い。ウエーディングの魅力はシーバスとの距離感が近く、ファイトがとても楽しくなること。そして水に入ることで水温や流れを感じられ、より自然が近くなるからだ。

私の通う利根川下流域は、まだ護岸されていない自然な地形も多く残るところ。よく釣り仲間からも「なんでウエーディングするの？」と聞かれるが、前述の理由のほかに、こうした護岸されていない岸辺では、ガマやアシが身の丈以上に生い茂っており、水に入らないとロッドを振ることすらままならないというのも理由のひとつである。

さて、近年はよく異常気象という言葉を耳にするが、その年もそうであった。今から7年前の暑い夏のこと。夏と言えば「夕立」が定番だが、その年はそれが全くなく、それどころかまとまった雨すら降らない状況だった。私の通う茨城県波崎エリアは河口から15㎞も上流の汽水域ながら塩分濃度も高い状態で渇水気味だった。

そんな中での釣行で「死ぬかもしれない」体験をしたのである。猛暑日の夕暮れ、釣り仲間とふたりで通い慣れたいつものポイントにエントリーするべく駐車場所へ車を止め、ワクワクしながら準備を整え、まだ気温が下がらない砂利道をポイントへ向かい15分ほど歩いて目当てのエリアに到着。そこからさらに50ｍほどヤブ漕ぎをして入水ポイントへ進む。

辺りはもう暗くなっているのに外気温は30℃と蒸し暑く、だらだらと噴き出してくる汗を拭ってからゆっくりと水の中へ入っていく。釣友はひと足先にエントリーを済ませた。満潮から下げのタイミングでの釣りを考えていたが、渇水気味のためか潮位が低く、いつもより沖に立ち込まなければ浅すぎて釣りができない。そう判断し、摺り足でゆっくりと進んでゆく。摺り足で歩くのは見えない障害物につまずいての転倒防止や危険なエイを踏まないためである。

水が少ないせいか流れもほとんどなく、ボトムにはスネの下ほどの高さまで泥が堆積していた。泥が溜まっているため「歩きにくいなぁ」と思いながら少しずつ歩を進めていく。普段は水中にある足先に神経を集中させてつま先の感覚を頼りに移動しているのだが、この時は泥に感覚を遮られ普段より雑な歩き方になっていたのかもしれない。

前進を始めて10ｍほど進み、右足が堆積した泥の中に沈み込んだ瞬間「ドスッ！」という衝撃とともに右足に激痛が走った。一瞬何が起きたのか判らず「落雷?」「なんか鋭利な物でも踏んだか?」などと考えたが、すぐに「エイ」に刺されたのだと自覚した。

しかし、ここは身体の自由が利かない水の中。しかも股上まで浸かっており、泥底のため非常に歩きにくく、思わずよろけて水中に転倒してしまった。ライフジャケットを着用していたので溺れることはなかったが、「これマジでやばいかも」とパニックになりかけた。が、火事場の馬鹿力で無事な左足一本で態勢を立て直し、全身びしょ濡れになりながら近くの岸辺を目指して這い歩き、何とか岸辺に上陸した。今考えてみても、本当によく戻ってこれたなと思う。しかも釣り人の性で、手に持ったロッドを決して手放すこともなく。

岸に上がったことで改めて冷静になると、冷や汗が止まらない。激痛の右足を見てみると、ウエーダーのブーツに10㎜ほどの穴が開いていた。やはりエイに刺されたようだ。エイに注意して摺り足で前進していたにもかかわらず泥の中に潜んでいたエイに刺されてしまったのは「不運」だったのか、それとも「油断」か……などと考えつつも、何とかして車まで戻ろうとしたが、目の前には背の高いアシ原が立ちはだかり、そこを越えても車まではさらに1・5㎞の道を歩かなくてはたどり着かないのだ。もう右足の足首から下は痛みで動かせない状態で、少し触るだけでものすごく痛い。立ち上がることすらできそうもなく、膝をついて四つん這いで進もうとしたが、とてもじゃないが無理だった。その時、なかなか姿を現わさないことに異変を感じた釣友がここまで戻って来てくれたのだった。

事の顛末を説明し、釣友に肩を貸してもらい足の痛みに堪えながらようやく車まで戻ることができた。ウエーダーを脱いでみると靴下が真っ赤に染まっていたので、「これはまずいなぁ」と思い救急車を呼ぶことになった。とりあえず釣友に車を運転してもらって付近のコンビニまで運んでもらい、そこから緊急搬送されたのである。この時点で私は「まあ傷口を塞げば大丈夫だよね」などと軽く考えていたが、そんな都合よくはいかなかった。

病院に着いて、まずは傷口の洗浄と消毒をしてもらい、その後は解毒のため抗生物質を点滴。「あれ、傷口は塞がないの?」と思ったが、患部を包帯でぐるぐる巻きにされ、その日は帰宅していいとのこと。

しかし、家に着いてもあまりの痛みにより一睡もできなかった。翌日に紹介状を書いてもらい地元の大きな病院へタクシーで向かい専門医に診察してもらうと「即入院」となった。診断結果は「右足側甲部刺創」。精密検査を行なうと、傷口から入った雑菌で破傷風の一歩手前になっていると言われる。白血球も普通の人の3倍に増えていて、痛み止めの薬で身体の感覚がおかしくなっていて気付かなかったが、発熱もしていた。入院後3日間は39℃の高熱が続き、痛み止めを飲んでも足の痛みのせいで眠ることもできなかった。

その後、薬と点滴でやっと発熱は落ち着いたが、足の痛みは消えず、エイに刺されてから5日が経っても右足は「プライヤー」でギュッと掴まれているような痛みが残っているのだ。しかもすごく腫れている。捻挫か骨折したかのように腫れている。原因は傷口付近の炎症で、これはエイに刺されたことによるアレルギー反応とのこと。さらに、傷口内部に溜まった「膿」。雑菌により傷口が化膿し膿が溜まっていた。傷口を縫合しなかったのは、膿を出しやすくするためだったようである。患部を絞り込んで膿を出す時は思わずうなり声が出るほど痛かった……。

結局、2週間も入院して、ようやく足をついて歩けるようになった。さらに1ヵ月毎日通院をして消毒してもらい、ようやく傷は塞がった。しかし、あれから7年経った今でも傷を触ると痛む。私の場合は傷口から雑菌が入るという複合要因だったが、エイに刺されるときは水の中なので、だいたい同じような事態になると思う。

自分の場合はエントリーしてすぐの出来事で仲間が助けてくれたのでこの程度で助かったが、さらに沖の深場や流れの強いところで刺され、しかも単独だったら……と思うと冷や汗が止まらない。

私自身はその後も相変わらずウエーディングの釣りを楽しんでいるが、当然ながら単独釣行は避けている。また、エイに刺された時はエイガードを装備していなかったが、この出来事があって以来エイガードは必ず装備している。

幸運にもその後はエイに刺される事態は発生していないが、装備しているという安心感はトラウマ克服に絶大な効果を発揮している。

沖縄の方言で「アーファ」と呼ばれる超危険生物。
迂闊に立ち込んで地雷を踏む事態が後を絶たないが、
私は波打ち際を歩いていたのに超激痛の罰ゲームを受ける羽目に！

# 美しいビーチの波打ち際でオニダルマオコゼを踏む

体験者◉仲村渠 雄也

※２０２１年刊行の『釣り人の「マジで死ぬかと思った」体験談６』より転載

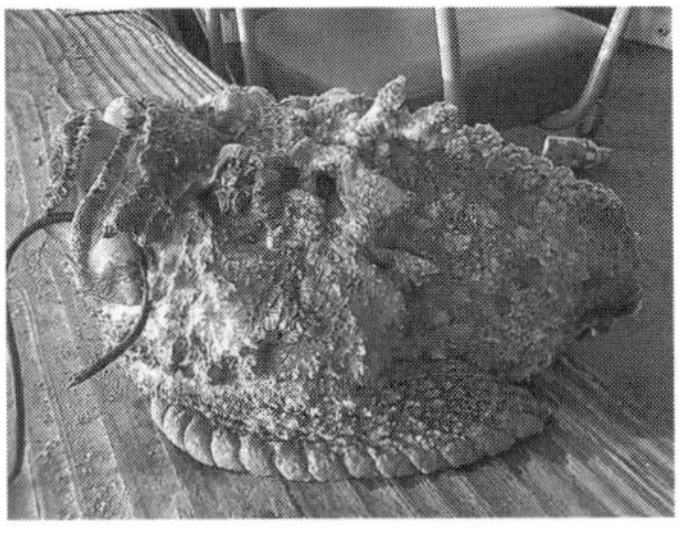

それは2011年7月18日の月曜日、そう、よりによって海の日の出来事である。せっかくの祝日なのに台風が接近していたが、ラッキーなことに台風がそれて天気もよくなった。そこで急遽、両親と従兄弟たちを誘って一緒に読谷村へドライブに出掛けた。

なかなか外に出られない親父を乗せて、村役場や補助飛行場跡やGala青い海などを巡った。すると親父が「チビチリガマ（沖縄戦で集団自決のあった鍾乳洞）に慰霊に行こう！」と言ったが、このあとは子どもたちと海水浴を楽しむ予定だったので「慰霊は次の機会に！」と伝えて、午後3時からみんなで残波ビーチ隣のいちゃんだビーチに行った。

残波ビーチはよく釣りに行くところで、沖縄でチンと呼ぶミナミクロダイがねらえ、過去にはミノーで48・5cmの大型も釣っている。車内には常にライトタックルを積み込んでいるので、魚の気配があればねらうつもりでもいた。

着いたのはちょうど大潮のど干潮なのですぐには泳げない。まずはタープを立て、ゴザを引いて休み処を作る。それから子どもたちとモーモー（セミの抜け殻）を集めたり、ヤドカリを捕まえたりして遊んでいると、5時半ごろ、磯と磯の間の砂浜まで潮が入ってきたので浮き輪を膨らまし、娘と海に入った。

水深は50cmくらい。濁っていて海中が見えない波打ち際を歩いていると、何か岩のようなものに足をぶつけてしまった。

その瞬間、猛烈な痛みが足から伝わった。すぐに砂浜に上がり、クロックスを脱いで確認すると、足の甲に針で刺されたような痕があり、そこから血がにじんでいる。

毒のある生き物に刺されたのだと確信した。とんでもない激痛が襲ってくるなか、毒を出そうと患部を指で押して血を出すようにした。

みんなにはすぐに撤収作業をしてもらい、Ｇｏ Ｈｏｍｅ！ 那覇に戻るまでに痛みが治まるどころかますます痛くなっているので病院に行くことにした。

これまでもスズメバチの大群に襲われたり、カツオノエボシに刺されたりと痛い目にたくさん遭ってきたが、今回の痛みはそれらとは比較にならない強烈な痛みだった。

診察してくれた先生も生物毒には知識がないらしく、いろいろ調べてとりあえずの応急処置として、血液検査やら破傷風の筋肉注射、人生初の抗生剤の点滴を打ってもらった。

何度目かの被毒だったことからアナフィラキシーショックを起こす可能性もあるため入院するよう勧められたが、家のほうがテレビを見たりして気がまぎれるので帰宅させてもらった。

翌日の火曜朝にはだいぶ痛みも引いたが、刺されたあとから38～39℃の高熱が出て、一日経っても熱は下がらなかった。さすがに意識が朦朧としていたが、やらなきゃいけない急ぎのデスクワークなどがあり出社。とりあえずの仕事を終わらせると早めに退社し、7時に病院へ抗生剤の追加点滴を打ちに行った。

水曜日にようやく熱も下がって歩けるようになったが、足がパンパンに腫れたままなので靴を履くことはできない。痛みも消えたわけではなく強烈な激痛が鈍い痛みになっただけで、充分に痛みが続いていた。

ここまで、刺した生き物の正体ははっきり分からなかったが、刺された場所、傷口や毒の症状などから、ほぼオニダルマオコゼで間違いないと判断。先生の見解も同じだった。

沖縄の方言で「アーファ」と呼ばれるオニダルマオコゼはサンゴ礁など浅い海に生息し、インド洋、太平洋西部の熱帯域に分布。日本では小笠原諸島、奄美大島、そして私の住む沖縄周辺に分布している最強の猛毒を持つ超危険生物だ。

以前から恩納村などで小学生がオニダルマオコゼに刺されたというニュース記事をよく目にしていたが、本当に一緒にいた娘が踏まなくてよかったと思う。この激痛に子どもが耐えられるとは思えないし、刺された直後はあまりの激痛でどうすることもできない。失神して溺れてしまう可能性だってある。

それにしても、なんの因果でよりによって海の日にこんな罰ゲームを受ける羽目になってしまったのか……。海の神様の「調子に乗ってんじゃねぇぞ！」という声が聞こえたような気がした。

しかも、慌てていたので気が付かなかったが、25年も愛用していた超お気に入りのGULLの水中眼鏡を紛失してしまったのには凹んでしまった。まあ、いろいろバチが当たったのであろう。

その後も微熱が続き、刺されてひと月ほどは患部の周りの肉が腐ってきて異臭を放っていた。病院の先生からは「自然治癒します」と言われたが、このまま壊死してしまうのではと怖くなり、違う病院でも診てもらうと「麻酔をかけて腐った部分を切除することもできるが、あなたは若いので自然治癒で大丈夫」と同じことを言われてようやく納得。

3ヵ月経ってもパンパンに腫れたままだったが、その後はしだいに自然に治っていった。管理された海水浴場ではない磯場で水遊びをする際にはダイビングブーツを履いたうえで充分に用心したほうがいいだろう。

猛然と林道を走って来る母グマ。
とっさに谷側へと跳んだ私の後ろで、怒り狂った野生も跳躍した……。

# 林道で出会った子連れのツキノワグマに猛スピードで追いかけられる

体験者◉高桑信一

※2015年刊行の『釣り人の「マジで死ぬかと思った」体験談5』より転載

私はクマを怖い動物だと思っていない。長く山を登り続けていれば必然的に出会う、森のケモノの一員だとみなしているからだ。

人間はいざ知らず、すべての動物と鳥たちには、結界と呼んでいい警戒領域がある。たとえばスズメが遊んでいる場所に人間が近づいて行くと、ある時点でいっせいに飛び立つその距離が、スズメの警戒領域である。

警戒領域は生物が外敵に対していだく防衛本能である。それは野生に比例し、その動物や鳥たちの闘争能力と逃走能力に反比例する。人間に馴れた家畜は警戒領域を持たないし、深い森の小動物や小鳥は遠くからでも外敵を察知し、逃走と飛翔に備えるのである。

クマもまたその例に漏れない。クマは人間を怖れる動物だということを、多くの人が知らない。それでも不幸な出会いというものがある。それは互いの存在を知らないまま、クマの結界のなかで不意に出会ってしまう悲劇だ。

クマは身を守るために当然のように攻撃を仕掛けてくる。そうなれば人間は死にもつながりかねない手ひどい被害を受けることになる。

これまで報道されたクマの被害の多くがこれである。なかでも報告の多いのが春のタケノコ採りの事故で、クマもタケノコは大好物だから、見通しの利かない密藪のなかで、双方が夢中になる。ともに同じ動物として好物を求めているさなかの危険なら、クマだけが悪いということにはならない。注意すべきは人間のほうなのである。

クマと直接対決をしたところで人間に勝ち目はないから、こちらが自らの存在をクマに知らせるための努力をすることになる。それが唯一の自衛手段である。ラジオをかけるか、鈴を鳴らすか、笛を吹くか、あるいは時に応じて声を出すか。できる行為はその程度のものにすぎない。

クマを愛すべき野生の存在と信じるなら、あとは春先の子連れのクマに気を配り、不意の遭遇を避けることだ。

それにしても、ツキノワグマは報道されているほど、本当に生息数を増やしているのか。林道の延長による森の伐採でエサ場を奪われ、生息を脅かされたクマたちが、山から里へ移動しただけではないのか。クマはいたずらに人を襲うことはない。すべてに必然の理由があるはずなのである。

2009年8月。秋田の堀内沢を遡行した。増水気味の渓からイワナもほどよく飛び出して、私たちは心ゆくまで東北の美渓に酔った。

マンダノ沢に入って蛇体淵《じゃたい》に泊まったのは2日目の夜。翌3日目は下山日だった。上天狗沢を経て羽後朝日岳に立つ昼ごろから雨になった。下山コースの部名垂沢《へなたれ》は、登山道とは名ばかりの悪路だったが、それでもどうにか、車を置いた夏瀬温泉に続く林道に出て安堵の息をついた。

雨のそぼ降る夕まぐれ。ヘッドランプを取り出す手間を惜しんだ私は、疲れ果てた後続を待たず、ひとり先を急いだ。

あと少しで遡行した堀内沢の橋に差し掛かる。そこを渡ってしまえば、夏瀬温泉までは2kmもない。

林道は屈曲を重ねて闇に消えていた。小さなカーブを抜けた私は、前方の薄闇に揺れる影を認めて足を止めた。右手の山から林道に出たばかりの子連れのクマがそこにいた。出会いがしらの不幸だった。

クマとの距離は10ｍもない。私は声を立てずに、相手の出方を見るべきだった。しかし、後続に知らせるために大声を上げてしまったのだ。そのとたん、親グマが猛然と走り出して私に向かってきた。

クマと出会ったら目を背けてはいけないとか、走って逃げてはいけないなどという教えは机上の空論である。現実に突進してくるクマに対して、そんなことが本当にできるだろうか。目前のクマと格闘するつもりのない私は、その瞬間、クマを背にして走った。

逃げ切れるはずがない、という自覚はあった。５ｍほど走った私は、とっさに林道の谷側に身を躍らせた。そこが崖でなかったのが私の幸運である。

標的の予期せぬ行動に、クマはそのまま私を追って谷に飛びこんだ。加速していたクマは私を飛び越えて谷の左下方に滑りこみ、身を翻して、ふたたび私を襲おうとした。その間合いの差が、私の２つ目の幸運だった。

目の前に、下方から向き直ろうとするクマがいた。そのクマの横腹を、私は渾身の力をこめて蹴り落としたのである。

幸運の３つ目は、そこに後続のメンバーが大声を上げて走り寄ってくれたことだろう。私ひとりだと思っていたクマは、そこで初めて敵が複数であることを知ったのである。

奇跡にも等しい無傷のまま、私は林道に這い上がった。しかしまだ、油断はならない。林道を後退してようすをみているうちに、ようやく身震いがやってきた。林道の山側で子グマの親を呼ぶ声が聞こえ、私たちへの恐怖から林道を横切れない親グマが、谷側で切なく鳴いた。その声を、私たちは降り続く雨とヤブカの猛襲に耐えながら、1時間以上も聞かされなければならなかった。

クマの退散を待ちながら、私は1ヵ月前、月山の立谷川で遭った大グマを思い出していた。30mほど離れた沢向こうの台地でイタドリを夢中で食べていたクマは、明らかに300kgに迫ろうとするオスグマだった。山小屋の親父に聞かされていた月山の主は、おそらくあのクマではなかったか、と思わせるほどの巨大なクマだった。私たちの気配に気づいた大グマは、後ろも振り返らずに駆け出してヤブに消えた。

大イワナも大グマも、生き延びて巨大化するのには理由がある。繊細と臆病と大胆を併せ持ち、みずからの分限を知っているから無謀に走らないのである。山のケモノは山でしか暮らしてはならないのだ。

無傷だった私の幸運はまだあって、それは私が大きなザックを背負っていたことと、襲ってきたクマが体重60kgに満たない若い母グマだったことだ。あれがもっとでかいクマだったなら、そして私が何も背負っていなかったなら、はたして私は彼女の牙から逃げ切ることができただろうか。

クマなんて怖くねえや、と豪語してきた私だが、あらためてクマは怖い動物だった、と訂正しておく。しかしそれでもなお、あれは不幸な出会いだったと信じたい。

あのクマの親子は深い闇のなかで、無事に再会できただろうか。仔グマを育てるためとはいえ、人里近い林道に出てこなければならなかった小さな母グマの悲しみに、深く思いをめぐらしている私がいる。

クマの口の中には、私の顔面が入っていた。
クマの舌のヌルッとした感触が気味悪かった。
入れ歯がガシャと壊れ、「やられた」と思った。

# ツキノワグマと揉みあいの末、頭ごと齧られ大けが

体験者◉早川輝雄

※2015年刊行の『釣り人の「マジで死ぬかと思った」体験談5』より転載

40数年におよぶ登山と渓流釣りの経験と、さまざまの文献から、ツキノワグマが遠方から突進してきて人間を攻撃することなどあり得ないと思っていた。ツキノワグマは野生動物としてはおとなしく、非常に臆病な性質だという。それは実際に山で目撃したり出会ったりした、20回以上の経験からも間違いないことだった。クマに襲われる事故の多くは、出会いがしらで動物の防衛本能のなせる業であると思っていた。ところが、まさかの例外があることを、不運にも私自身で経験してしまったのである。

それは、忘れもしない昨年（2009）の5月16日。青森県下北半島、大尽山《おおづくし》でのことである。登山のガイドブック『東北百名山地図帳』の写真撮影と現地踏査のため、前日の吹越烏帽子岳に続き大尽山（828m）に登った。新緑の山と山頂からの宇曽利《うそり》山湖や恐山の俯瞰を撮影し帰路につく。早く下山して、噂に聞く川内川へイワナ釣りに行こうとの魂胆で、帰路を急いでいた。

登山口までおよそ600mの地点、作業道跡の傾斜が緩く歩きやすい直線状の道を快適に下っていた時である。前方10数mから、突進して来る黒い動物を発見した。すぐにクマと分かったが、どうしてクマが遠方から自分に向かって走って来るのか、不可解でならなかった。とにかく衝突を避けるため、登山道脇のヤブに逃げる。そのまま登山道を直進してほしい、との願いもむなしく、クマは方向を変え私の顔を目がけて飛びかかってきた。この攻撃は、私は左へ避けてかわした。この時に「クマを巴投げで投げ飛ばし、難を逃れた話を聞いたことがあるな。でもこの状況ではどうしようもないなあ……」などと、意外にも冷静に考えている自分がいた。少し余裕があったのだろう。

次の瞬間、クマは振り向くと同時にふたたび顔を目がけて攻撃してきた。竹ヤブの中で逃げきれず顔を守るため左腕で防御、左腕の関節付近を噛まれてしまう。どうしようもなかった。その後はもみ合いになり右腕、右足、そして顔を噛まれてしまった。顔を噛まれた時の、クマの舌のヌルッとした感触が気味悪かった。入れ歯がガジャと壊れ、「やられた」と思った。

顔を攻撃した後、クマはヤブの中へ退散していった。この時は全くの素手で、何かしらの武器（ストック・棒きれなど）があったら、かなり対抗できると思った。子どもの頃、イヌと喧嘩した記憶があるが、彼らは俊敏で噛み付いたら離さない。クマは、獰猛な肉食獣とは異なると感じたのである。

クマが去った後、ヤブの中から2mほどの登山道へ上がろうと1歩踏み出した。ところが、登山道側と思った方向が実際は脇のほうで、バランスを失い転倒してしまった。気を落ち着かせ、慎重に道に這い上がる。顔の右側を激しく噛みつかれており、右目は開けられなかったが、左目は物を見ることができた。しかし左目は、若い頃のケガで視力が0・03程度しかなく、物をはっきり視認することはできなかった。

顔面からの出血が流れるような感じで著しい。ただちにタオルで顔を縛り止血を試みる。この時、手で触れた顔の右側がズタズタに裂けているのが分かった。不思議なことに痛みはほとんど感じない。ところが、タオルで縛っても出血は少なくならなかった。初めて「この出血状態で何分持つだろうか……」と、〝失血死〟を意識する。

失血状態になる前に、との思いから急いで携帯電話で１１９番通報し救急車を依頼する。電話器の数字がよく見えないため、ダイヤルに苦労してやっとの思いでつなげた。ところが場所を説明しても通じない。現場はむつ市なのだが、携帯電話に出たのは野辺地の消防だった。むつ市の消防へ連絡し対応するとのことで、いったん電話を切る。東北の山では携帯の通じない所がまだまだ多いが、通じて一安心する。

電話の後、少しでも救急車へ収容されるまでの時間を短縮し、死亡するリスクを少なくしようと自力での下山を開始する。15分ほど歩き、13時20分、登山口の車に到着する。流れるような激しい出血は、かなり治まっていた。車のミラーで怪我のようすを確認しようとしたが、左目の視力では確認できなかった。

むつ消防の救急車から電話が入り、こちらに向かっているとのこと。少しの時間待っていたが、視力の弱い左目でも林道の路肩は確認できる。往路の状況から、脱輪さえしなければ危険は少ないと判断。血液でシートが汚れないよう車中泊用のタオルケットでシートを包み、車を運転して登山口を出発する。少しでも早く救急車に収容してもらいたいとの思いだった。

20分ほど運転した13時40分、救急車に合流できた。もし、登山口で待っていたら40分は遅れたと思われる。自分の車を邪魔にならない路肩に停め、救急車に収容してもらう。止血・酸素吸入等の応急処置をしてもらいながら、むつ総合病院へ向かう。病院到着後、ただちに処置室（手術室）へ入り、５時間近くもかけ、縫合手術を行なってもらった。頭は脳外科・顔は耳鼻咽喉科・手足は整形外科の各医師が手術を行ない、眼科の医師も診てくれたとのことだ。

この時の怪我は、結果的にすべて急所を外れており、話す、聴く、見る、歩く、の身体の機能へのダメージが小さかったので、救助依頼、徒歩下山、運転ができた。また、通常であれば激痛によって身体の自由が奪われてしまうのだが、さほどの痛みは感じなく、行動の支障になることはなかった。生命維持のために、感覚が非常時モードになり、通常感じる痛みは感じない状況になっていたものと思われる。こうした機能により、短時間で病院へ搬送してもらうことができた。人間の身体の神秘さと頼もしさも感じた経験だった。

そして、この時の出血量はどれほどだったか知る由もないが、医師の話によると「赤血球数が異常に多かった」とのこと。約1ヵ月前にネパールへトレッキングに行き、高度順化した状態の身体だったことも幸いしたと思われる。

手術後の経過は、懸念された野生動物の細菌等による感染症もなく、順調に回復した。5月26日抜糸した後の午後、むつ総合病院を退院、迎えにきた妻と車で仙台の自宅へ帰った。

今年は、これまでにないほど各地にツキノワグマが出没し、人間の被害も多発している。最大の原因は食料のブナの実の不作と思われる。私が歩いた山で今年はブナの実を一粒も見なかった。山形のある熊猟師は「クマを解体すると独特の脂のにおいがするが、今年獲ったクマは臭わない」と言っていた。今年増えた人家へのクマの出没は、「山里が少なくなり、結果として人間とクマの住処が隣接してしまったから」とも言われている。

ただ私の事故は、これらとは異質であると思う。なぜ攻撃してきたのか、素人であるが自分なりに考えてみた。動物がほかの動物を攻撃する主な理由は、防御と排除といわれている。防御は、出会い頭に出会うなどで驚いた時に自分を守るために、とっさに攻撃してくるパターン。クマに襲われる多くはこの例と思われる。排除は、子連れの母グマが子を守るため。または、発情期に自分のねらっているメスとの間に邪魔者が入った場合などの、オスの攻撃パターンとのこと。今回私が攻撃された理由で考えられることは、①母グマと子グマの間に入ってしまった。②発情期のオスグマとメスグマの間に入ってしまった（季節的には①、②どちらもありうる）という、この2つのどちらかではないかと推測される。

確実にいえることは、クマにも個性（個体差）があり「さまざまなレアケースがある」ということである。以前2頭の子を連れた母グマと遭遇したことがあったが、その時は子グマを置いて母グマのほうが真っ先に逃げて行った。子連れだから必ず攻撃してくるわけではなく、反対に攻撃的なクマの存在も否定できない。

クマ対策に100%はないが、事故時、鈴などは付けていなかった。人間（自分）の存在を遠方から極力早くクマに伝えることが、事故の減少につながることは確実である。人間のあまり入ることのない、渓流ではなおさらだ。あの日以来、私も鈴を付けて歩いている。

6mの釣りザオが届く距離に、
とんでもなくデカいオスのヒグマが突然姿を現わした。
推定体重300kg以上。逃げることも戦うこともできない状況に死を覚悟した。

# 突然目の前に現われた巨大ヒグマと長時間のにらみ合い

体験者◉与作

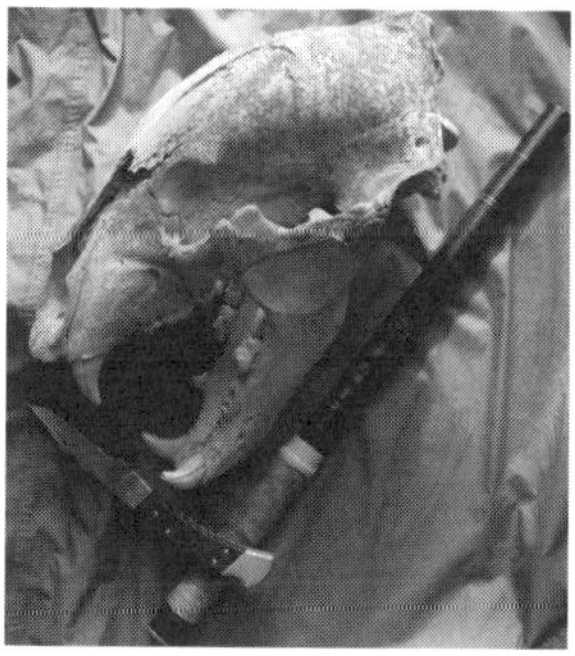

※2021年刊行の『釣り人の「マジで死ぬかと思った」体験談6』より転載

死を覚悟した瞬間――。長い人生、1度や2度の命の危機は人それぞれあるのだろう。愚生如きの、くだらない釣りでの経験だが、クマの生態のほか、何かの参考にでもなればと、ありのままを以下の駄文に残す。

さかのぼること2008年の初冬、北海道は日高山脈連峰の山奥で友人とふたり、原生林に囲まれた深い渓谷を流れる透明度の高い、豊かな水量を誇る川で渓流釣りを楽しんだ時の出来事である。

この川の透明度は高く、銘石と称される日高石のほか、石灰岩もあり、きっとカルシウム含量も高く、下流域に広がるサラブレット牧場で草を食む馬たちの健康も支えているのだろう。

渓谷幅は広い所で20～50m、ほとんどが80～100mの断崖、垂直に切り立った岩山、絶壁で囲まれており、絵になる渓相も含めて日本一の渓流とほれ込んでいる川である。今回、同行した友人は数年前に仕事で入渓されたことがあり、土地勘のある方だった。

この川で釣れるニジマスの青白く銀色に輝く魚体は、喩えようもなく美しく、ここで大げさな言い方をするなら、日本で一番贅沢な釣りを楽しみ、そして日本で一番恐ろしい経験をするとは夢にも想わず、である。

イントロが長くなったが、ここから本論に入る。

山道を2時間走り到着する。車を降りて渓谷に向かう山道を下ると、川原には数日前に降った雪がうっすらとあり、入渓者の足跡は全くなく、所々にシカ、キツネ、そして3歳前後と思われる子グマの足跡が散見される程度である。友人は上流部へ、愚生は逆の下流部へそれぞれ単独釣行する事とし、待ち合わせ時間を夕刻前の2時30分に設定する。

入渓するとウエーダーを通じて伝わってくる水温はかなり低い。川幅は広い所で6~8m、狭い所では4~5m、水深は深い所では4~5mはあったろうか。子供の頃から慣れ親しんだエサのミミズを流し込むと、面白いようにニジマス、アメマスが食い付いてくる。ほとんどが40cm以上で、50cmを超えるとミチイトがピュー、ピューと鳴り、両手で釣りザオを持ってもなかなか上がってこない。銀色がかった精悍な顔付きで、腹の膨らんだ奴もいる。それらを釣っては逃がしの繰り返しと、まさに釣り人にとっては地上の楽園そのものである。

なおも下流に向かうと、おおよそ100mくらいのほぼ垂直に峻立した絶壁の麓にある大岩に、水流がぶつかって深く渦を巻き、そこから川幅を狭めて左側に大きく流れを変え、続いてすぐに逆の右側に蛇行し、その先はこちらから全く見えない、深く流れの速い大きな、滝壺のような絶好のポイントに出た。

さっそく愚生は流れの速い川に腰まで入り、水流を後方からまともに受ける体勢なので流されないよう、ゆっくり中央部あたりまで注意しながら進み、川の中央に立つ。もちろん魚が掛かった際、取り込む場所まで確認し、両足が水流でさらわれないよう再度踏ん張るようにしてエサを川下の深い溜まりに流し込む。

一発で食い付くはずだ、まず一番大きい奴から。

ところが食わない！　二投目、やはり食い付かない。おかしい、何か変だ。こんな素晴らしいポイントの連続する川で、しかも抜きん出てよい溜まりでアタリがないなんて。落石でもあったのだろうか、いやな予感が走ったその時、瞬間的に流れ下った右側の岩陰辺りで、渦巻く深い溜りの中に何かが浮いている信じられない光景が目に入る。

神の悪戯なのか、今までに見たこともない直径が15㎝ほどの黒っぽい楕円形状の扁平な〝お皿のようなもの〟が大きな波紋を伴って水面上に浮き、しかも右左に大きく蛇行しながら、こちらに向かって来るではないか。

何だろう、わが目を疑う。あいつが潜ったり、泳いだりするのか、しかも冬に？　それはないだろう。でも……まさか？

釣りをやめその一点を凝視する。その距離、約15m。そしてゆっくりと時間をかけて近づいてくる扁平な〝お皿のようなもの〟がしだいに少しずつ浮き上がり、大きさを増してくるに従い、愚生の心拍数も増してくる。

やがて、水面上に浮き出た巨大なバスケットボールのような〝もの〟は黒光りした毛皮で覆われていることに気付く。その距離、約10m。

出たー、クマだ！　バカヤロウ、泳いで現われるなんて！　と思っても時すでに遅しである。

その瞬間、愚生の脳は真空状態になり、心拍数はいっぺんに倍以上に上がったことだけは覚えている。速い水流に逆らい、顔を水面下に没しながら、うなじ、後頭部、頭頂部のみを水面上に出し、左右によれながら此方に向かってゆっくり泳いで寄ってくるではないか。

やがて肩峰部から背中の一部までが水面上に現われ、愚生との距離がついに約８ｍに縮まる。

こちらは腰まで速い水流に浸かり、逃げるどころか身動きが取れない。そんな愚生にクマはまだ全く気が付かないではないか。顔を水中に沈めた体勢では、いくら優れた五感を有する野生獣とはいえ、それは殆んど機能していないのか、左右によれながら悠然と泳いで寄ってくる。愚生はあえて逃げることはせず、早く気付いてくれと祈る気持ちで腹をくくり、そこから動かず留まることを決意した。

クソ度胸と言ったなら聞こえはいいが、本当は下手に動き、もしも急流で足をとられて流されたなら確実にクマの鼻先に流れ着く位置にいること、また、逃げおおせるだけの距離、時間的な余裕もすでにない状況にあった。

ついには愚生の左手に持っている6・1ｍの釣りザオの先が、クマの頭に届く所まで来てしまう。何てことだ、やはり逃げたほうがよかったのか！

いよいよ鉢合わせかと思ったのだが、泳ぐクマに水中のウエーダーが見えたのだろうか、それ以上近付くのを止め、ゆっくり浅場に体を寄せ、ついに水中からノソッーと大きな岩のような上半身が現われる。

オスの大グマだ!!　デカい、とんでもなくデカい奴だ。

巨大な頭を持ちその大きさは左右耳間がおおよそ40㎝、頭頂部から下顎部までおおよそ45㎝か、それ以上ある。推定体重は３００㎏、それ以上かもしれない。たまにテレビで放映される、黒いツキノワグマなどまるで比較にもならない。

濡れた皮毛は淡い黒色から茶褐色に近く、体表を覆う長毛、特に背正中線部を中心にくすんだ黄金色毛も有し、渋い光沢を有するヒグマである。

肩峰部が異様とも見えるほどに盛り上がり、栄養状態もよく、見事に鍛え上げた雄大な体型を呈している。

不思議なことに、あまりの迫力に恐怖感は一時吹っ飛び、逆に崇高なる存在感に圧倒されることしばし。まだ北海道にはこんな度肝を抜くドデカいヒグマがいるのか。特に上躯の発達は素晴らしく、まるで肢を短くした力強い輓馬のように見えなくもない。もしもツキノワグマくらいの大きさなら、あるいは闘うことも選択肢の一つかもしれないが、このヒグマの大きさはその3～4倍は優にある。

こいつがサオ先の届く位置で身震いひとつせず、水を滴らせながら微動だにせず、愚生を睨みつけている。生きて帰れないのか！

その距離6ｍ、愚生との間には深く渦巻く溜まりがある。泳いで襲ってくるのか、それとも川岸にあがり、岸伝いに、飛びかかってきて、食い殺されるのか、それとも強烈な前脚で叩かれ、一発で終わりなのか――過去のクマによる残虐な殺害事件が一瞬頭を過ぎる。

クマのあまりにも小さな目から発する凄味、微動だにしない凄まじい威圧感、すべての生き物を見下してしまうがごときの眼光で愚生を睨み続ける。絶対に視線をそらさず冷静で、そして無表情に。

人は危機的一瞬に遭遇した時、過去の出来事が走馬灯のように脳内を流れるというが、まさしく愚生も同じく、あふれるほどの汗を噴出しながらも、不思議なことに脳内には、次々と過去の諸行が頭の中をよぎる。

愚生は背後からの急流に靴底を取られまいと、クマを真正面に見据えてやや膝を曲げ、両手をクマに向けて斜め上に挙げ、左手に持っている釣りザオも同じようにクマに向かって斜め上方に大きくかかげ、何とか少しでも此方を大きく見せる姿勢をとる。

靴底の砂利が急流で洗われるので時々よろけるが、サオ先がクマの顔にでも触れればクマを怒らせてしまうので細心の注意を払いながら、時々靴の位置を変える。愚生vsクマの睨み合い合戦が続いた。凄まじいプレッシャーに耐え5分……そして10分経過。不思議なことにクマはまだ襲ってこない。吼えもせず、立ち上がろうともせず、水面を叩きもせず、水流の岩にぶつかる音だけが耳に入る。

やがてクマは驚いた行動をとる。なんと愚生を睨みつけたまま少しずつ、ほんの少しずつではあるが後退りするではないか。しかし絶対に愚生の眼から視線をずらさず、また後ろを決して振り返ることもなく静かに、まるで後肢の掌面に全ての神経を集中しているかの如くゆっくり、ゆっくりと後退する。

そして川から岸にあがると後退りを止め、その距離8mになる。水中に沈んでいて見えなかったクマの肢が現われる。よく見ると毛で覆われた大きな掌の前面に黒光りする太くて短い、まるで鋼のような爪がならんである。その強烈な武器でいよいよ岸伝いに近づき、一気に襲ってくる気なのか。

ところが信じられないことに、クマは愚生を真正面に見据え睨んだまま、再びゆっくりと後退りを始めるではないか。大きな石がごろごろ転がっている川原を、後方を振り向くことなく器用に後退し続け、愚生との距離が20ｍまで開いたとき、クマは初めて目線をそらし後方を一瞬ながら振り向いた。

その後はまた、こちらを睨みながらゆっくりと後退、数回後ろを振り返り、愚生との距離が約30ｍになった時、素早く向きを変え、駆け足で対側の急峻な崖を登り、鬱蒼とした藪の中に駆け込み、そして消えた。

助かった瞬間だった。

川の中にぽつんといた愚生、やっと身動きが取れるようになり、流されないようにゆっくり川からあがり、大汗を拭う。何ともいわれぬ安堵感におおわれたことを覚えている。

まさしく地獄から天国への瞬間であった。

生来、自然、野生動物に人一倍好奇心が旺盛な愚生はこのクマの奇異なる行動に大いなる疑問を抱く。また二度とあのクマは現われないだろうと根拠のない確信を抱き、用心深く釣りを再開し、クマの痕跡をチェックする。

所々に先ほどのクマが川から岸にあがり大きく身震いした痕が点在しており、川原を何度も行き来したと思われる出来たての大きな足跡、水飛沫があちこちに見られた。案の定、魚は警戒して全く食い付いてこない。

なぜ、あのクマは寒中に川の中を真剣に顔を沈めて泳ぎ、潜ったりしていたのだろうか。そしてなぜ川原を何度も往復していたのだろうか。

クマの内眼瞼にある瞬膜はお魚さんと異なり殆んど退化しているので、水中でクマの網膜に写し出される画像はオートフォーカスながらも、地上と同じ鮮明な画像が得られるとは思えない。にもかかわらず薄曇りの中、6m先の水中からウエーダーを確認できたことから察すると、水中でもかなりの視力があると判断しても間違いではないのだろう。

その問いに対する答えは簡単に、しかもすぐに見つかる。500mも釣り下がった所で、急流がゆるやかになり、川幅が広く、浅くなった所にある大岩に、隠れるように、またもや疑わしい〝もの〟が目に入った。一瞬、またかと思ったがよく見ると全く動かず、茶色の肌に数列のきれいな白斑が混じっている1・5mくらいの中型の動物が流されてきて、そこに引っ掛かっている。

小グマでないことを確認してから静かに近づくと、息絶えているよく肥えた70kgほどのメスのシカであった。

川に半身浸かっているので温もりはなかったが、死後強直はまだ始っておらず、左胸部の裂創部から新鮮血が流失、血液凝固はまだ見られない。つまり絶命して間もないということである。

冬眠前の大グマは、大事な餌となる、崖から転落したシカを真剣に探していたのだろう。そうこうしている間に、待ち合わせの時間に大きく遅れてしまった愚生を案じた友人が、遠くより血相を変え走って来るのが目に入った。

横たわるメスジカを目の前にして、友人と「こんなご馳走をみすみす置き去りにするなんてもったいない」と意見が一致し、携帯していたバックのナイフで解体し、美味しそうな所を持ち帰った。

その夜は、しめやかなお通夜ならぬ反省会の筈が、しだいに元気付き、大宴会の食材となったことは言うまでもない。

後日、経験豊かなアイヌのハンターに聞いてみたところ、異口同音にそれほど大きいクマは今では足跡すら殆んど見かけなくなったとのこと。推測だけれどそのクマは崖にシカを追い込み、滑落させて獲っていたのではないかと、貴重なアドバイスを受ける。また、クマの獲物を横取りするなんて、そんな危険なことは絶対にしては駄目ですよと忠告された。

それ以降、釣りのお供としてドーベルマンを飼う。その名は与作。

ご主人様と同居、仕事も、食事も寝る時も、そして風呂も一緒でリードなし、柵なしの庭で遊び放題の全くの自由。

食餌は生まれた時から、近くのハンターからいただいた、シカ肉とクマ肉のみで育て、約六ヵ月齢くらいから一緒に山に入った。

与作はとても従順で度胸満点、ご主人様の指示はきちんと守り、時にはクマを逃げ場のないところまで追い詰め、クマと吠え合うこと数度。特にクマが吠える独特の大声は、それはそれはすざまじい迫力であり、まさしく度肝を抜くとは、こんなことを言うのかもしれない。

逆に藪からクマを追い出してきて、ご主人様をびっくりさせたこともあったが、どのクマもせいぜい80～130kgのクマであった。

背に渋く黄金色に輝く長毛を持ち、あれほど大きな黒褐色に輝くクマにはその後出会っていない。ある意味、素晴らしい一期一会だったのかもしれない。なんて能天気なことを思っていたらその後、愚生の知る限り、その年、その近くでハンターが一人クマに襲われ重症、ほかに作業員が後頭部を一撃され死亡等々の事故を聞かされた。

# 恐ろしい自然の脅威編

強風波浪雷警報が出ている中、無謀にも50㎝オーバーのチヌねらいで渡った磯。釣れ続くチヌに夢中になっていると突然、真っ白な閃光が広がった。

# 磯で雷が落ち全身吹っ飛ばされて失神する

体験者◉大伴渓児

※２００４年刊行の『釣り人の「マジで死ぬかと思った」体験談』より転載

「あ～、デカいチヌ釣りてえなぁ！」

寒風吹きすさぶ1月のある日、先輩でもあるKさんの言葉に、渡船屋を親戚にもつ私はある磯を紹介した。もう16年も前のことだ。

その磯は京都府の久美浜湾と日本海を繋ぐ水戸口水道に浮かぶ西島（通称「三角」）。私の経験上、海が荒れれば50㎝オーバーの年無しがボコボコ釣れるのであった。しかし、Kさんは紹介だけでは飽き足らず、「俺そこ初めてやし、大伴君もついてきぃ～や！」とのたまう。ついて来いってか。めんどくさ～、とも思ったが、先輩の言葉は半強制的でもあり「エエっすよ、行きますわ」と即答した。

が、後悔先に立たずとはよくいったもの。この後の惨事を知る由もなく、私は通い慣れたポイントで先輩を出し抜いてやろうと密かに目論み、間抜けにもニヤついていた。そして、この日から私は先輩に圧倒的釣果の差を見せつけるべく「入れ食いウホウホ計画」を企てるのだが、ここにひとつの大きな落とし穴があったのである。

今では恥ずかしい限りではあるが、当時チヌ釣りを始めて間もないビギナーだった私は、「荒れれば釣れる」を「荒れるほど釣れる」と混同していた。天気予報とにらめっこしながら選択したのは、無謀にも強風波浪雷警報の出ている日。まさにその日を「入れ食いウホウホ計画」に最適の実行日と思い込んでしまったのだ。

「今日はちょっと荒れとるよ～！　気を付けてなぁ」との船頭さんの声も、「今日は爆釣だ～！

たくさん釣れよ」としか聞こえない。

Kさんも「スゴい波やけど大丈夫なんか?」と言ってはいるものの、その目は未だ見ぬ年無しとの遭遇にギラギラと輝いている。

まだ夜も明けぬ午前4時。確かにこの日は寒冷前線の接近で空は重たく、暗い鉛色だった。吹き付ける雪は強風の横殴り。海上も予報どおり5～6mはある大ウネリ。西島の前に立ちふさがる高めの防波堤は、遥か上まで波末が打ち上げ、まるで東映映画のオープニングのよう。その猛々しさは、荒れ狂う冬の日本海を象徴しているかのようであった。しかしここは荒れた外海から水道を通り湾内に移動するチヌの格好の着き場となっているため、シーズン中は荒天などものともしない屈強な「チヌ師」たちで賑わっている。

とはいえさすがにこの日は荒れすぎだったようで、ポイントは我々だけの貸し切り状態。それでも気合入りまくりのKさんと私は、これ幸いとばかりに1級ポイントの先端に陣取り、我先に寄せエサを撒き、仕掛けを流れになじませた。と同時に雲行きが怪しくなり、黒さと厚みを増していく。

「気っ色悪ぃ雲やんなぁ……」

「遠くでゴロゴロいうとんで!」

意外に気の小さいKさんの言葉を尻目に私は1投目で年無しを掛け、ニンマリ笑顔で無言の優越に浸るも、すぐにKさんのサオも強烈に曲がり誇らしげな笑顔を返してくる。

それから3時間ほどが経過した。退屈しない程度に大小のチヌが釣れ続くものだから、警報のことなどすっかり忘れ、いま目の前にある楽しいことに夢中になり、奇声を上げながら釣り続けていた。

ウキを凝視する2人。が、その目の前に突然、金色の芯を持つ真っ白な閃光が広がったかと思うと光の中に包まれてしまった。と同時に、何かが弾けたような「バンッ!」という乾いた轟音が耳をつんざいた。この瞬間、私は失神してしまった。したがってその時の光景はとてつもなく白かったとしか記憶していないが、Kさんの話によれば、太い光の線と音が私のわずか数10㎝前の海面に落ちたかと思うとその光の余波が私を包み、私はそのまま1mほど後ろへ吹っ飛んだという。

もしも1m後ろではなく手前に飛ばされていたら、私は間違いなく磯から転落していた。しかも気を失っているから、そのまま海の底へ沈んでいくのみだ。いや、ここは激流走る水道だから、アッという間に沖に流されて終わりだろう。

気が気でないのはKさんだ。なにせ相棒が、直撃ではないにしろ落雷を受け泡を噴いて失神してしまったのだから。まだ携帯電話などない当時のこと、渡船を呼ぶこともできず、ただ私の名前を呼び続けるしか術がなかったという。

それから6時間あまり、私の意識は吹っ飛んだままだった。可哀想なKさんは釣りをすることもできず、ただ私のそばに佇んでいたらしい。

私が意識を回復したのは昼過ぎだった。目の前が真っ白になったかと思うと真っ暗になり、また真っ白になって目が覚めたという感じだ。身体の節々は痛かったものの、大きな怪我はないようだ。

だが、ふとサオを握っていた右手を見ると、なんと手袋が裂けていた。さらに手袋を取ると、手首に少し火傷を負っていた。まあ、この程度ですんだのは不幸中の幸いであったが、愛用のサオはというと、縦方向に無数のヒビが入り、サオ先は真っ黒に煤けていた……。しかし、予備のサオがあったため、迎えの船が来る3時まで私たちはまた釣りをしたのだった。

こんな経験をした私だが、のど元過ぎればなんとやらで、数年後には冬バスの調査と称して釣友と厳寒の野池へ向かい、全く同じ目に遭遇して再び失神した。が、この時もかすり傷程度ですんでいる。

私はいったい運がよいのか悪いのか？　雷に打たれやすいものの、打たれ強い体質なのだろうか。今もってナゾではあるが、本来カーボンザオは雷が落ちて当たり前。ましてや天候無視の釣行ではその危険性もうなぎ上りである。

万一の場合は自分1人のことですむはずもなく、二度あることは何とやらに怯え、それ以来の釣行ではよく計画を練り、無理のない楽しい釣りを心がけている。

というよりも、さすがの私もすっかり雷が苦手になってしまったようである……。

縦横無尽に放電しまくる空、周囲に落ち続ける雷。
幻想的な光景に、岩陰に潜みながらも少し感動していた。
しかし私たちにも落雷の危険があることに変わりはない。

# 磯で雷に打たれて電流が走る

体験者◉浜田 忠

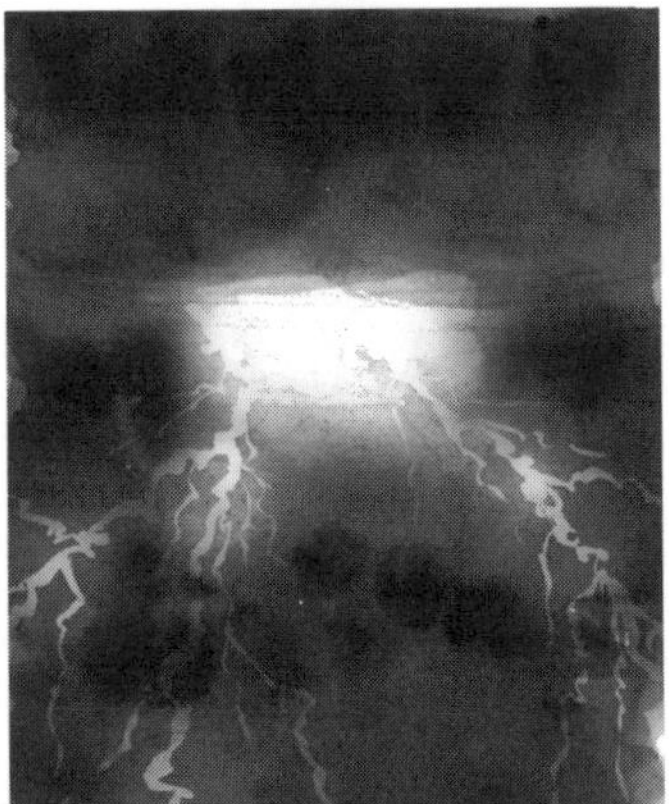

※2007年刊行の『釣り人の「マジで死ぬかと思った」体験談3』より転載

それは昨年の9月末のこと。出版社からの依頼で鹿児島県甑島へ釣りの取材に行くことになった。ねらいは、現地でアラと呼ぶモロコである。特にモデルも必要としない実釣レポートだったので同行者はいなかったが、渡船では熊本県からやって来た釣り人と一緒になった。

「今日はよろしく。私は今日、50歳の誕生日なんです」

と、その釣り人が語る。その方の誕生日を祝うかのように、当日は天気も穏やかな絶好の釣り日和であった。夕方の瀬渡しの時も風も波も全くなく、予報でも一晩中、穏やかに晴れるとのことだった。

「今日の取材は楽勝や」などと軽口を叩いたものの、釣りのほうは相手が相手だけに、そう簡単にアタリはない。相変わらず海は穏やかなまま、夜11時を迎えた。

その頃からソヨソヨと風が吹き出した。その影響で、少し波が出てきたが、それまでナギ倒れといった感じだったので、むしろ風は大歓迎である。

ところが、ソヨソヨだった風がいきなり強くなった。さらに、西の空がピカピカと光っている。が、西の空といっても、はるか遠い先である。こちとら余裕で、「雷がこっちに来なければいいなあ」などと思いながら、モロコザオを見つめていたが、日付が変わる頃、雨が降り出した。風が強くなったため、全身ズブ濡れである。「ちっ、全然予報と違う!」などと文句を言いつつ、念のため持参したレインスーツを着込んで釣りを続ける。

しかし、風も雨もさらに強まり、西の空をチラリと見ると、雷雲がずいぶんと近づいているではないか。これはまずいと思い、急いでタックルを回収。雨宿りを兼ねて、絶壁の下の人ひとりが入れる程度の岩の切れ目に逃げ込んだ。

渡船で一緒になった同行の釣り人もそれを見て、タックルはそのままで岩の切れ目に逃げてきた。狭いので、私は岩肌に寄り添うようにして立ち、彼はしゃがんだ姿勢でなんとか雨宿りができるといった感じだ。

「通り雨ですぐにやんでくれたらいいけどねえ」などと話しながら待っていたが、雨はやむどころか大粒の豪雨になった。真っ暗な夜の海にもかかわらず稲光がするたびに辺り一面がくっきり見えるほど一瞬ものすごく明るくなる。

そのおかげで、それまで私たちが入っていた釣り座の全容もはっきりと分かった。もともと低い釣り座であったが、潮位が高くなったところに激しい波が押し寄せ、完全に洗い流されている。海は鬼のような形相で牙を剥き続けた。釣り座を見えなくしてしまうほどの高波が真っ白なサラシを生む。それまで沖に見えていた釣り船の明かりは見えなくなった。きっと入り江に避難し、電気を消して停泊しているのだろう。

わずか1時間前の平和が嘘のような急展開。レインスーツを着ていても、胸や袖から容赦なく水が入り込み、すでにパンツまでビショ濡れ。岩陰から一歩でも出れば、横殴りの雨風に飛ばされそうになるほどで、頬に当たる雨粒が痛い。きっと、それまであまりにも天気がよすぎて、予想外に積乱雲が発達したのだろう。

普通、雷というものは「ピカッ」と光ったのち、ややあってから「ドーン」という地面に落ちた音が聞こえるものだが、この時は光ると同時に「ドーン」という音が聞こえる。近すぎるって！

挙句の果てには落ちたあとにピカっと光る。光が音よりも遅いはずがないので、これは次の雷なのだろうけど、落ちるインターバルが狭いのだ。あちらこちらに雷が落ちまくっているのは間違いない。

空が放電しまくっているのは幻想的な光景であった。雷は真下に落ちるものと思っていたが、稲光は横に走ったり、斜めに走ったりと縦横無尽。もちろん恐怖はあったが、生まれて初めて見る荘厳な大自然の光景に、少し感動したほどだった。

ところが、そんなロマンチックな考えもその時まで。次の瞬間、岩陰に潜んでいたはずの私たち2人は白い光に包まれてしまった。と同時に、「ババッ！　バチバチ‼」という音が聞こえ、背中に熱い電流が走った。あまりにも瞬間的な痛みだったため、「うぁた〜っ‼」と叫ぶと同時に身体が勝手にエビ反ってしまう。

目を開けても、強烈な天然ストロボの光を受けて視界が利かない。ボーっとして意識も朦朧である。

「ひょっとして俺、死んだのか？」

真剣にそう思った。しかし、目が慣れてくると、手もあるし、足もある。しかし、その手はブルブルと震えていた。手だけではない。全身が震え、止めようとすればするほど激しく震えた。その間も容赦なく「ピカッ」と「ドカーン」の繰り返し。はっきりいって生きた心地がしない。

足もとの同行者といえば、しゃがんで地面に手をついていた。彼もやられたかと思いきや、手首がビリっとした程度で被害はないという。それは不幸中の幸いであるが、当の私がどうしようもない。身体の震えが止まらないうえに、なぜか強烈な眠気が襲ってきた。

全身が寒い。背中は熱くて痛い。意識は薄れてきて、とにかく眠りたいのだが、映画やドラマの「寝たら死ぬぞ!」というフレーズが頭から離れず、なんとか眠ることだけは避けた。

同行者も完全に無口になり会話はない。正気を保つために、「しっかりしろ!」と自分を叱咤し、濡れながら、震えながら、嵐が過ぎるのをじっと待った。

稲光が輝き、雷鳴が轟く。そして何かが崩れる音がこだまする恐怖の時間は何時間続いただろうか。もしも私たちが避難している岩陰の上の断崖に落雷したら、きっと大岩が崩れ落ちてくるだろう。しかし、ここよりも安全と思える場所もなかった。

永遠に続くと思われた恐怖の時間だったが、終わる時は呆気なく過ぎ去る。一瞬にして風がやみ、雨が上がり、雷鳴も消えた。すると、安心したせいか、張り詰めていた緊張感が抜けた。同時に身体の力も抜け、その場にへたり込んでしまった。嵐が過ぎたあとは時間が経つのものすごく早かった。すでに夜明けの気配。

ヨタヨタと岩陰から出て、残りのタックルを片付けようと釣り座に向かう。すると、同行者のサオが2本とも見えない。イシダイ用の頑丈なピトンを岩に打ち付けていたのに、2本ともキレイになくなっているのだ。念のため別にヒートンを打ち、尻手ロープを結んでいたため、サオは海中から回収したが、それにしてもピトンを流してしまうとはなんという波の力。

朝7時の迎えの船に乗り込み、なんとか無事に帰還したが、家に向かう車の中でも背中がヒリヒリする。家の鏡で確認すると、背中全体がわずかに焦げているではないか。そして背中の産毛のほとんどがチリチリになっていた。

また、電源を切ったまま胸ポケットに入れておいた携帯電話の電源を入れてみたところ、今まで見たことがない変な画面になり、発信はできず着信のみできる携帯電話に生まれ変わっていた。

後日、別の渡船屋は「あん時、あの瀬に乗ってたんか。雷が直撃して、岩山のてっぺんが光っていたもんなあ」と言っていた。その岩山こそ例の断崖である。よく岩が崩れなかったものだ。

以来、私は微妙に体質が変わった。それまでは雷雲が近づいてもなんともなかったのに、今では雨降りの日に釣りをしていると、近くに雷雲も見えないのにロッドが「ビ～ン」と鳴る。さらに雨雲が近づくと、ロッドを持つ手に「バチッ」と静電気が光ることも多い。また、それまで職場は電波の入りがよかったのだが、以前と同じタイプの新しい携帯電話に代えたにもかかわらず、通話の途中でプツッと切れるトラブルが増えた。電波少年ならぬ電波中年になってしまったのだろうか。

突然の増水に1度は中州に逃げのびた。
しかし、「間抜けな釣り人として新聞に載りたくねえ!」なんて思ったオラは、
自力で帰還しようと激流に踏み込んでしまった。

# 突然の鉄砲水で増水した川に流される

体験者◉菊池千秋

※2005年刊行の『釣り人の「マジで死ぬかと思った」体験談2』より転載

そろそろアユ釣りも終盤を迎えつつあるお盆すぎ。どんよりと蒸し暑く、時おり雨が混じるお天気雨の日だった。

その日は、オラのアユ釣りのホームグラウンドである雫石川へ。繋温泉郷のほとりにある御所ダムに流れ込むバックウオーター付近である。雫石川のアユ釣り場としては最下流にあたるポイントだ。9月後半から落ちアユ漁でにぎわう場所だから、釣り場としてはあまり一般的ではなく、普段は人けも少ないが、実は一番の大アユポイントなのである。

この日も先客は菅笠を被ったおじいさんが1人だけだった。ウッシシ、今日もデカアユを一人占めだ。2ケタは釣れるぞとほくそ笑むオラ。そそくさと15分ほど下り、川を真っ二つに切り裂くように盛り上がっている中州へ渡り、サオを伸ばすのももどかしく左岸の流れをねらう。ここは岩盤あり、人の頭大の石あり、川底にはこぶし大の石がびっしりと敷き詰められ、常に新鮮なアカが付いているヨダレもんの美味しいポイント。いつもすぐに野アユが掛かるオトリ交換場所だ。

川の真ん中の急な流れをパスすべく、オトリアユをフリッピングで空中輸送。そしてオトリが着水すると、ひと呼吸置いて強烈なアタリが来た。早くもサオは極限のひん曲がり状態。引き抜いたアユは25㎝オーバー。それからはバッタバッタの入れ掛りが始まった。

快調に7、8尾くらい釣った時だったか、ジャラジャラと小石が流されるようなザワついた音が聞こえた気がした。でも、入れ掛かり中のオラは、そんな音よりも大アユを釣るのに夢中。ところが、しだいにジャラジャラジャラという音が大きくなってきた。ノーテンキなオラもさすがに気になり、後ろを振り向くと、見慣れない光景がそこにあった。上流50m先の水面が1・5mほど直角に切り立つようにして盛り上がっていたのだ。

オラにはそれがなんであるか、すぐには理解することができなかった。だから「そんなことよりアユだよアユ」とサオを握り返したのであった。でも、ちょっと待てよ？　ひょっとしてアレって鉄砲水？　そうだよ鉄砲水だ！

恐る恐る振り返ると、先ほどよりも盛り上がった鉄砲水がすぐそこまで迫っているではないか！ここにきてようやく慌てたおサルなオラ。オトリを外す時間などもうない。そのままイトを引きちぎり、引き舟をむんずと掴み、とにかくヤナギの木が生えている中州の一番高く盛り上がった所まで猛ダッシュ。すると、今しがた釣りをしていた場所が濁流の渦の中に飲み込まれていくではないか。その光景は鉄砲水というよりも川津波という感じ。川の水はドンドン膨れ上がり、根っこから引き抜かれた大木やら、伐採されたばかりの丸太やらがすごい勢いで流されてくる。とりあえず命は助かったが、中州から向こう岸へどうやって行くのか。川を横切るにしても、大木が流れてきたらイチコロだ。

そういえば2週間前にも支流の竜川で鉄砲水の騒ぎがあった。突然増水した川の中に立ち往生してしまった釣り人が、岩手県警のヘリコプターに救助された事件が新聞に載ってたっけ。その記事を読んだオラは「バッカな奴もいるもんだ」と大笑いしたが、それが今じゃ笑われる立場。まさかオラのとこにヘリコプターなんか飛んでこねえよな……。

新聞やらテレビに「救助されるみじめな釣り人」として登場するのはコッパズカシイ。でも、こんなとこにいつまでもいたら、絶対にヘリが捜索に来る。今思えば、命と恥とどっちが大事なんだという感じだが、その時のオラは川を泳ぎきることを選んだのであった。

問題は右岸か左岸かだ。左岸は距離としては短いが車のタイヤ大の大岩があり、これに激突した日にゃ骨折とまではいかないにしろ、強度の打撲は免れない。で、距離は長いものの、比較的障害物の少ない右岸を選んだ。しかし右岸側とて、流されすぎると激流一本瀬の絞り口が待っている。この激流に突入した日にゃ命の保証はまったくない。とてもヤバイ流れではあるが、右岸と左岸を天秤にかけると、やはり右岸しかないのである。

依然として水位は下がらないが、大木が少なくなったので今がチャンスと判断。決行の前に、サオと引き舟をヤナギの木に縛り付け、フィッシングベストとポロシャツも泳ぎの邪魔になるので脱ぎ、これも木に縛り付けた。下に履いているネオプレンタイツは打撲を軽減できるので、履いたまま泳ぐことにした。

まずは中州を上流側へ行ける所まで進み、万一流されても一本瀬までの距離をいくらかでも稼ぐ作戦をとった。しかし意気地なしのオラは、何度となく進んでは戻り、一歩を踏み出せないでいた。しかし、ためらっていても仕方がないと、へそに気合いを入れ、ナゼか「おか〜さ〜ん」と叫びながら濁流に足を踏み出した。濁流に負けないようにこらえるも、激しい流れには勝てず、身体はドンドン押し流される一方で、倒れないように踏ん張るのが精一杯。そこで、流れに逆らうのではなく、足が川底に付く所は流れに寄りかかるような体勢を保ちながらピョンピョンと跳ね、足が付かない所は水を飲まないように顔だけを水面から出して立ち泳ぎをした。

途中、立ち泳ぎの足を大岩にイヤというほどぶつけ、痛くて涙が出そうになるもこらえたオラ。でも、もう体力の限界だ。このままでは激流一本瀬に突入だ。脳裏に「御陀仏」の3文字が浮かぶ。するとまたしても「おか～さ～ん」と叫んでしまうオラ。この一言のおかげで、踏ん張りすぎて足が攣りそうになっているクタクタの身体に最後の力が湧いてきたから不思議。迫り来る激流一本瀬のギリギリ一歩手前にある小さな中州に、なんとかたどり着いたのである。中州と右岸との距離はホンの3mくらいしかないから、こんなのひとっ飛びできると楽勝気分だった。

「何て逆境に強いんだろ、さすがはランボー」とハイな気分に浸り切っていたオラだったが、対岸に渡ろうと川の中へ入った途端に青ざめた。ひとっ飛びに思えた小さな流れは、見た目とは違い、とてつもなく押しが強い激流だったのだ。しかも川底は深くえぐられた砂利。まさにアリ地獄状態。

あれよあれよという間に3mほど流される。そのまま流されると、中州と対岸の間に覆い被さるように生えているヤナギの木の下へ猛烈な勢いのまま吸い込まれること必至だ。鉄砲水のおかげで川の水位は上がり、覆い被さった木と水面の隙間はまったくない。木の下へ流されたら、奥へ奥へと吸い込まれ、顔を水面に上げられないまま濁流に飲み込まれ、ヤナギの枝が手足に絡まり、悶え苦しみながらドザエモンになるのだ。そして数日後、川が平水に戻った時に「ヤナギの枝に引っ掛かり溺れ死んでいる釣り人発見」という見出しで新聞に載ってしまうのだ……。

大岩に足をぶつけながら泳ぎ渡って来たことなんか、今の状況に比べたら屁でもない。もはや助かる猶予は1、2秒しかない。「おか～さ～ん」なんて叫んでるヒマもない。オラはまるで『花の応援団』の青田赤道のように足を猛烈にフル回転させ、取っ掛かりがまったくないアリ地獄のような小砂利の中州を駆け上がろうとした。それでもズルズルと滑るので、しまいには両手も使った人間4WD状態で必死にもがいた。

奇跡的に中州へ這い上がることに成功したオラは思った。「一難去ってまた一難。人生どこに落とし穴があるか分からない。サタン様は人を油断させておいて最後にドカンと一発勝負を仕掛けてくるのだ」と。それでも、今度は岸との距離も縮まったので、先ほどと同様に中州のギリギリ前方まで進んで流されるようにして泳ぐと、念願の対岸にたどり着くことができたのだった。ササヤブだらけの、ヌルヌルと滑る崖をどうにか這い上がると、そこは広々とした野菜畑だった。

車を置いた所まで泥まみれの汚い格好でトボトボと歩いていたら、軽トラックに乗ったおじさんが近寄って来て「どうしたんだ?」と声を掛けてくれた。ワケを話すと「しょうがね～な、乗っけてやっからよ」と言ってくれた。

そのおじさんいわく、「雫石スキー場のある山々に重く暗い雲が掛かっている時には川に入るのはやめといたほうがいいぞ。あれは鉄砲水が出る合図のようなモンだからな」とのこと。そして「昔はこんなにたびたび鉄砲水が出るなんてことはなかった。岩手山のふもとにスキー場がたくさんできてからだ」とも言う。降った雨を一時的に貯めておくはずの森林なのに、スキー場開発という名のもとにきれいさっぱり禿山にしてしまったせいで、多量の雨水がそのまま斜面を滑り川に流れ込む。しかも、そんな場所がいくつもあるもんだから鉄砲水になるのだ。

オラの車の近くまで来ると、おじさんがニヤリと笑いながら、「ホレお前を捜しに来ているぞ、早く行ってやれ」と言うではないか。パトカーだ……！

お巡りさんいわく、上流から鉄砲水警報をスピーカーで流しながらここまで来たところ、避難していた1人の釣り人から「下流のほうへドンドン下っていった釣り人がいたから、鉄砲水に飲み込まれたのではないか」と聞かされ、すぐさま岩手県警に連絡し、捜索へリコプターを用意したとのこと。さらに自動車のナンバーからオラの家と電話番号を割り出し、カミさんには捜索願を出すようにと連絡しておいたらしい……。

あぁ、これで当分は雨の日に釣りに行けねーな。カミさんの怒った顔を思い浮かべ、またまた恐怖に青ざめ小便をちびるオラでした。

濃霧に包まれ、視界が全く利かない。
底を尽いていく食料と水、そして燃料。
船は果てしのない迷走を続けた。目差す神津島はどこだ……。

# 視界ゼロのモヤに包まれ一昼夜漂流する

体験者◉石井昭臣

※2004年刊行の『釣り人の「マジで死ぬかと思った」体験談』より転載

昭和40年前後のことだ。名礁・銭洲に行こうと思い立ってから4、5年も神津島に通い、ついに念願の銭洲釣行を果たすことができた。

当時の渡船は、今とは違って「ポンポン船」である。よほどのベタナギではないと船を出してくれない。結果は、大小ある船のカメの中いっぱいに石ものを釣ることができた。

その2年後、今度は銭洲へ夜釣りに行こうということになった。6月下旬の梅雨の合間、ナギをねらっての釣行である。以前にも関西の釣り人2人が銭洲の夜釣りをしたという話は聞いていた。間違いなくデカいのが釣れる。そんな大きな期待を抱いていた。

船頭に話すと、ここ2、3日はナギだから行けるとのこと。食料と氷を積み込み、大もの釣りファン7名を乗せて船が神津島の港を出たのが午前10時頃。

海はまるで静かな湖のようだった。エンジンが小さいので、ベタナギの海を滑るように走っても銭洲まで6～7時間はかかるのだが、おかげで定刻よりも早く到着した。全員が大根に下りる。すぐに夜釣りの準備に取り掛かると、まずはイスズミの猛攻に遭う。しかし、日が落ちるとイサキとフエフキダイが入れ食い。大型のサメも次々にあがる。夜半過ぎ、サオが直下に引き込まれ根元から曲がったが、ハリ掛かりせずスッポ抜け。その後は再びフエフキダイの入れ食い。これにはみな閉口し、早々に寝てしまった。

未明に神津島からタカベ漁の船が集結した。母船、小船あわせて10隻くらいの船団で漁を始める。我々も釣りは朝6時までという約束だったのでサオをたたみ、船に乗り込んだ。

タカベ漁も不漁なのか、他船も引き上げるようす。その頃すでに太陽の光は少なく、モヤがだんだんと濃くなっていた。

神津島に向かうタカベ船の列の最後尾につき、我々も帰途につく。しかし、1時間ほど走ったところで視界10mというすごいモヤに包まれてしまった。

そんなモヤをものともせず大型母船は速度を上げ、どんどん遠ざかる。いつの間にやら姿も見えなくなり、航跡すら分からない。一方、我々が乗った船はといえば、今にも壊れそうな羅針盤がひとつあるだけ。その羅針盤を頼りに走っているが、いよいよ視界はゼロに。

前後左右何も見えない。真っ白けだ。

そんなわけだから行きよりも時間がかかる。7時間も走った頃、突然エンジン音が小さくなったので、寝ていたみんなも到着したのかと思い目を覚ました。が、見渡せば相も変らずモヤの中。船頭を見れば何やら顔色が冴えず、「近くに島があるわけだがなあ……」と歯切れが悪い。どうもこれ以上闇雲に走っても燃料の無駄と判断し、エンジンをストップさせたらしい。

我々も青くなり、全員必死になって島影を捜す。そのうち、しだいにモヤが薄れてきた。ややあって船頭が島影を見つけ、「家（神津島のこと）だ！」と叫んだ。

再び全速力で島に向かう船。我々もホッとひと安心したのはいうまでもない。何しろ、昨夜から食事も水分も摂っていないのだ。空腹と喉の乾きに苦しんでいたが、島影が見えた途端、みんなそんなことは忘れて大喜びした。

島に近づいてみると、それは式根島だった。我々は、神津島を越えて式根島まで流されていたのである。さすがにがっくりきたが、まあ、ここまで来ればもう少しの辛抱。距離もそれほどないので、飲み物の補給もせず、すぐに式根島から神津島に向かった。

しかし、走れど走れど、神津島に着かない。さすがにみんなバテてきた。後で考えてみると、この日は潮の流れが恐ろしく速かったのだ。

再びエンジン停止。モヤさえなければ、式根島と神津島など目の前に見えるほど近いのだが、またしても神津島を通り過ぎ、太平洋上に出てしまっていたのだった。

そして船頭が、「こんな日に銭洲に行こうなんていうからこんなことになったんだよ！　もう燃料なくなるぞ」と言った。この言葉に全員がキレた。こんな非常事態の時に、みんなの命を預かる船頭が動揺させるようなことを言うなんて……。もともとこの船頭は大酒飲みの短気なオヤジだったが、何とも頼りにならない。この場は我々のほうが冷静だった。とにかく、エンジンを切って漂流することにした。燃料切れが心配なのでうかつに走れないのだ。

さらに数時間が経過。それにしても喉が渇く。もう、全員が脱水症状寸前である。

そのうち、仲間のひとりが「船頭さん、仕方がないですよ。夜になるまで流されながら待ちましょう」と提案した。夜になれば、内地の明かりやどこかの島の灯台の光が見えるはずだというのだ。みんなも「いい考えだ。それしかないだろう」と頷いた。しかし、依然としてモヤが晴れない。我々がいまどのあたりを漂流しているのか、皆目分からない。

そして夜が訪れた。8時頃だっただろうか。ついに一点の光が見えた。どこかの島の灯台だ。とにかく助かった、と全員が歓声を上げる。船頭も「家だ！」と喜び顔。その光を目指して3、4時間走ると、島が間近に迫ってきた。しかし、そこは三宅島だった……。

安堵と落胆。みな言葉を失っていると、赤いランプを点滅させた船が近づいてくる。さらに、「〇〇丸ですか〜！」と声をかけてくる。それは、我々の船を捜していた捜索船だったのだ。さらに、「港は向こう側ですから入ってください」と案内してくれる。

ともかく、ようやく陸に上がり、人心地着く。この時期の民宿はどこもいっぱいだったが、ある民宿が6畳間をひとつ空けてくれた。そこに船頭を含む8人でゴロ寝した。寝る前に食べた1杯のラーメンと水が、本当にありがたかった。

我々7人は翌朝の東海汽船で帰途に着いたが、船頭はモヤが取れるまで2、3日待ってから「家」に帰ったそうだ。

いうまでもないことだが、この一件以来、我々がこの船宿を利用したことは一度もない。

危険は察知していた。が、災いが一瞬早かった。
頭上から突然雨あられと降り注ぐ無数の鋭い岩石。
頭に当たれば一発即死間違いなし！

# 岩盤が崩れて落石が直撃して複雑骨折

体験者◉石垣尚男

※2009年刊行の『釣り人の「マジで死ぬかと思った」体験談4』より転載

落石注意の標識は、三角の山から丸い石が落ちてくる図柄である。毎日の通勤途中に1ヵ所落石注意の標識がある。見慣れた図柄から、落石とは石がゴロゴロ転がり落ちるものと思っていた。あの事故に遭うまでは。

平成13年7月11日、長野県・遠山川支流北又沢。南アルプスの急峻な山々を源流とする遠山川は、遠山アマゴと呼ばれるヒレが大きく体高のある特有のアマゴや、ヤマトイワナを育む天竜川の一大支流である。だが中央構造線が走っていることもあり、崩落の絶えない所でもある。

北又沢の濁りがとれなくなって2ヵ月あまり。一時の茶濁からカフェオレ色に収まったものの、このままでは下流域にも影響があるということで、崩落地点の確認に行くことになった。メンバーは4名。水質調査も兼ねて諏訪の水産試験場研究員の方、地元から草田さん、釣り仲間の榊原さん、そして私である。

前夜、地図を元に打ち合わせ。翌朝、北又沢出合を7時に出発。かつての森林鉄道の軌道敷の跡には干からびた数匹のカモシカの死骸が。この冬はことのほか雪が多かったようだ。道路には無数の落石。それもバラバラに砕けて鋭利な刃物のような割れ方をしている。遠山川でパンクが多いのはこの石を踏むからである。2週続けてパンクした釣り仲間がいるが、たぶん運転の荒さにも理由があり、あながち落石のせいばかりではない。

第1堰堤を通過。小休止をとる。草田さんが指さす所を見上げると、しらびそ高原の山腹を切るように1本の林道が北又沢の源流に向かって走っているのが見える。造ったとたんに廃道になってしまったそうで、あの林道も北又沢の荒廃に手を貸しているらしい。

4人は第2堰堤に向かって歩みを進めた。ここからは崩落により道は埋まり、45度のガレ場に付いた幅1m程度の踏み跡を一列になって進む。やがて道はとだえ岩盤に出る。そこには4mほどのロープが縛ってあり、それをつたって第2堰堤上の広河原に降りる。第2堰堤はすっかり土砂で埋まり、真っ平らな幅100mはあろうかという河原に細々とした一筋の流れがあるだけだった。

ここで第1回の水質調査。メモを取り、さらに上流を目指す。広河原からは川幅はグッと狭まり、見上げれば我々は急峻な谷底にいることに気づく。梅雨の晴れ間の快晴である。右に左に川を渡り、河原を歩き順調に歩を進めた。せっかくだからと、めぼしいポイントで榊原さんと私は持参したテンカラを振る。だが釣りが目的ではないので、挨拶程度にサオをだすだけである。

広河原から30分も歩いた頃だろうか。右岸に小さな淵ができている高さ15mほどの岩盤の場所に出た。私は先頭を歩いていた。ふと岩盤を見ると上部がテラテラと光っている。岩盤の上部が光っている！

ということは、ここを石がいつも落ちているからに違いない。イヤな予感がした。コチッと石のすれるような音がした。本当にしたのか、したように感じたのか分からないが、ここは危ないという直感がした。

ここは危ないので早く通ってしまおうと岩盤を指差し、声をかけた。全員が上を見て納得したようだ。岩盤を迂回するように川を上がり、河原を歩き始めたその時だった。ガラガラ、ガツーン、チーン、チューンという激しい音がした。アッと思って岩盤を見ると、岩盤上部からくだけ散った無数の石が迫ってくるのが一瞬、見えた。

「あ、危ない」

たぶん声は出なかったであろう。とっさに河原に伏せたその瞬間、左腕に激痛が走った。痛い！　左手が変な方向にある。外側に曲がっているのだ。長そでシャツから血が噴き出ている。しまったやられた。その腕の先には草田さんと榊原さんが岩盤直下の淵に首まで水につかって頭を抱え、耐えているのが見えた。彼らの前の水面にはバシバシと水柱が立っている。

まだ落石は続いた。ともかく頭を守らなければと右手で頭を抱え、身をかがめ必死で耐えた。ともかく当たるな、当たるな、頼む、それだけだった。その間にも砕け散った石が私の周囲にバチバチと音を立てて落ちた。

落石は止んだ。幸い、ほかの3人に怪我はなかった。岩盤直下にいたので助かったのだ。私は石が彼らの頭の上を越していったその先にいたのだった。左腕2ヵ所の骨折は明らかである。しかも曲がりようからみて複雑骨折だ。

歯を食いしばる激痛である。まず血を止めなければならない。タオルを裂いて上腕の付け根を絞めて止血する。効果があったようで血は止まった。幸いにも、石は私の腕を滑るようにして落ちたので、表面の肉をかすめ取るように剥いでいっただけである。もし、真っ直ぐ落ちていたら、腕が切断されたのは間違いないだろう。

私は事故のわりに意外と冷静だった。3人がいてくれるという安心感がそうさせていた。多少の知識があったので、私はこれから2つの体験をするだろうと思っていた……。

来た！　スッと気が遠くなった。出血を止めるために血圧が低下しているからだ。目の前が白くなった。これはいけない。頭を振り、とりあえず身体を動かし、血圧を上げよう。しばらくして目の前が明るくなった。腕を挟むように流木で添え木をしてもらいタオルで腕を吊った。

帰れるだろうか。とりあえず広河原まで下る。ここで岩盤のロープを登らなければならない。登れるか。誰か先に降りてヘリを呼ぼうかという話も出た。堰堤上なら着陸できる。いや、迷惑はかけられない。絶対に上がるぞ。

不思議なことに、この頃になると、さしもの激痛もうそのように痛みはなくなっていた。2つめの体験である。脳内麻薬・エンドルフィンが出ているのだろう。痛みを抑え、その間に生き残るすべを模索させるための人体に備わった不思議である。全く痛くないのだ。大怪我なのに気分はむしろ高揚している。いつもの冗談さえ出る。

ロープを前にした。足は仲間が支える手や肩にのせ、右手でロープの結びコブをつかみ、グンと強く引きながらパッとロープの上をつかむ。この繰り返しである。声をかけ励まされ、少しずつ上に、上に。とうとう岩盤を登り切った。ここまで来れば、あとは車まで1時間である。車が近くなるにつれ、助かったという喜びがふつふつとわいてきた。

携帯のつながらない地域である。直近の人家まで車を走らせ、草田さんが電話を借り、救急車を要請し、飯田市民病院に搬送された。仮の手当ののちに地元、豊田の病院に入院、手術となった。以上が落石事故の顛末である。

道路標識の図柄から、落石は石がゴロゴロと落ちてくるイメージだったがそうではなかった。岩盤の上から無数の石が流星のように落ちてきたのだ。あたかもペルセウス座流星群のように。あるいはクラスター爆弾のように。おそらく、岩盤の上から加速しながら落ちてきた石が、岩盤上部で砕け散ったのだろう。避けようがない。ただ、身を伏せるのが精一杯である。たった数秒だったと思うが、ひたすら当たらないでくれと祈る時間の長さは一日のようにも感じた。

今にして思えば、腕だけですんだのは奇跡である。とっさに伏せた腕から20㎝もずれていたら、脳髄は飛び散って痛さも感じない即死である。背中に当たっても肋骨が折れ、内臓に刺さるだろうから命はなかったろう。背骨なら生涯の後遺症が残ったに違いない。さらに幸いにも、骨が腕を突き破らなかった。もし、骨髄が土に刺さったら骨髄炎で病むことになるだろうから、よかったですねと医師から告げられた。さらに、もし1人だったら、まず生きては帰れなかっただろう。

私は運のいい男である。生後3ヵ月で、医師からこの子は助からないといわれた鼠径ヘルニアから奇跡的に生き残って以来、運のみで生きてきた。ここでも運の神様が助けてくれた。左腕だったのも幸いである。もし右腕なら、好きなテンカラに支障が出たかもしれない。これもテンカラの神様が、もっとテンカラをやりなさい、もっとテンカラを普及させることに尽力しなさいと助けてくれたのだと思っている。

飯田の病院から家内に事故のことを連絡した。

「いいか、落ち着いて聞いて……」

事故のことを話したが、家内は冷静であった。

「えぇ？　生きてたの。死んだらよかったのに。保険にも入っているし……」

この言葉を聞いて、私は死ぬかと思ったほど怖かった。私は、運が悪い。

普段は絶対に乗らないテトラポッド。
しかし釣友が次々とスズキを釣る中、つい無理を。
入り込んだのはテトラのすき間か、それとも地獄の入り口か。

# 大波にさらわれ
# テトラポッドの隙間へ
# 頭から吸い込まれる

体験者◉廣瀬弘幸

※２００９年刊行の『釣り人の「マジで死ぬかと思った」体験談４』より転載

数年前の12月。私は釣友のT君と越前海岸の磯にスズキをねらって釣行した。天気予報では確か北西風で波は3m。予報どおりなら好条件だ。しかし海に着くと大荒れで、釣り場にも近づけない。そこで風向きから考えて、敦賀まで行けば波も弱く釣りができるだろうと移動することにした。

予想どおり敦賀近辺に来ると波も弱まり、充分釣りが可能な状態。水深が浅く根が点在する場所を見つけて入ることにした。根周りにはサラシができ、ポイントが絞れないが、丁寧に釣っていけばスズキが釣れるだろう。

まだ経験の少ないT君には、足場が安全でよいサラシのある場所を指示してから釣り始めた。すると、すぐにT君がスズキを掛けた。私はギャフを持って駆けつけたが、バラしてしまった。悔しがるT君に、そのサラシで粘るようにと告げ、また釣り始める。と、早々に、「廣瀬さーん！　また来たぁ」。やっとポイントに着いてロッドを振ろうとしたのに……。再びT君の元へ向かう。13フィートのロッドがバットから曲がっている。「無理するなよ！」。怒鳴りながら近寄る。かなり大きいスズキが沖でエラ洗いをしていた。上手いぐあいに根のない所で暴れているのでそのままにさせ、疲れてきたら寄せるように指示する。すっかりおとなしくなったスズキは磯際まですんなり寄って、最後は私がギャフで取り込んだ。80cmを軽く超える魚体は太く、マルスズキとは思えない素晴らしい魚であった。T君は初めての磯のスズキに興奮し、震えていた。

その後、T君はさらに60cmクラスを追加した。私にはアタリすらないのに、初心者のT君は3尾もヒットさせている。それも1尾は見事な80cmオーバー。T君は私と同じ会社で、明日会社に行ったらきっと今日の自慢話をするであろう。会社では釣りの名手で通っている私が釣れなかったことを含めて。私は心中穏やかではなくなってきた。T君をその場に置いて磯を移動すると、磯の端にはテトラ帯があり、防波堤状に沖に突き出していた。その表側にはサラシが広がっていた。さらに、沈み根が点在して素晴らしいポイントになっている。これは期待できる！

磯からテトラポッドの前へキャストする。リトリーブに入った瞬間、ヒット！　なかなかのサイズだ。しかしテトラポッドと根に邪魔され、寄せられない。潮も私の側からテトラ帯に流れているので、魚はどんどんそちらに寄っていく。そのうちスズキは疲れて波間に漂い始めた。その時、大きな波が来てスズキはテトラの隙間に吸い込まれ、リーダーが切れてしまった。

ラインシステムを組みながら考えた。まだスズキはヒットするだろう。しかし、この場所からでは小ものしかキャッチできまい。大ものをキャッチするにはテトラ帯の先端まで行き、ヒットしたらスズキをテトラ帯の裏側に誘導しなければ。しかし問題がある。テトラポッドは低く、全体が濡れている。つまり波を被っているのだ。そして私はテトラポッドに乗るのが大の苦手。どんな好条件でも、できる限りテトラには乗らないようにしていた。しかし今日は初心者に釣られ立場のない状況。幸い、先ほどからテトラ帯を見ているが波しぶきがかかっているだけで大丈夫そうだ。

というわけで、意を決して先端まで行くことにした。しかし、この追い詰められた判断が私を危険へ導くことになるのだった。

先端まで行くと、テトラポッドの陰にはベイトフィッシュが群れていた。もう釣ったも同然！

1投目からヒットしたが、テトラポッドの裏に誘導している間にバラしてしまった。

「そんなに大きくなかったし、まっ、いいか」。再びテトラ帯の先端に戻る。その時……。

ふと沖を見ると、今までとは明らかにスケールの違う波が来た。すでにもう逃げられないタイミングであった。仕方なくグッと踏ん張る。ドーンとテトラポッドに波がぶつかり、白波を頭から被った。しかし、幸いにもそれだけで事なきを得た。

「ははーん、テトラポッドが濡れているのは、この波が原因だな。これなら大丈夫」と釣りを続けた。が、今度は全くアタリがない。沖の波に注意しながらキャストを続ける。そしてまた前回同様の波が来た。これなら大丈夫……のはずだった。

波を見ていた私の視界の左側に別の波が映った。その波を見ていると、今来る波と同じくらいの大きさである。そして私の前で2つの波が重なった。波は倍近い高さとなり、私目がけて向かって来た。逃げようにも間に合わない。とりあえず後ろのテトラポッドに飛んだ。振り返ると先ほどの白いしぶきではなく、緑色の巨大な波がテトラポッドを飲み込んだ。そしてスローモーションのように、私も一緒に巨大な水に飲まれていった……。

背中に強烈な衝撃を受け、宙に舞う。次の瞬間、背中からテトラポッドに叩きつけられ、呼吸ができないほどの痛みを感じた。そして海水と一緒に私はテトラポッドの隙間に頭から吸い込まれていった。このままテトラポッドの隙間に吸い込まれたら、もう浮上することなく死んでしまうだろう。私は両腕両足を大きく開き、隙間に入らないように踏ん張った。なんとか両手がテトラポッドを捉え、大の字になって渾身の力で耐える。だがその上からは海水が流れ込み、どんどん私を押し込もうとする。私は必死になってテトラポッドに爪を立て、逆さまの状態で歯を食いしばっていた。

やがて、落ちてくる海水がなくなった。今だと思い起き上がろうとするが、ほぼ逆さまの状態では現状を維持するだけで精一杯。しかし早く脱出しないと、次に波が来たら終わりだ。足を下にしてよじ登ろうと体をねじっていると、ドドーンと波の音。もうダメだと思った瞬間、今度は下から波が突き上げてきた。ライフジャケットのお陰もあり、私は波と一緒にテトラポッドの上に押し出された。それもなんと、体操の選手の着地のように、テトラポッドの上に華麗に着地したのである！　先の波よりも小さな波だったことが幸いしたのだろう。近くに、これも運よく引っ掛かっていたロッドを拾い、テトラポッドの上を安全な場所へ向けてダッシュした。

ようやく一息ついて座り込み呼吸を整えるが、なかなか落ち着かない。背中には激痛が残っており、両中指と薬指の爪はペロリと剥がれていた。手のひらは擦り傷で血だらけで、ロッドは折れ、帽子もなくなっており散々な状態である。T君に、「明日は会社で釣果の話はいいけど、俺が落ちたことは絶対に言うなよ」と口止めし、帰路についた。

翌日は背中の痛みもかなりあったが、一番辛かったのは筋肉痛。腕や胸、足も痛くて歩けない状態。テトラポッドの隙間で耐えたためであろう。

その後、磯釣りの際には、ライフジャケットに手袋は必需品になった。もちろんテトラポッドには絶対乗らないことにしている。

岩盤もろとも決死のダイブ！
今、この姿を誰かに見られたら、絶対にお化けの類と思われるだろう……。

# 足場が崩落して大岩もろとも滝壺に！

体験者◉内山顕一

※2007年刊行の『釣り人の「マジで死ぬかと思った」体験談3』より転載

それは2005年3月5日のことだった。アマゴの解禁から初の週末、例年なら夜中からごそごそと起きだし、夜明けを待たずに川へ降り立つところだが、昨夜の酒宴が響き、5時にセットした目覚まし時計のやさしい音色さえ聞こえず、出口のない迷路をさまよっていた。

8時近くになり、我が家の箱入娘のアッシー君として運転手を仰せつかったので渋々と車に乗り、高知市内へ送り届ける。土曜日とはいえ市内はビジネス仕様の車であふれかえっているが、私の愛車には解禁日に使用した愛竿『VS華厳61硬調』とウエーダーが載っている。このまま帰るのも馬鹿らしいので、高知市を抜け、いの町へと入り仁淀川を左に見ながら国道194号を遡上する。20分ほど走った出来地で本流と別れ、支流の上八川川を眺めながら走り、高岩にあるキャンプ場に車を停めた。

さてどの渓に入ろうか？　時間は9時半！　解禁直後の週末とくれば、めぼしい渓はすべて満員御礼と考えるべきだ。ならば有名ポイントを避けて下八川か高樽川だ。まだ入ったことのない高樽川でも行ってみるか。

これがその後の恐怖に到る決断だったことなど知るよしもなかった。広瀬橋を渡り、高岩トンネルを抜けると、すぐ左に川幅15mほどの小川川が見える。ここは放流主体だが透明度が高く、小岩が点在し、2名ほどがサオを振っていた。解禁日は大勢で賑わったのだろうが、今は閑散としている。さらに5分ほど走ると高樽川の入り口が左に見え、小川小学校のグラウンド脇を通り、高樽川に沿って車を走らすが人影はない。思ったとおり穴場になっていた。昼食の用意もしていないので、昼に一度上がり場所替えをするつもりで車を停め、下流から車まで2時間の行程で釣り上がることにした。

高樽川は小学校を過ぎると急に険しくなり、川底までは30ｍほどの高さになる。川石は自動車やトラックほどもある大石の連続で、ヘツリと高巻を繰り返す健脚向き。流れが複雑で食い筋をつかむのが難しく、釣りこぼしも多く大ものに当たる確率が高い。

最初の1時間はアタリもなく、場所の選定を間違えたかと思ったが、エサをキンパクに替えてから22㎝を超す良型が連続ヒット。2時間釣ったところで10尾がビクに収まっている。昼飯の時間だが26㎝がここのヒラキで釣れたので、昼飯は目の前の滝壺を上から探ってからにしようと高巻をする。

滝から水面までの高さは4ｍ。上から滝の落ち込みを覗き込むべく、半畳ほどの岩に乗った瞬間、「ゴトッ！」という音とともに、足もとの岩が滝壺に向けて滑り落ちた。ヤバい！　サオを放り投げ、できるだけ岩のないところを目掛けて足から飛び込む。

ザブ～ン！　あとは何が起こったのか分からない。しかし生きている。岩の下敷きになったわけでもなく、水の中にきれいに着水したのだ。一瞬、自己満足に浸ったが、やはり体中が痛いし、めまいと息苦しさが襲ってくる。下流の流れ込みには愛竿が今にも引き込まれそうに引っかかっているし、ビクの蓋は開いて獲物は半分ほどになっていた。

気を取り直して、流れに任せて下流へ移動し、愛竿を拾い上げる。そのまま川べりの大岩の上に這い上がると、なんと手をついた跡が真っ赤に染まっていた。左手の掌が中央辺りから手首までかなり深い裂傷を負っていたのだ。手袋をしていたので傷の大きさに気付かなかったが、手袋もボロボロになっていた。

息苦しさとめまいで立つこともできず、そのまま岩の上に仰向けで倒れてしまい、5~6分だとは思うが気を失っていた。

寒さで目を覚ます。ずぶ濡れで着替えもなければ食料もない。帰らなければと思い、立ち上がろうとするが、左足が痺れていうことを利かない。愛竿を杖代わりになんとか立ち上がるが、左足は全く動かないし、無理に動かすとゴリゴリと音がして、危うく反対側の崖下に落ちそうになった。参った……。骨折のようだ。

陽も落ちてきているので、このままでは凍えてしまう。この場所は渓が深く道からは全く見えない。しかし車の真下にいることは確かだ。30m以上はあるが、この崖を登ることができれば助かる。が、それにはまず対岸に渡らなくてはならないのだが、岩を飛んで渡ることはできないし、歩くこともできない。どうしたものか……と考えていると、妙案が閃いた。確かに岩の上は歩けない。が、先ほど水の中なら歩けたではないか！

危険な賭けではあるが、再度、水中にずり降り、胸まで水に浸かり、岩の隙間にしがみつき、対岸へ歩きだした。水の中なら重力がかからず、腕力だけでなんとか進むことができる。そして渡り切ったのち、ふたたび腕力だけで岸へ這い上がることに成功。

しかし、見上げると、なんとも無情な崖である。ほぼ垂直に切り立ち、灌木と雑草といばらが折り重なって全体を覆い、その間から苔で化粧した黒い岩が顔を出し、「登れるものなら登ってみろ」と悪魔の微笑を浮かべている。さらに川べりは垂直の石積み護岸で高さが2m近くあり、片手、片足状態ではとても登れない。

絶体絶命。登れるはずがなかった。このままジッとしていたら明日の朝には誰かが気付くのだろうか？　それとも凍えて死ぬのだろうか？　いろいろ策を巡らすがよい考えは浮かばない。これが俺の運命か、と諦めかけて上流側の崖に目をやると、崖の中腹に電気の引き込み柱が立っている。よく見ると、電線が川岸近くまで引かれているではないか。しめた！　人家か小屋がある！　ならばこの崖には道があるはずだ！

血まみれの手をタオルでぐるぐる巻きにして、護岸を伝って40m移動するのに30分もかかったが、護岸のすぐ上に道を見つけた。さらに護岸の中腹から大きな樫の木が空に向かって、まさにイナバウアーのごとく大手を広げ、その枝の1つには天からのクモの糸のように、1本の葛の蔓が川原まで伸びていた。

この蔓を使えば護岸の上に出られるかもしれない。思い切ってぐるぐる巻きのタオルを外し、両手で蔓を引っ張ってみる。大丈夫だ！　たぶん登れる！　もし途中で切れたり力尽きれば大惨事は間違いないだけに必死で登る。イナバウアーの幹の手助けもあり、無事に護岸の上にたどり着くことができた。火事場の馬鹿力とは本当にあることだと思い知った。

崖の道は、人がやっと通れるほどの幅だが、舗装されていてなだらかだったので、木の枝を杖に半分まで登れたが、U字の折り返し部分が15段程度の階段になっていた。片足で立つことができないので階段は登れない。ここまで頑張ってきたのに、行き止まりなのか……。周りを見回すが上れそうになかった。

しかし少し手前に、墓地が点在していたことを思い出す。よく見ると墓石の間は草刈りがしてあり、上の道まで続いていた。そこで『リング』の貞子のごとく、墓地の間を這いずりながら登って行き、上の道に出ることができた。この時、その姿を誰かに見られていたら、それはそれは恐ろしい光景だったと思う。薄暗い墓地の脇の畦道に、血まみれ、ずぶ濡れ、泥まみれの物体が枝葉を掻き分けて必死の形相で這っているのだから……。

しかしそのおかげでなんとか道に出ることができたのだ。車までたどり着き、時間を見ると、谷底から1時間20分もかかっていた。救急車を呼ぼうと携帯電話を捜したが見つからない。朝、慌てて出たので家に置き忘れてしまっていたのだ。自分の不運を呪ったが仕方ない。「携帯があったところで、こんな山奥じゃどうせ圏外だ」と自分に言い聞かせ、自力で車を走らせ市内を目指した。途中で痛みが増してきたのでどこかの病院に飛び込もうかと思ったが、後のことを考え市内中心部の救急病院まで痛みを我慢し必死で運転した。

病院の駐車場に滑り込み、「動けないので看護士をお願いします」と言うと、後部座席を覗き込み「誰が?」と聞くので「本人です」と血まみれの手を差し出す。担架と先生が飛んできた。

結果はやはり骨折で即入院。どこで骨折したのかの問診に、旧吾北村の山中と答えると看護師一同が驚いた。何せ骨折して血まみれ状態のまま2時間近くも運転したことになる。手術を担当した先生に、「7月の鮎マスターズ予選までに、走れるように治してください」と言ったら、「まずは歩けることを考えてください」と叱られた。が、先生も友釣りをする方だったので、最善を尽くしていただき、大会には本当に滑り込みで間にあった。

しかし、偶然にもマスターズ予選会当日、同じ川で先輩のK氏が増水した川に足を滑らせて落下し、打ち所が悪く、帰らぬ人となってしまったことを付け加えておかなくてはならない。環境に優しく自分には厳しく、自然を汚すことを嫌った人柄で、誰からも「おんちゃん」と呼ばれ親しまれたK氏のご冥福を心よりお祈りする。

まさか南国・九州の夏の海でこれほど寒さが堪えるとは思わなかった。
極限状態で生きる気力もなくした私は、
目の前に広がったきれいな花園をゆっくりと歩き始めたのだった。

# 真夏の九州で低体温症になり死んでしまいたくなる

体験者◉米山保

※2021年刊行の『釣り人の「マジで死ぬかと思った」体験談6』より転載

昭和49年の釣り日記を紐解くと、7月中旬のその日は「梅雨の合間の快晴、朝から無風、猛暑」と記してある。当時私は26歳で、磯釣りを覚えたばかり。それまで魚らしき魚を釣ったことがなかった。そんな折り、職場の先輩から夜釣りに誘われたのだ。私は〝猫に鰹節〟の如く飛び付いた。夜釣り当日、16時。私たちは渡船で平戸島（長崎県）の属島、立場島に上礁した。ここは周囲が300m強の無人島。海底から隆起した断崖は波打ち際まで灌木に覆われていた。

この日の海況は快晴、無風、ベタ凪で、猛暑を除けば絶好の釣り日和。滴る汗を拭いつつ脱兎の如く釣り始めた。すると1投目から20㎝級のイサキが入れ食いとなり、時には30㎝超も混じるので、磯上は盆と正月が同時に来たような騒ぎとなった。

18時過ぎ。イサキを10尾ほど釣った頃、私のサオに引ったたくるような衝撃が走り、穂先が海面に突き刺さった。磯ザオ1・5号はギシギシと唸り、ミチイトはキーンと金属音を発した。それでも必死でリールを巻くと、やがて茶色の塊が姿を現わした。先輩が「アラだ」と叫びタモを入れたが、すんでのところで逃げられてしまった。仕掛けを回収するとイサキが掛かっており、魚体には肉食魚の歯型が刻まれていた。目の前で繰り広げられた海の弱肉強食は、強烈かつ驚愕的な印象だった。

その直後、渡船が来て「今夜は土砂降りになるがどうするね？」と尋ねた。先輩が「合羽も着替えもあるから大丈夫！」と応じると、船長は首を傾げながら船を反転させた。私も「まだ始まったばかりじゃないか、雨を恐れて釣りができっか！」という心境だった。それよりもアラの余韻がくすぶっていたので、すぐに釣りを再開した。ところが先ほどまでの狂騒が嘘のようにアタリは途絶え、海は沈黙してしまった。私たちは「渡船がイサキの群れを蹴散らしてしまったのだ」と悪態をついた。

19時。雷鳴とともに辺りが急に暗くなり、大粒の雨が叩きつけてきた。先輩は慌てて合羽をまとったが、私は「後で着替えるから」とサオを振り続けた。日中の暑さと、未だ興奮冷めやらぬ肉体は、土砂降りも心地良かった。

19時半。夜釣り仕掛けに切り替えたがアタリはなく、雨はますます激しく、風も出て海面がザワついてきた。すでに私は濡れ鼠。「さて着替えるか」と、ビニール袋から衣類を取り出したが、雨の勢いが強く、着替えはたちまち濡れてしまった。やむなくその上に合羽を羽織ったが、それでも「夜は大ものが釣れる」と聞いていたのでサオを振り、波間に揉まれる電気ウキを見つめ続けた。

21時。期待した夜釣りもアタリはなく、私はボロ雑巾のように疲れ果てた。先輩が「少し休もう」と言うのでサオを置き、岩の窪地に身を屈めた。雨は相変わらずバラバラと音を立て、容赦なく合羽に打ち付けた。

0時。いつの間にか眠ってしまったようだ。寒さで目を覚ますと全身が震え、歯がカチカチと音を立てた。雨と風はさらに激しさを増して海面には白波が立ち、打ち寄せる波はドーンという破裂音とともに大量の飛沫を浴びせかけた。特に正面からの強風は、私の体温と指先の感覚を奪っていった。

となると対策はひとつ。気合いを入れてサオを振り、魚が釣れれば体も温もると、気力を振り絞った。が、電気ウキはピクリともせず、私は再び座り込んでしまった。

……「ピシャ！」という音と、顔の痛みで目を覚ますと「寝たら死ぬぞ！」と怒鳴り声がした。先輩が私の異変を察知、平手で顔を叩いたのだ。そしてバッグからウイスキーを取り出すと、恐ろしい形相で「飲め！」と命じた。ラッパ飲みである。無理して飲んだが胃袋が受け付けず、吐き出してしまった。すると先輩は「飲まなきゃダメだ！」と瓶を押し付けたので、半ばヤケクソでグビグビと飲み込んだ。少しむせたが、喉、胸、腹が焼きついたようだった。が、しばらくすると震えが収まり、気分も少し落ち着いてきた。

それを見た先輩は大声で軍歌を歌い出し、「お前も歌え！」と強要した。私はとても歌う気分ではなかったが、先輩の気持ちを察して声を張り上げた。しかし3曲ほど歌うと、疲れと虚しさで、どちらからともなく止めてしまった。次に先輩は「実は俺の初めての女はな……」とスケベ話を持ち出した。私が笑うと「次はお前の番だ」と言った。それからしばらく、二人は淫らな笑い声を発しながら、あること、ないことを語り合ったが、歌よりもこちらのほうがはるかに元気が出た。そんな私に安心したのか、先輩は鼾をかいて寝てしまった。

2時頃。雨は小降りになったが、風はますます強く、満潮も近くなって波が足元まで押し寄せて来た。背後は崖で逃げ場はない。もしヨタ波が来れば流されてしまうので先輩を起こし、ロープで灌木と体を結び付けた。

3時。体力、気力が急に萎えて意識が朦朧となり「このままでは死ぬ」と思った。が、家には1

歳の娘がいる。ここで死ぬわけにはいかないので、娘の笑顔を思い浮かべ「父さんは頑張る」と誓った。夜明けまで2時間、それまでの辛抱だ。これからは時間との戦いだ。が、その前に自分に打ち勝たねばならぬ。そう思って時計ばかり眺めていた。時々、猛烈な睡魔が襲って来るが「寝たら死ぬ」と呟き、歯を食いしばった。それでも、いつの間にかウトウトしてしまい、ハッとして時計を見ると、2〜3分しか経ってなくてがっかりしたり……を繰り返した。

4時。夜明けまであと1時間だが、頭の中が真っ白になり、痛みも寒さも感じなくなった。その代わり、何とも言い知れぬ苦しみが襲いかかり「人はこうして死んでゆくのか」と思った。が、次の瞬間は首を振り、必死に娘の名を呼んだ。苦痛に負けそうな自分を奮い立たせようとしたのだ。しかしロウソクの火が燃え尽きるように我慢の限度が萎んできた。極限まで衰弱した身体に、夜明けまでの時間は余りにも長過ぎた。私は次第に生きる苦しみより、死んで楽になりたいと思うようになった。心の中で娘に「せっかく生まれてきてくれたのにごめんね。父さんはもう我慢できないんだよ」と謝り、泣きながらロープを解いた。そして大波が来たらさらわれようと覚悟、虚ろな目で荒ぶる海を眺めていた。対岸に民家の灯がチラチラしている。「おーい」と呼べば届きそうな距離である。「俺はこんな所で死ぬのか」と思いながら漆黒の闇に吸い込まれていった。

突然「こっちにおいで！」という声がして首をもたげると、見知らぬ人が手招きしていた。辺り一面、きれいな花が咲いていていた。私は導かれるように花園の中を進んで行った。

……「おい起きろ、夜が明けたぞ」。乱暴に身体を揺すられて目を覚ますと、空が白く霞んでいた。「朝だぞ、頑張れ！」と叫ぶ先輩の声で我に返ると、急に胸が締め付けられ大粒の涙がこぼれ落ちた。「あ～、俺は生きている、助かったんだ～」。私は娘の名を呼び、声を振り絞った。「父さん、帰るぞ～」。真っ白に立ち込めた霧の向こうから渡船のエンジン音が近づいて来た。「あぁ、もう頑張らなくてもいいんだ」。私は虚脱状態に陥り、その場にへたり込んでしまった。

九死に一生を得たあの日からウン十年。今振り返ると、あれほど長く、苦しい夜はなかった。おそらくあれが低体温症というものだったと思う。その後も懲りずに釣りは続けたが、寒さに対する恐怖は今もトラウマになっている。

「愚者は経験に学び、賢者は歴史に学ぶ（オットー・ビスマルク）」と言うが、私は経験に学んだおかげで用心深くなり、それ以降は危険な目に遭うことはなかった。死んだ親父は常々「医者と警官には逆らうナ」と言っていたが、私はもうひとつ付け加える。「船長にも逆らうナ！」と。

# 食にまつわる
# 危機一髪編

渓流釣り禁漁後のお遊び気分で出掛けたキノコ採り。
キノコ汁と地酒で幸せな晩餐をすませたはずが……最初の異変は私に起きた。

# 毒キノコのツキヨタケにあたる

体験者◉U・T

※2004年刊行の『釣り人の「マジで死ぬかと思った」体験談』より転載

つり人社から出ている『渓流』のK編集長から携帯に留守電が入った。「教えて欲しいことがあるので連絡ください」というので翌日電話したら、「九死に一生の第2弾を企画しているのだけれど、キノコにあたったことがありましたよね！　担当に紹介していいですか？」と極めて自然に切り出してきた。

家族・親戚の間でいい笑い者になってしまい、記憶から抹殺していたことなのに、なんで今さら思い出さなければならないのか。返事に窮していると、書く、書かないはお任せしますからと言われて会話を終えた。夕方には今度は担当のA氏から自宅へ電話があり、妻がその電話を取ってしまい、「キノコにあたった話？」と興味津々で耳をそば立てていた。こんなこと、本に書いたら天下に恥を晒すことになるじゃないか。つり人社にはそうそうたるレギュラーのライター陣がいるのに、なぜ俺に？　そうか、渓流界のセレブな人たちにはこんな恥かき体験はないんだ。K君も、A氏も困っているんだなと妙に同情してしまい、トホホな体験談を書くハメになってしまったしだい。

ただ、いくらお人好しの私でも、名指しでアホ扱いされるのは不本意だし、仲間の名誉もあるので実名は伏せさせてもらうのであしからず。

さて、それは4年前の11月半ばのこと。9月の禁漁間近、焚火を前に酒を酌みながら禁漁後のお遊びとしてキノコ採りを計画した。メンバーは、渓流釣りにドップリはまって早20ウン年、すでに山菜を極めた30代のW・N君と、釣りは私の1年先輩でW・N君の後輩のT・S君、そして8年前に43歳で渓流釣りデビューを果たした最年長の私U・T。

3人は以前、同じ会社で働いていたという間柄で、実施に先だって各々、本などで事前学習したが、キノコは毒にあたると死ぬこともあるから3人だけでは心許ない。そこで誰かに教えを乞うことにした。たまたま私の部下に新潟の紫雲寺町出身の女性がいて、彼女の父上がキノコ採りを趣味にしているというのでお願いしたところ、快諾していただき、新潟でのキノコ採りを決めた。

それぞれのスケジュール調整に手間どったため、実施は禁漁からだいぶ経った11月半ばの週末になってしまった。

土曜の早朝に紫雲寺町の先生宅で待ち合せをして、挨拶もそこそこに飯豊方面に向かう。道すがら、国道道路沿いのキノコ直売所を覗くと、マイタケ、ナメコ、イッポンシメジが並んでいる。その値段の高さに驚きながらも、アレが採れたら、コレが採れたらと妄想逞しくしているうちに第1のスポットに到着。

まずは足慣らしとして、荒川支流の沢沿いを捜し始めると、ムキタケを発見。車を降りてすぐの所、人が入りやすい場所にもかかわらず、見つけられたことに大収穫を確信した。ところが、その後は小一時間捜し回るも、やはり時期的に遅かったため、採りやすい所はすでに根こそぎ状態。たまに見つけても、立ち枯れ木の上や、手掛かりのない急斜面の倒木など、手が届かない場所が多く、芳しい収穫は得られなかった。何にも増してガッカリしたのは、ムキタケ以外のキノコが全然見つからなかったことだ。そんな我々のようすを察して先生も意気消沈状態。疲れも出てきたようで、早めの昼食と相成った。

午後、上流部の徳綱で再挑戦。着いた所は針生平。ここは、末沢川の源流へ行くのに何度か来た場所だった。一本丸太の吊り橋を渡ったら、そこは見知った場所という気安さから、3人は先生を尻目に、めいめいキノコ捜しに急斜面を登り始めた。先生は当然私よりも年長なので、ここの急斜面はちょっとキツいらしく川沿いに留まっている。

15分ほど登って行くと大きな倒木があった。そこには、午前中に採ったムキタケにそっくりなキノコが群生しているではないか。また、ナメコの採り残しもあって、大収穫に小躍りしたのはいうまでもない。

皮をむいて、縦に裂いて柄の部分にシミがないことも確認して袋に詰め、山を下りて先生と合流し、帰路に就いた。いつもの3人だけなら、目的地に着いたらまずテン場を決めて、設営してから行動するのだが、今回は先生をご自宅にお送りしてからという運びになった。

来る道すがら鷹巣キャンプ場の看板を目にしていたので、最悪の場合はここに泊まろうと決め、無事に先生をお宅の前で降ろした。一緒に夕食をと誘っていただいたが、丁寧に辞退させてもらい、それならと、県外にはほとんど出回らない越後の銘酒「ふじの井」と肴に「モッテノホカ（食用菊）」のおひたしを頂戴した。

しかしもう陽は暮れていたので、やはりキャンプ場を利用することに。鷹巣キャンプ場は荒川を挟んで道路の対岸で、駐車場で車を捨てて吊り橋を渡って5分の位置にある。着いてみると、すでにシーズン・オフのため閉鎖されていて、電気も止められている状態だった。とはいえ雨が降り始め、風も強く、ほかに選択肢もないので、不法侵入になるけれどここに設営させてもらうことにした。ヘッドランプの明りで炊事をし、残っていた薪を失敬して焚火をして「キノコ汁」と、銘酒「ふじの井」と「モッテノホカ」で幸せな晩餐をすませ、8時頃には眠りについたのだった。

最初の異変は私に起きた。急に胸が苦しくなって、猛烈な吐き気で目を覚ましたのである。能天気な私は、この時点でもキノコにあたったなどという認識はなく、ちょっと飲みすぎたくらいにしか思っていなかった。

雨も風もかなり強くなっていたが、外に出て風下に行って思いきり吐いた。テントに戻って寝ようとしていると、今度は隣のテントからW・N君が起きてきて吐き始めたのである。W・N君は酒をほとんど飲んでいないのに……。

そこで初めてキノコの毒にやられたのだと気づいた。慌てて外に戻り、2人でゲーゲー吐いていると、今度はT・S君までもが起き出してきた。しかし、驚くことにT・S君は全然普通なのである。T・S君は、我々2人のようすを見て急いで救急車を呼ぼうとしたが、あいにく携帯は圏外。対岸の公衆電話で119番をしようと駆け下りて行った。残された私たちも対岸の駐車場まで、互いに肩を支え合いながら移動する。

救急車を待つ間、私たちは繰り返し繰り返し何度も吐いた。胃の中が空っぽになり、もう何も出ない状態になると、水を飲んでは吐くことを繰り返した。そこにT・S君と救急車が駆けつけ、3人一緒に近くの坂町病院に搬送され、「ツキヨタケによる中毒」で即、入院となったわけである。

緊急入院といっても、点滴と安静だけの処置だった。幸い、病院に着いた時には症状もかなり治まっていたので、2人とも暖かなベッドでのんびり休養となったが、全然何ともなかったT・S君は、病院に居場所がないため、わざわざタクシーに乗って雨と風の中のテントに戻り、カワイソウに孤独で寒い一夜を過ごしたのだという。おまけに、夜明けとともに僕らの吐き散らかした跡を掃除して、3人分の撤収作業を1人でやるハメになったのだ。

僕らはといえば、入院してからものの3時間ほどで健康体に戻り、朝一番で退院を許可されていたので、本当に死ぬほど辛い思いをしたのはT・S君かも知れない（感謝！）。

なお、その年の夏は新潟県内でも猛暑でツキヨタケが異常繁殖していたそうで、地元でも事故が多かったとのことだ。ツキヨタケはムキタケと同じ場所に生えているので、キノコを知っている人でも間違えやすい大変なやっかいモンだ（幼菌の時はシイタケにそっくり）。シメジ類と間違えやすいクサウラベニタケに次いで中毒例ナンバー2の猛毒菌で、死亡例もある。

私たちも皮をむいたり、縦に裂いて確認はしたのだが、単に皮がむければよいというのでは知識としては不充分で、ムキタケがどのように皮がむけるかを知った上で比較しなければ意味がないのである。また、裂いて柄にシミがないというのもムキタケであることの決め手にはならず、お世話になった坂町病院の先生曰く、「運ばれて来た患者さんもみんなそう言っていたよ」とのこと……。

後日談だが、実は妻の母方の実家が坂町と紫雲寺の間の中条町ということで、のちに知ったことだが、坂町病院には親戚も勤めており、その後、親戚に紹介される時は決まって「ツキヨタケを食べた○○さん」と言われるようになってしまい、酒席では未だに人気者で「どんな味だったの？」とか「食べた時、分からなかったの？」とよく聞かれる。味噌仕立てで食べたのだが、シイタケのように肉厚で食感もよく、とっても美味しくいただいた。だからこそ、まさか毒キノコなんて夢にも思わなかったのである。

幻覚を見るというウワサのベニテングタケは、
これまで食べてきたさまざまなキノコのなかでも別格の美味。
そのあまりの美味しさが命取りに……。

# 毒キノコのベニテングタケにあたる

体験者◉池田隆信

※2005年刊行の『釣り人の「マジで死ぬかと思った」体験談2』より転載

10代の頃から山に憧れ、夢中になって岩場に通った。住まいが東京都の西郊にある私は、奥多摩の岩場でトレーニングする機会が圧倒的に多く、いつしか、奥多摩の沢を遡行するようにもなった。結婚してクライミングに行く機会が減ってくるのと入れ替りに、渓流釣りが趣味の1つに加わってきた。同じ年代の山仲間たちも、同じような状況になって、同じように渓流釣りを始める者が多かった。

奥多摩のイワナ、ヤマメはたまらない。それまで接近不可能だった滝壺の魚たちも安穏としていられなくなる。山屋あがりの釣り人が、クライミング技術を駆使して岩場伝いにやってきて釣りイトを垂れれば、世間知らずな魚たちはたちまちハリに掛かってしまう。面白がって釣っているうち、私たちは山菜やキノコ採りにまで手を広げていった。私も40半ばを過ぎて、活動の場をしだいに年相応な領域に移していった、ということなのだろう。

そんな頃の話だ。渓流釣りの禁漁が間近に迫ったある日、私は奥多摩の奥のとある沢へその年最後の釣りへ行くことにした。夕食後に家を出てから約2時間、林道脇の駐車スペースに車を停めた。テントを張り、ワイルドターキーをストレートでちびりちびり……。今は真っ暗だが、この時季、山々は赤く黄色く紅葉し、それが深く切れ込んだ峡谷に映えて美しい。紅葉見物の名所だから、夕刻になると都心方面への帰り道は車が多い。渋滞にハマったら面倒だから、明日は午後1時には車を出そう。ということで、早朝3時半に起床し、4時過ぎには川に出発と決めた。

まだ薄暗い中を、林道から一之瀬川へ向って降りていった。岩がちな地形なので、藪には悩まされないけれど、転げ落ちたらおいそれとは止まらないだろう。時に露岩を伝い降りたりして、慎重に川に降り立った。

だが、今朝は不思議なほどアタリがない。一之瀬川の本流をやや下って、目指す沢に入ってもそれは変わらなかった。めぼしいポイントはすべてサオを伸ばして、エサを流すがさっぱりだ。この時季になると、さすがに水が冷たく、まともに浸かる気にはなれない。魚も同じで億劫になっているのかもしれない。大きな滝を2つ乗り越すと、その先で両岸が狭まりゴルジュとなっていた。

遡行を打ち切った。まだ早いので、キノコ採りに切り替えよう。実はこの付近で何度かマツタケを採ったことがある。あわよくば今回も、と目論んだ。

サオをたたんで、いったん出合まで戻り、フェルト底の渓流シューズのまま、沢の左岸の尾根に取り付いた。道はないけれど、下地が岩なので藪は薄く、所々にカヤやツガが生え、そこにアカマツが混じる。時折、露岩を乗り越えていった。以前にマツタケを採ったのは確かここ……と思われる場所も通ったが、今回はなかった。

東へ向かうその尾根の右手の斜面は、まだらに陽が射してきて、冷えた身体が温まり、いつしか私は山に抱かれているような気分に浸っていた。だが、いつまでも登り続けるわけにはいかない。もう昼近い。私は比較的平らな一画を選んで腰を降ろし、ザックの中からスキットルを取り出した。昨日の残りのバーボンを、小さなキャップに落とし、ちょっと上を向いて吸い込んだ。熱いものが、喉から胃へ広がっていった。旨い。

そして思った……。今日は、ベニテングタケを採って帰ろう、と。

それを食べれば、ひょっとして、若かった日々、インドやネパールで味わった、あの目の眩むような感じを味わえるかもしれない。実は登りながら、赤くて毒々しいキノコを目にしていたのだった。私は自分のアイデアに有頂天になっていた。ベニテングトリップの話は、嘘か本当か知らないけれど、何回か耳にしたことがあった。尾根を降りて一之瀬川を渡り、林道に登り返してきた私は、きっとニタニタしていただろう。イワナもヤマメもマツタケも獲れなかったけれど、手元には、まだカサの開き切っていないベニテングタケが5個あった。

思惑どおり、渋滞にも捕まらず、夕刻早々に帰宅した私は、ひと眠りしたあと料理に取りかかった。女房の作った夕食に、さらに1品加えようというわけだ。

フライパンを熱し、採ってきたベニテングタケ5個を軽くソテーしたあと、酒蒸しにして醤油で味を調えた。ワイングラスを軽く合わせたあと、女房はふだんの食事に取りかかったが、私はベニテングタケを口に持っていった。初めはカサの端を歯でちぎったが、そのくらいでは何ということもない。食感がキノコだというくらいで味は分からない。がぶりとやって、初めて分かった。きゅっとした歯ごたえの奥から、じわーっと旨味が浸みだしてきた。キノコ独特のあの味わいが、濃密に詰まっている感じだ。私はキノコ類が大好きで、いろいろと食べてきた。マツタケ、シイタケ、ホンシメジをはじめ天然ナメコやマイタケなど、書き出したらキリがないほどだが、その中にあってこのベニテングタケは横綱級の味といってもよいだろう。冷えた白ワインとの相性も抜群だった。

あまりの美味しさがまさに命取りになった。1つが2つ、2つが3つ、そして最終的には1人で4つ半も平らげてしまった。途中で、女房にも勧めたが、女房は警戒して、「あなたのその食べ残しでいいわ」と言って、半分だけ食べた。「うん、美味しい」と言いながらも、それ以上は食べようとしなかった。

そのうちに私は、意識が朦朧としてきて、これまでとはまったく違った世界へ入っていくような気分になっていた。人はそれを「幻覚」というのかもしれないが、今回体験したそれは、これまでに体験してきたさまざまな危ない遊びの範疇を完全に逸脱し、まさに生き地獄そのものであった。

その頃から翌朝まで、私は自分が、どこにいて何をしていたのか、まったく記憶がない。が、女房に聞いたところ、あらぬことを口走り、暴れ出して手のつけようがなくなったので、仕方なく救急車を呼んだそうだ。結局、私は立川の東京災害医療センターに運び込まれ、ただちに胃洗浄その他、緊急処置が施されたが、一時は呼吸も止まり、危ない状況に陥ったので、医師の指示で、肉親や友人たちを病院に呼び寄せたという。

その間、私の地獄の苦しみは窒息状況となって一気に頂点に向かっていったが、その最中に、自分が死んでいくんだという明確な意識があった。寂しいという意識、感情さえ感じられない世界へと旅立っていくのだという悲しみと、空虚な思いを、私はしっかりと記憶している。

やがて……地獄の苦しみは遠ざかり、暗黒の宇宙に放り出された。150億年前のビッグバンで始まった宇宙は、現在でも猛スピードで膨張している空間と考えられているが、私はまったくその逆の収縮する超高速空間を体験した。これが「死」の世界か。静かで清浄な暗黒の空間を、多くの星たちとともに急激な加速感を体験しつつ、ある1つの方向へと飛んで行く、それは、陳腐な言葉では表現できない、たとえば神という宇宙の原点へと導かれて行くような……、時間という概念が消滅していくような……。

そして、懐かしい光を感じた。病院のベッドの上に私は寝かされていた。そう、私は生きていた！

この溢れる光こそ生きている証なのだ。そう叫びたかったけれど各種ビニールパイプが喉、鼻の穴、尿道を占拠し、なおかつ両手、両足、頭部さえもベッドにくくりつけられていた。でも、生きている、ただそのことだけでうれしくてしょうがなかった。何てったって光を感じ、生きているんだから。その翌日には退院し、後遺症もない。

もう二度と幻覚遊びをするつもりはない。死への導入部であった地獄の世界は、とても思い出したくないほど、まさに死んだほうがマシというくらいにおぞましい所であった。

なお、日本の山村に古くからある伝統的な食生活にベニテングタケは利用されており、1度湯がいたものを塩漬けにして2、3ヵ月かけて毒気を抜いたものを正月の雑煮の美味いダシとして使っている。参考まで。

ちなみに、半分だけ食べた女房は、何ともなかったそうだ。

カワハギ釣りでは定番ともいえる外道のショウサイフグ。
知ったかぶりの素人料理がもたらした、とんでもない結末とは？

# オニカサゴに刺されたのち ショウサイフグの毒にもあたる

体験者◉匿名希望

※２００９年刊行の『釣り人の「マジで死ぬかと思った」体験談４』より転載

「今年の正月どうする？」

元旦に釣り仲間のＳさんからこんな電話があった。今までは初釣りはアジと決めていたが、「今年はカワハギにしない？」と言われ、もう1人の釣友のＦさんに相談する。「どこでもいいよ」と言うので、千葉県鴨川市の民宿を兼ねた船宿に電話をすると、4人なら仕立てられるとのこと。そこでもう1人の釣友を誘って翌2日に初釣りに出掛けた。

新年会を兼ねて昼に東京を出発。車中では、「鴨川のカワハギは大きいらしい」「35㎝も出るらしいぞ」などと大盛り上がり。夕方5時頃に民宿に着く。しかし、海を見に行くと大荒れ。明日はダメかもしれないとあきらめ顔で民宿に戻る。それでも女将さんが船長に聞いてくれたところ、風は朝までには収まるとのことで安心し、宴会を始めた。

明日が早いので10時には寝床に入ったものの、隣の部屋の宴会が最高に盛り上がっているようでなかなか寝付けない。しまいには喧嘩を始めてしまい、大声がうるさく、眠れたのは2時頃だった。ウトウトしている間に5時になり、寝ぼけまなこで釣り準備を始める。まだ少し酒が残っていて、船に乗るや吐き気を催してしまった。海はウネリが残り、波高3ｍくらい。船長は「だんだん収まるよ」と言う。釣りを開始すると1投目からアタリがあり、5、6投目で初カワハギが釣れた。これがうわさに違わず大きい。さっそく計測すると29㎝もある。これで気合が入る。次に掛かったのがショウサイフグ。これも25㎝クラスの良型だ。しかもここからこのサイズのショウサイフグが入れ食いになり、あっという間に8尾を釣る。

その後、私に良型のオニカサゴが釣れた。普通ならば毒のあるトゲを切ってクーラーボックスに仕舞うのだが、船酔いと寝不足のせいか、そのままの状態でポンッとクーラーボックスへ。

再びカワハギ釣りを始めると、大型ばかりがよく釣れ、最大は32㎝もあって大興奮。すでにカワハギは12尾、ショウサイフグは16尾も釣れて大満足である。その頃には船酔いもすっかり治まり、午後1時に沖上がり。

帰りに温泉に寄っても、だいぶ早い時間に帰宅。さっそく釣果をさばくことに。なお、フグの調理は素人がやってはいけない。調理師免許を持ったうえで、ふぐ調理師の免許を持つ者のみがさばくことができる。当然、素人がさばくことなど許されないのだが、転ばぬ先の杖として、あえて書かせてもらう。

クーラーボックスを開くと、とにかく魚がいっぱい。釣友に、フグは血とキモを食べなければ大丈夫と聞き、さばき方も教わり、自分なりに完璧に処理をしたつもりになっていた。まず5尾のフグの処理を終え、3尾を塩焼きで食べようとガスコンロへ。そして6尾目のフグを取ろうとして、無造作にクーラーボックスの中に手を入れた瞬間、「痛い!」と叫ぶ。すっかり忘れていたオニカサゴのトゲである。左手の人差し指から血が吹き出ている。これは大変とばんそうこうを貼り、その後も3尾ほどフグをさばいた。

そうこうするうちに塩焼きが完成。それを食べながら、さらに魚をさばいていると、左手がズキズキと痛み出した。10尾目の魚をさばく頃には、腕が取れそうになるくらいの痛み。ばんそうこうを貼った指を見ると血だらけである。

さすがにもう魚をさばくのは止め、コタツに入って眠ることに。1時間ほどウトウトしていると、突然心臓が苦しくなって目が覚める。オニカサゴに刺されると痛いとは聞いていたが、これほど痛いとは……。しかし、オニカサゴに刺されて死ぬことはないだろうと思い、そのまま我慢を続けていた。

そして2時間ほど経った頃、妻が帰宅。私の姿を見るや、「どうしたの⁉」と聞いたらしいのだが、私は覚えていない。何しろ心臓が苦しいし、腕もひどく痛いし、頭までガンガンし、呼吸が激しくなっていたのだ。

妻がすぐに119番に電話し、ほどなく救急車が到着。救急隊員に「どうしましたか?」と聞かれたので、「左指をオニカサゴに刺された」と説明し、左手を見せたのだが、なかなか納得してくれないようす。しかし妻が「フグをさばいて食べたらしい」と説明すると、すぐに帝京病院に運ばれた。もうろうとした意識の中で何かを飲まされると、今度は吐き気が襲う。すっかり吐いて出なくなると、また何かの薬を飲まされる。するとまた吐き気がして少し吐く。

それにしても腕が痛い。今度は苦しい。自分では何が起きたのか分からない。そのうちに眠っていた。

目が覚めると、病室の枕元に子どもたちと妻が立っていた。そして、私はフグ毒にあたったこと、あれから8時間ほど眠っていたこと、先生からフグのさばき方が悪かったのだろうし、そもそも素人がさばいて食べるなんてとんでもないと叱られたことを聞いた。自分ではしっかりとさばいたつもりでいたが、やはり素人が手を出してはいけない魚なのだった。しかも私はオニカサゴにも刺され、異なる毒が同時に体内に回ってしまったのだ。幸いにも大事には至らず、こうして原稿を書いているが、この一件以来、家族は全員今も料理屋でもフグを食べなくなった。私もフグを釣っても食べようとは思わず、すぐに海に帰している。

その後、同行したFさんから電話があった。彼も同じ日に釣ったフグをさばき、その晩に鍋で食べたそうだ。ビールを1本飲んでいるうちに舌がしびれてきたが、疲れのせいだろうと食べ終えてそのまま寝たそうだ。朝にはなんともなくなり、残りの鍋で雑炊を作り、妻と娘に食べさせたところ、二口食べたところで「父さん、この鍋少し変よ。何を入れたの」と聞かれたそうだ。見れば2人とも顔が赤みを帯び、やはり舌がしびれるというので、すぐに雑炊を捨てたという。

彼は料理人でもあり、何を隠そう、私にフグのさばき方を教えてくれた張本人である。その話には大ショックである。しかも、これまでに何度フグをさばいたことがあるのか聞いてみると、自分でさばいたのはこれが初めてという。そして私の身に起きた出来事を話し、「もう、お互いに二度とフグをさばくことはやめよう」と誓い合った。

後日、Fさんとともに金谷へカワハギ釣りに行った。すると定番の外道であるアカメフグが釣れた。Fさんは捨てるかと思いきや、船長にアカメフグに毒はないのか聞いている。船長は「あまりないのでは」などと言っている。するとFさんは性懲りもなく、自分でさばくといって持って帰ってしまった。後で気になってFさんに電話をかけ、どうしたか聞くと、なんと欲しいという友人にあげてしまったという。しかし、その友人はとても旨かったといって元気だというから少し安心した。

そうかアカメフグなら大丈夫なのか。今度釣れたら私も食べてみようかと思ったが、調べたところ、アカメフグは無毒ではないことが判明。確かに肉と精巣は無毒なのだが、卵巣、肝臓、皮に毒があり、その毒はトラフグに匹敵するというから驚いた。知ったかぶりが命取りになるのだと改めて反省。

そしてこの年の夏である。私たちは大好きなアユ釣りに行き、帰る時に妻から電話があった。何事かと思えば、私の住んでいる近所で、フグを食べた人が1人死亡、1人重体になったとテレビで報じているという。改めて、妻から「お父さん、フグ釣りだけはやめて」と釘を刺された。やっぱり、素人がフグを調理してはいけないのである。皆さんも肝に銘じてほしい。

釣りたてピチピチの新鮮なサバ。
そこに悪名高きアイツが潜んでいたとは露知らず、
生で堪能してしまったばっかりに……。

# 釣りたての新鮮なサバを食べて アニサキスに悶絶する

体験者◉匿名希望

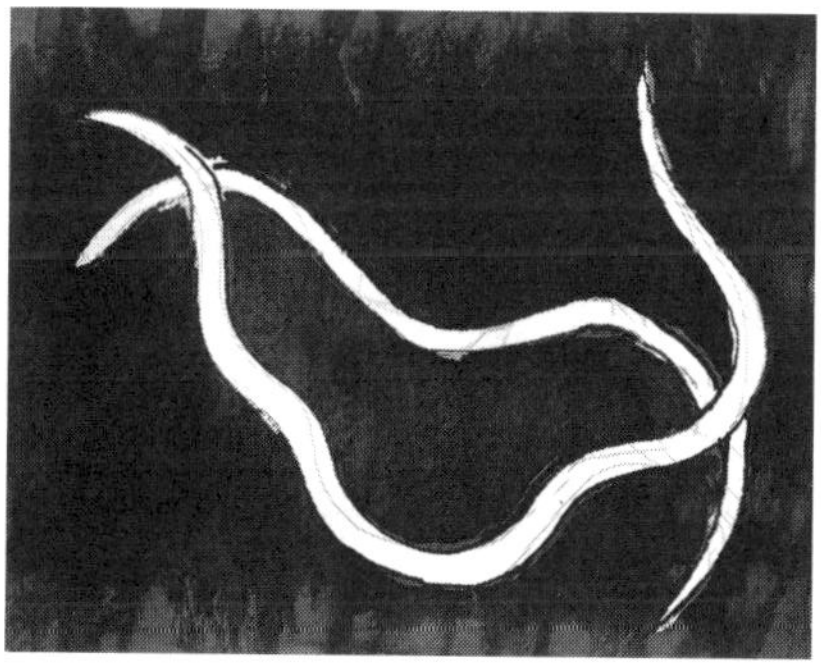

※2005年刊行の『釣り人の「マジで死ぬかと思った」体験談2』より転載

近年、マサバの資源量が低調で、おいしいサバがなかなか食べられなくなっている。スーパーでは、ノルウェーから輸入したトラみたいな模様の塩サバや〆サバが幅を利かせている。でも、釣り人なら本命、外道を問わず、サバはまだまだ馴染みが深いと思う。釣りたてのサバを料理して食べることも多いだろう。その時の私も、相模湾の新鮮なサバが手に入った。煮たり焼いたりしてはサバに申し訳ない気がして〆サバにすることにした。大きなサバだったので、腹開きにしてサバ寿司をこしらえた。味はもちろん最高。家族で堪能した。

翌明け方、突然の胃の痛みで目が覚めた。数分おきに胃袋がギューッと拳骨を握り締めるように固まっていく。痛くて苦しい。息を吐き出すとうまく吸い込めない。椅子につかまり、体を丸め、浅く息をしながらじっと我慢していると、痛みは徐々に薄れて胃袋も元に戻っていく。フーッと大きく息をする。今のは一体何だったのかと思う間もなく、じきに次のギューッが始まる。

サバに当たったかと考えたが、家族は何ともないし、魚も絶対に新鮮だった。吐き気もないしジンマシンも出ていない。だとすればサバではない。

これはきっと話に聞く胃痙攣に違いないと思い、女房を薬局に走らせた。しかし、薬を飲んでも一向に収まるようすもなく周期的にギューッに襲われる。あいにくの休日、病院も閉まっている。一昼夜、脂汗をかきながら痛みをこらえてすごした。

翌日の朝一番に病院へ駆け込んだ。症状を話すと先生が「一昨日、何を食べました？」と言うので「サバ寿司です。でもサバに当たったわけではありません」と答えると、「ふーん、まあ、ちょっと覗いて見ましょう、すぐ分かりますよ」と言って胃カメラを私に飲ませた。胃袋を覗いた先生が「ああ、いたいた、やっぱり原因はサバですね、アニサキスですよ。今取りますから」と、カメラの先端のピンセットで簡単に虫をつまみ出してくれた。すると、あんなにしつこく続いていた胃の痛みは嘘のように消えたのである。

2㎝程度の白っぽい虫がウネウネと動いている。「へぇー、こんなのにやられたんですか」と聞くと「たまにあるんですよ。6匹取ったこともありますよ」と先生。1匹でもこんなにひどい症状なのに6匹なんて考えただけでも恐ろしい。

「アニサキスは、生きたまま丸呑みにしなければ大丈夫なんですけどね」

「どういうことですか?」

「だからよく噛んで食べればいいんですよ。虫は千切れたら死にますから。3日か4日我慢すれば虫は大概死んでしまうので痛みも収まるんですよ」

そう説明してくれたが、そんなに我慢できないよ、あの痛みは。さらに「その間に虫が脳に迷い込んだりしたりすると危ないんですよ」なんて怖い話も聞かされた。記念にくださいと申し出たら、先生はアニサキスを標本ビンに入れてくれた。ついでに胃カメラの写真のネガも借りて職場の仲間に武勇伝(?)を披露したが、誰も同情などしてくれない。「バカだねー」「要するに、がつがつ食った祟りだな」ということで片付けられてしまった。チクショー、本当に苦しかったんだから!

ある日突然、誰もが発症する可能性がある。
釣った魚を自分で捌いて美味しくいただくのが何よりの楽しみだった僕にとって、
ある意味で釣り人としての死亡宣告に近かった――。

# 生きたアニサキスが暴れるよりも怖いアニサキスアレルギー

体験者◉佐藤 剛

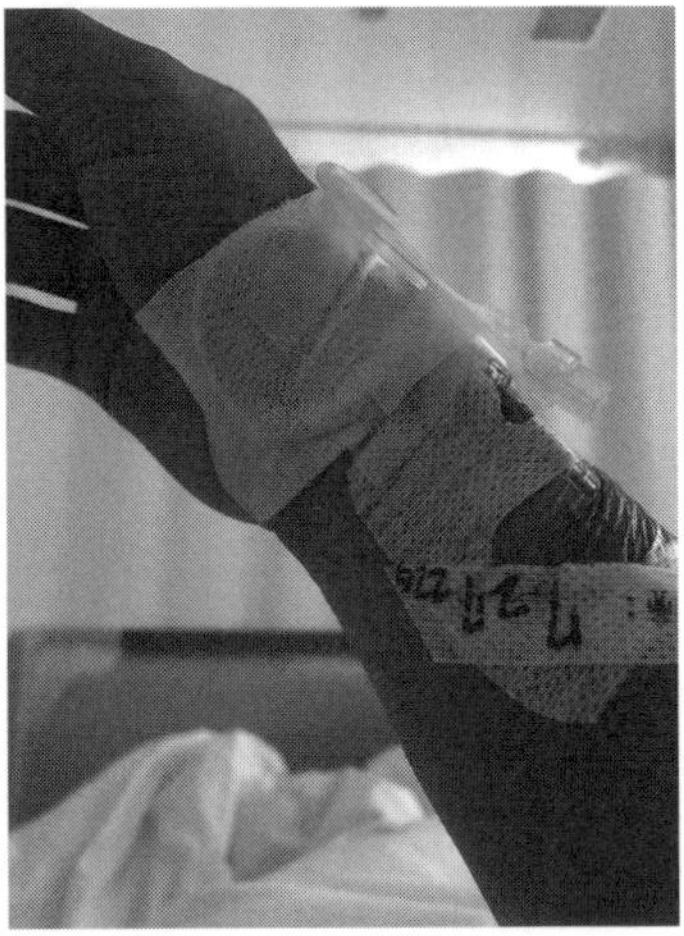

※2021年刊行の『釣り人の「マジで死ぬかと思った」体験談6』より転載

アニサキスアレルギーをご存知だろうか。「あ〜、生の魚を食べて、虫が胃に噛みつくやつね」と思った人が大半だろう。それはよく知られたアニサキス症であり、今回、僕が経験したのはその認知度の高いアニサキス症ではなく、まだあまり知られていないアニサキスアレルギーだ。先に述べておくが、僕は花粉症どころかアレルギーに対して全く無縁であった。

２０２０年7月26日深夜、僕はアナフィラキシーショックを起こし意識喪失状態に陥った。原因は夕食の中にアレルゲン（アレルギー症状を引き起こす原因物質）があり、それによる食物アレルギー反応によるものらしい。

その夕食はいつものように自身で釣った魚を捌き、その他の料理も作った。お品書きはアラ、ウッカリカサゴ、キジハタ、ケンサキイカの刺身に〆サバ。サバといえばアニサキスの寄生主として知られるが、釣りあげた直後の活きている状態でエラと内臓を取り、サバ折りをして血抜きを行ない、臭みとアニサキス症対策をしっかりと行なったうえで、釣った当日に仕込んだ新鮮極まりない〆サバである。ちなみにアラ以外は前日に釣った魚だ。そのほかベーコンとエビとインゲン豆のアヒージョ。新潟県栃尾地区特産の油揚げ。今思えば、アレルゲンのオンパレードを肴にウィスキーとレモンサワーを呑んでいた。

料理を作り終えた僕は、息子たちと19時頃から釣りの話をしながら1時間半ほど夕飯を食べながらグラスを傾け、食後はソファーに横になってテレビ鑑賞をしていた。

食後30分ほど経った頃、突然頭が痒くなってきた。汗と整髪剤とほろ酔いが原因で頭が痒くなったのだろうと気にも留めずにいたが、徐々に頭の痒みは我慢できないほど酷くなり、腕には蕁麻疹が浮かび上がっている。

しかし、数十年前にも一度蕁麻疹を経験したが、寝たら治ったので今回も風呂に入って寝てしまおうと入浴してみる。が、あまりの痒さに頭と顔だけ洗って早々に風呂から上がると保冷剤で痒い部分を冷やして対処してみる。

頭が痒くなりだしてから、かれこれ1時間ほど経った頃、今度は急激な吐き気に襲われ、トイレに駆け込んだ。数回嘔吐を繰り返していると、追い打ちをかけるように下痢が始まった。

「夕食の何かにあたったのか?」

この時はそのくらいにしか思っていなかった。実際、嘔吐を繰り返すと胃の中身がなくなったのか吐き気はだいぶ落ち着いた。しかし、下痢は相変わらず止まらない。

その後、なんとか下痢も落ち着いたので、水分補給をして寝ようとベッドに入るが、蕁麻疹がさらに酷くなり手のひらが痒い。それも手のひらの中が痒いので保冷剤で手を冷やしてはみても焼け石に水。そのうちにまた吐き気が襲う。トイレに行こうと起き上がると今度は貧血状態のように目の前が真っ暗になりまともに歩けない。同時に今度は唇に痛みを覚え、唇を触ると口の周りが硬くなり腫れぼったい。

この時点でようやく僕は「もしかしてこれヤバイかも?」と思い、妻に頼んで病院に電話してもらい、その間にトイレに駆け込む。本来ならこの時点で救急車を呼ぶべきだったが、僕にはその選択肢がなかった。理由は、救急車とは、命の危機に瀕して一分一秒を争う人が使う物だと思っていたからである。まさか、その命の危機が自分に忍び寄っていることなど知るよしもなく、のちに、担当医師に怒られることとなったのは言うまでもない。

ヨロヨロとトイレから出ると、「今から診察してもらえる」とのことで妻に病院まで車に乗せて行って貰うわけだが、玄関から車に向かう間も意識が朦朧とし、ヨロヨロとあらぬ方向に歩きながらやっとの思いで車に乗り込んだ。病院までの所要時間は15〜20分。その間の記憶はほとんどない。

妻の話によると病院に着いた時刻は23時前とのことだったので、発症から約2時間弱ということになる。救急外来の受付前の椅子に座っていたが、それすら辛いので廊下に座って壁に寄りかかっていると「血圧測定をセルフで」とのことで、呼吸が苦しい状態で正しく測れたかどうかもわからないまま数回やり直していたような記憶がある。また廊下に戻り、壁に寄りかかりながら床に座った時点で僕の記憶は途絶えた。

次の記憶は廊下に横たわった僕の頭に妻が枕代わりにとタオルを敷いてくれたときのこと。今思えば全身に蕁麻疹が出ていたはずなのに病院に向かうところから痒かった記憶はない。

ふたたび記憶は飛び、次はストレッチャーに乗せられている。その次は処置室で自分の名前を呼ばれている。と言う感じで、この時の時間経過は全く分かっていない。あとで聞いた話だが、血圧測定の後、別の方の救急搬送により僕の診察の時間がさらに遅くなるという説明を受付職員から妻が聞いている時、廊下で座っていた僕が完全に意識を失い床に倒れて頭を打ったとのこと。これで緊急性が高まり診察が優先になったらしい。次の日、「俺、おでこ痛いのだけど何処かぶつけた？」と聞いたら妻と娘が笑いながらそう説明してくれた。

話は逸れてしまったが、処置室で名前を呼ばれて意識がなんとなく戻り返事はできるがとにかく苦しく横向きの状態で呼吸をするのがやっとで体を動かすどころか仰向けにすらなれない。そんな状態ではあったが医師と看護師の会話はしっかりと聞こえていた。その時の会話である。

医師「バイタルは？」

看護師「バイタル取れません」

医師「アドレナリン用意して！　それと点滴ね！」

アドレナリン注射を打ち、点滴処置後の会話が聞こえてくる。バイタルとは脈拍・心拍数・呼吸・血圧・体温の４つを指すらしい。

医師「バイタルは？」

看護師「バイタル戻りません」

医師「アドレナリンもうひとつ用意して！　あと点滴を反対の手からも入れて！」

処置をされていると体温が上昇してくるのを感じ、相変わらず動けないものの意識がはっきりとしてくる。この時は一番呼吸が苦しく、初めて「このまま死んじゃうのかな？」と思っていたが、血圧が上がって来て、「血中酸素濃度も上がってきた」という声が聞こえてきた。が、不整脈も出ていたため処置室にてようすを見ることになり、その間に医師や看護師から直近に食べたものを聞かれたので前述の食材を答えたが、アニサキス症特有の腹痛がないのでアニサキス症は除外された。さらに症状がアナフィラキシーショックと一致するとのことで、劇症性があるアレルゲンとしてこれまでのアレルギー症状の有無と食生活の問診により、その時点での見解でエビがアレルゲンである可能性が高いと診断された。さらに医師がひと言。「あと5分遅かったら恐らく死んでいたよ」と。次にこうも言った。「こういう時はね、迷わず救急車呼んでください。助かる命も助からなくなっちゃうから」と怒られてしまった。

そして人生初の入院が決定した。とは言っても一晩の入院ではあるが。不思議なもので病室に移動する時には呼吸の苦しさや蕁麻疹はすでに皆無となっていた。正直、家に帰れるのではと思うくらい普通の状態にまで回復していた。しかし、アナフィラキシー症状は24時間、ショック状態になった場合は70時間以内に再発する可能性があるとのことで体力回復とモニタリングも含めてのお泊りらしい。

翌朝になり、配られた朝食のメニューには「エビ・カニアレルギー」と書かれていた。大好きなカニが今後食べられなくなるのかと改めて寂しい気持ちを持ちつつ、朝食のメインである赤魚の塩焼きを食す。その後、回診があり、通常であれば一晩で退院となるのだが、僕の場合は重篤症状だったのでモニタリングを継続とのことでもう一日入院することとなった。

そして、翌朝はサバの文化干しを食べて元気に退院となり、一週間後にアレルゲン特定のために血液検査を受け、そのまた一週間後に検査結果を聞きに行くと驚愕の結果を聞くこととなった。

『アニサキスアレルギー』

クラス4。6段階のうちの4である。たまたま3ヵ月ほど前にアニサキスアレルギーの存在は知っていたのだが、それでもアニサキス症の酷いものぐらいにしか思っていなかった。活きたアニサキスがいなければ問題ないでしょ？　と、完全に他人事であった。

しかしアニサキス症は胃に活きているアニサキスが入らない限りは発症しないが、アニサキスアレルギーはアニサキスが活きていようがいまいが、さらには現存しようがしまいが関係なく、かつて存在した痕跡があるだけで、つまりアニサキスの蛋白質だけで発症してしまうとのこと。アニサキスが移動した際に残った粘液や糞や卵でも発症する可能性があるのだ。

しかし入院中の食事を思い出して欲しい。「赤魚」「サバ」と食しているが再発はしていない。熱処理をしたことにより蛋白質が分解されたのか、またはアニサキスが存在していなかった魚のどちらかであるわけだが、そもそも加工食品では調べようがない。

いろいろと調べてみるとアニサキスには14種類もの蛋白質があるとされ、どの蛋白質が発生源になるかは解明されていない。発症についても、生魚そのものだけで発症する人もいれば、加工品を含め魚介全般で発症している人もいる。つまり熱処理しても分解されない蛋白質があるということで、それこそアニサキスの中間宿主となるアミやオキアミを捕食する魚全般に可能性があるのだ。

そのことを踏まえ、ほんの一部の例を挙げると、魚のすり身を使ったかまぼこやちくわ、シラスのふりかけ、キムチ、削り節、煮干し、鰹だしのめんつゆ、さらには川魚でも降海型の淡水魚、アユ、ウナギなどもアウトとなる。
しかし、中間宿主とならない大型のエビやカニ、貝類、タコなど、アニサキスの蛋白質がないものや明らかに生息していない部位であれば、魚そのものを食べても大丈夫ということになる。けれども、大好きな魚ではあるが命を懸けて食べる勇気は僕にはない……。

食べる以外に気を付けなければならないのが魚釣りや魚を捌くときである。幸い僕はルアーフィッシングをメインとしているのでエサは基本的に使わないが、オキアミやアミコマセ、イワシミンチなどのエサや魚の内臓などを素手で触ると蕁麻疹が出る可能性がある。さらに、手に傷があると、そこから体内にアレルゲンが入りアナフィラキシーショックを起こす可能性もあり、それらのことを踏まえ常に意識して行動しないとまた病院送りになる可能性があるのだ。魚体表面は何とも言えないが、下アゴに親指を入れるバス持ちや尻尾あたりを持って撮影をしているが今のところ大丈夫である。

アナフィラキシーショックを一度起こすと二度目は死に至るまでの時間が早くなると言われている。今現在、僕はエピペンを処方され不測の事態に備えてはいるが、それを使うことがないように魚類断ちを始めた。でも、ラーメン屋や食堂に行った際に出汁は何を使っているかを聞けない小心者なので外食もままならない。が、死なないための努力と思い自分自身を納得させている。家族の協力もあり、とても感謝している。

アニサキスアレルギーは、魚介の完全絶ちを数年続けることで陰性になり、ふたたび魚介を食べている方もいれば、抗体が減らないままの方もいる。私は陰性になることを期待して魚介絶ちをし、半年ごとに血液検査を受けている。

このアニサキスアレルギーは認知度が低く情報もとても少ない。ある大学病院でも今現在研究はされているが、まだまだ解明されていることが少ないのが現状である。

予防することはほぼ不可能だが、もしあなたが魚介を食べて数十分、数時間後、蕁麻疹、嘔吐が起きたとしたら迷わず病院に行くことを勧めるし、重症であれば迷わず救急車を呼ぶべきだ。

最後になるが、僕はアニサキスアレルギーが発覚してからもオフショアで釣りをしているが、美味しい魚や高級魚をキャッチすると心が揺れてしまう。しかし、食べられないからこそ、資源保護に努めリリースを大前提として今までどおり楽しんでいる。そしていつの日か、また美味しい刺身や大好きなお寿司を食べることを想像しながら釣りを続けていこうと思っている。

体験者◉ぱみこ　※２００７年刊行の『釣り人の「マジで死ぬかと思った」体験談３』より転載

Accident File 65.
一酸化炭素中毒！
はじめまして
ぱみこ
こうつん
北海道で釣り絵日記を描いております、
釣りキチの嫁「ぱみこ」と申します。
隣りの野菜頭（トマト）の者は夫「こうつん」。
私の釣りの師でもあります。
そんな我が家の毎日は
「ぱみにっき」
http://pamiko.web.infoseek.co.jp/
釣行絵日記釣りのススメをご覧下さい。
作・絵 ぱみこ
マジで死ぬかと思った度★★★★
釣り好きの我が家にとって欠かすことのできない釣りのひとつは、なんといっても冬の「ワカサギ釣り」！
公魚《わかさぎ》
釣っても食べても楽しめるうえに釣り初心者さんでも手軽に挑戦できる釣りでもありますよね！
全くの釣り初心者のわたしにワカサギ釣りを教えて下さったのが夫婦ともども「師」と仰いでおります、とある釣り名人のおじさん。
いつもラパラの帽子をかぶっているのでラパおじさん。
座右の銘は「人生は釣りとビールとフルスイング」
とっても楽しいワカサギ釣りですが、やはり釣りというものは夢中になるほど危険がひそんでいるものです。
その釣り名人・ラパのおじさんが体験した、身の毛もよだつ、息の根も止まる（?!）ワカサギ釣りでの恐怖のエピソードをお話しいたします・・・。
真冬の恐怖！・ワカサギ事件
さかのぼる事、今から数十年前の冬・・・
ラパおじさんは長年の釣り友達とワカサギ釣りに出掛けました。
ワカサギ♪ワカサギ♪楽しいな♪
北海道の釣り人にとってワカサギ釣りは、まさに冬の風物詩。
風雪対策のテントはもちろん
真冬の凍った川や湖でする釣りなので暖房設備は必須です。
ガタガタ
冷気
今でこそポータブルストーブやヒーターなど便利なものがありますがひと昔前までは七輪がメジャーな暖房設備でした。
七輪《しちりん》
で、テントの中でこんな風に暖を取りつつのんびりとサオをだすのがツウなワカサギ釣り。
あったまるねぇ
釣りたてピチピチのワカサギをその場で天ぷらにし舌鼓を打ちながらアタリを待つ・・・というのもこの釣りならではのお楽しみです。
美味いねぇ
あげった―♪
じゅわ
ハフハフ
2人とも百戦錬磨の釣り名人なのでこの日も大爆釣！
釣り飽きた
慣れた人は１人で何本もサオをだすので釣るのに大忙し。
大盛り上がりの2人・・・ですが、こうして30分ほど経った頃・・・

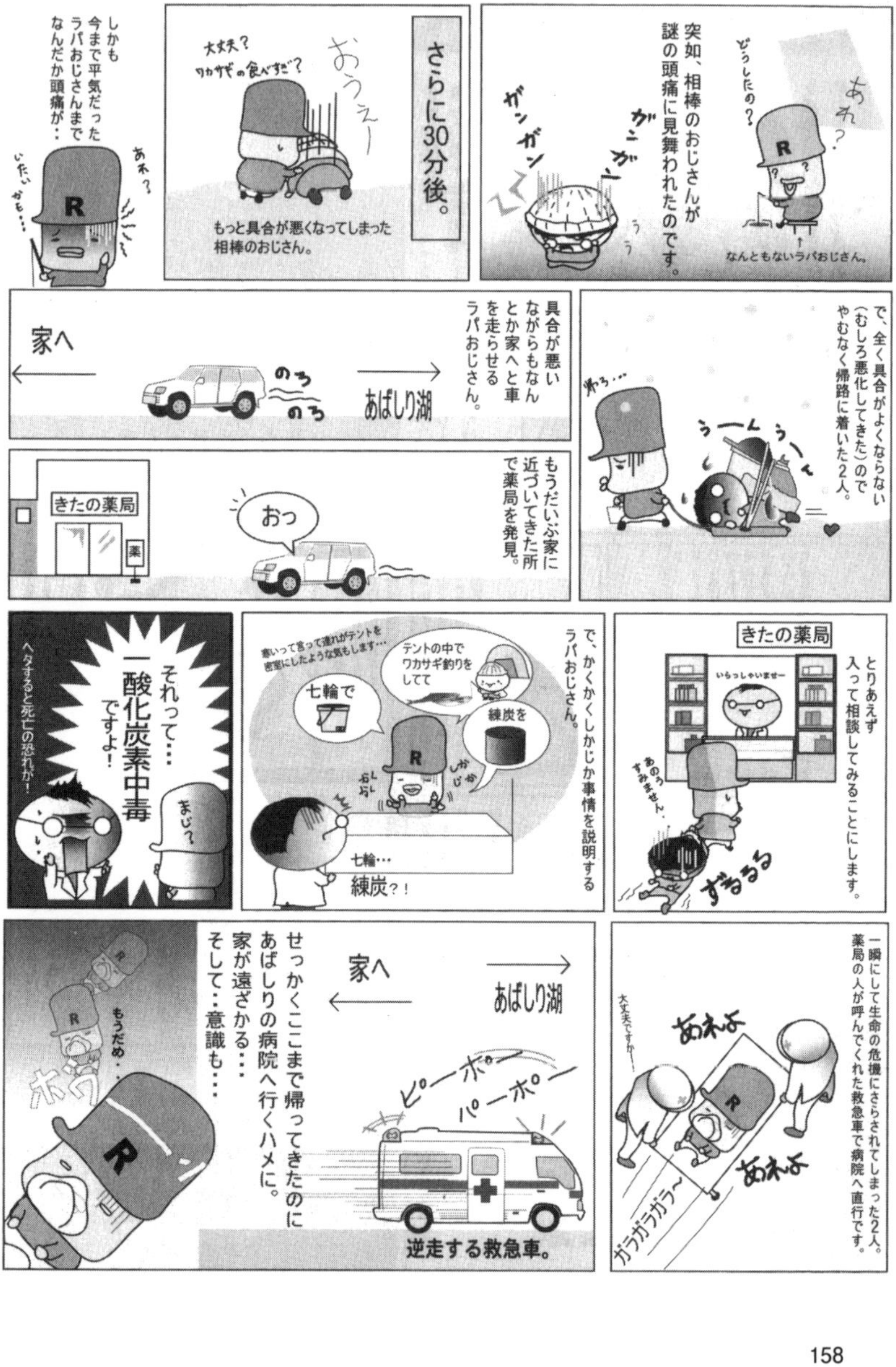

突如、相棒のおじさんが謎の頭痛に見舞われたのです。
どうしたの？
あれ？
ガンガン
ガンガン
なんともないラパおじさん。
さらに30分後。
大丈夫？ワカサギの食べすぎ？
おうぇー
もっと具合が悪くなってしまった相棒のおじさん。
しかも今まで平気だったラパおじさんまでなんだか頭痛が・・・
あれ？
いたいかも・・・
で、全く具合がよくならない（むしろ悪化してきた）のでやむなく帰路に着いた2人。
帰ろ・・・
うーんうーん
具合が悪いながらもなんとか家へと車を走らせるラパおじさん。
家へ
のろのろ
あばしり湖
もうだいぶ家に近づいてきた所で薬局を発見。
きたの薬局
薬
おっ
きたの薬局
とりあえず入って相談してみることにします。
いらっしゃいませー
あのうすみません。
ずるるる
で、かくかくしかじか事情を説明するラパおじさん。
寒いって言って連れがテントを密室にしたような気もします・・・
テントの中でワカサギ釣りをしてて
七輪で
練炭を
しかじか
七輪・・・
練炭？！
それって・・・一酸化炭素中毒ですよ！
まじ？
ヘタすると死亡の恐れが！
一瞬にして生命の危機にさらされてしまった2人。薬局の人が呼んでくれた救急車で病院へ直行です。
大丈夫ですか！
あれよ
あれよ
ガラガラガラ～
せっかくここまで帰ってきたのにあばしりの病院へ行くハメに。家が遠ざかる・・・そして・・・意識も・・・
家へ
あばしり湖
もうだめ・・・
ピーポーパーポー
逆走する救急車。

気がつくと、そこは病院。
はっ
あたりを見回すと・・・
ぶっ
いつの間にやら点滴ハーレム状態の2人・・・。
とりあえず、2人とも一命をとり止めたみたい・・・。
な、なんじゃこりゃあ！？
あっ起きた
!?
が、一酸化炭素というのは一度体内に入ってしまうとなかなか抜けないうえに後遺症が残ることもあるので数日の入院が必要でした。
タコになった気分・・・
それにヒマだ・・・
↑回復がズバ抜けて早い
といっても数日後には、無事退院できました。
ただいまー♪
死ぬところだったー
いやぁ危なかったねぇ
すっかり元気。
無論、ものっ凄く奥さんに怒られたそうですが・・・
ゴォオオオ
すみません・・・
ホントに・・・
お前がテントの中で呼吸しすぎるからだぞ
そんな事言って・・・お前こそ後遺症なんじゃないの
おこられちゃったじゃん
ちょっと！
聞いてんの！？
ビクッ
ひぇっ
なにはともあれ無事でなにより・・・な2人・・・？だったのでした。
みなさまもワカサギ釣りの折には充分充分お気をつけ下さいね！
ラパおじさんからのお願いです。
えへっ
〜完〜
ーおしまいー

最初の変化は眠気だった。次いでフラフラと足元がおぼつかなくなり、
最後には頭がズキズキと痛んだのだった。
慎重を期したつもりが凍死まで覚悟する事態に！

# 冬の湖上のテントの中で キムチ鍋を食べて 一酸化炭素中毒

体験者◉佐藤博之

※2021年刊行の『釣り人の「マジで死ぬかと思った」体験談6』より転載

それは２０２０年1月11日の出来事である。友人の林さんとふたりで通いなれた糠平湖《ぬかびら》でワカサギ釣りを楽しもうと夜明けに到着するよう車を走らせた。大雪山国立公園内に位置する糠平湖はとにかく寒い。マイナス20℃になることも珍しくない地域で、この日も早朝の車の外気温を見るとマイナス23℃になっていた。ここまで寒いと空気が澄んで逆に気持ちがいい（笑）。そしてこの日も湖畔の駐車場にはたくさんの車が停まっていた。

駐車スペースから森の中を歩き湖面に出ると、雄大な景色が目に飛び込んでくる。この糠平湖は何度来ても開放感があってとても気持ちがいい。

大型の人造湖でポイントもある程度決まっているのだが、いつも同じところで釣っても面白くないよねと友人と話し、チャレンジャーの私たちは調査も兼ね、前から気になっていたはるか遠くの対岸のポイントへ向かった。そこは湖の入り口から40分ぐらい歩くので誰も行かないポイントだ。しかしながら沢が入り込んでいかにも釣れそうな所だったので、一度は行ってみたいと思っていた。ドリルで氷に穴を開け、魚探の振動子を入れるとワカサギの群れが映るではないか！　急いでテントを立てすぐに実釣開始！　一発目から連掛けで面白いように釣れる。

当日はとても冷え込んでいたので日が上がっても気温はマイナス13℃くらい。ホワイトガソリンを使ったストーブは点けっぱなしだった。

そして11時頃にはお互いお腹も空いたのでご飯を食べようとなり、いつものキムチ鍋を作ろうとカセットガスコンロを使い調理した。氷上で食べるアツアツの鍋はひときわ旨いのである。

しかし、鍋をつついていると私は心地よい睡魔に誘われて眠たくなり、林さんも「眠たい」と言っていた。このときはまだお腹が膨れたのと、早朝の4時に出発していたからだろうと思っていた。

キムチ鍋を食べ終わったあと、近くに温泉の跡地があるので林さんと見に行った。地中からこんこんと湧き出てくる温泉がそこにはあり、その一帯だけは雪もなく動物も集まるのだろう、足跡がたくさんあった。

そこからの帰りに林さんに異変が……。頭が痛いうえに吐きそうで歩くのも辛いから少しここで休んでから戻ると言いだしたのだ。

このときに私は「もしかしてこの症状は一酸化炭素中毒ではないか？」と思ったが、一緒にいた私は何ともなかった。ただ、友人を置いていくわけにはいかないので、私も一緒にゆっくりと休みながらテントへ戻った。

テントに入って暫くすると、今度は私の頭がズキズキしてきたのだ。椅子から立とうとするとクラクラしてしまう。もう間違いない、これは一酸化炭素中毒だと友人と確信した。

このときすでに時刻は15時半。テントを撤収したらもう薄暗くなる。そしてこの地は電波が届かないためスマホで助けも呼べない。

無理して撤収してふたりとも倒れてしまっても危険と判断し、幸い燃料も余っているので動けるようになるまでテント内で休むことにした。

もともと、いつも林さんとのワカサギ釣りは周囲が暗くなるギリギリまでやっていたので、このときもテント内を照らすライトを余分に持ってきていたのもよかった。

日も傾いてきたころ、魚探にはワカサギの濃い群れの反応が映っていたが釣りどころではない。日も沈んで寒さも厳しくなり、お互いビビってしまいストーブも最小にしていた。もう大丈夫かなと思って立ち上がると、クラクラしてしまう。とても歩ける状態ではない。周りはもう真っ暗になり、だんだんと冷え込んできた。下に敷いていた銀マットで周りを囲むと、それだけでもだいぶ暖かさが違うものだった。

林さんと語り合い、励ましあいながら、時刻は23時頃になっていた。さすがに燃料は朝まではもたない。もしこのまま寝てしまったら今度は凍死してしまう危険がある。

ふたりで話し合い、ひとつの決断を下した。それは、休憩しながらゆっくり戻ろうということ。つまり深夜ではあるが、今から撤収することにしたのだ。テントの外に出ると湖面にはガスが立ち込めていたが、視界がなくなるほどではなかった。

例のクラクラは治っていたのでテントは片付け終えたが、なんと周囲が見えなくなるほどのガスに囲まれた。先ほどまでは月明かりでぼんやりと山や星が見えていたのに……。

こんなこともあろうかと、前もって帰る方向にソリを向けていた。そしてスマホの電波は入らなくてもGPSは使えたので方角は分かり、湖上で迷うことはなかった。それでも深夜に視界ゼロは気味が悪い。そして湖の真ん中まで来ると嘘のようにガスが晴れた。そして振り返ると、我々がいたところだけ真っ白なガスが立ち込めていたのである。

休憩しながらゆっくり歩いていると林さんが「車盗まれていたらどうしよう」と言い出した。彼の車は盗難被害の多いランドクルーザーだったのだが、こういうときはなんでもマイナスに考えてしまうものなのだとビビってしまう。

いつもの倍の時間をかけて無事駐車場に戻ると車は停まっていてひと安心。そして生きて戻れたことに安堵した。

帰り際ネットで「一酸化炭素中毒」と検索すると、後遺症がやばいと書いてあるものが多いので、急いで救急病院へ電話をし今回のことを説明すると「大変でしたね。しかしうちでは対応できないので、すぐに大きい病院に行ってください」と言われさらに焦る。

救急救命士の友人に連絡し事情を話すと「爪をグッと押して白くなってピンク色に戻らなかったらやばいからすぐに病院に行って」と教えてもらい、親指の爪を押してみると、すぐにピンク色に戻ったので安心した。

実は、鍋を食べたあとに尿意を催してふたりで用を足した。今思えばあのとき外に出ずにそのまま横になってひと休みしていたら、一酸化炭素中毒で死んでいたと思う。たまたま紙一重で助かったのだと分かってぞっとした。

毎年、氷上のワカサギ釣りでは一酸化炭素中毒でいたましい事故が起こっている。自分は気を付けていると思っていたが、まさか自分がこのようなことになってしまうとは。

こまめに換気はしているつもりだったが、鍋を作るときにカセットガスコンロを使い、さらにホワイトガソリンのストーブを一緒に使ったのでテント内の酸素が減り、一気に一酸化炭素が発生したのだと思う。釣りは楽しいが、危険と隣り合わせというのを思い知らされた。その後、一酸化炭素中毒警報器を購入したのはいうまでもない。

アウトドアでもやっぱり

# 人間が怖い編

思い返すたびに恐怖が増幅する戦慄の車止。
丸太を持って私たちに近づいた真の理由を、男は後に自供した。

# 未明の渓流釣り場で仮眠をしていると殺人犯がやって来た

体験者◉岩田廣隆

※2005年刊行の『釣り人の「マジで死ぬかと思った」体験談2』より転載

渓流釣りを長いことやっているといろいろなことがあるものだ。しかし危機一髪の場面というものは、不思議にその時は妙な不安感だけを心に残してはいるものの、案外気が付かず、後になって背筋の寒い思いとともにすべてが符合する、そんなものかもしれないと今は思っている。この話も、書いていいものやらと、今でも不安に襲われるが、すでに決着もつき、関係者に迷惑が及ぶこともなくなっただろうから書き進めてみよう。

今思い返しても鮮明に蘇ってくる。その当時は毒入りカレー事件が世間を騒がせていた頃で、私が遭遇した事件も、当時いくつかの新聞紙上を騒がせていたので記憶されている方もいるかもしれない。

平成10年10月初旬、私がいつものようにお馴染みさんたちと店でビールを飲んでいると、古参の会員の中村が血相を変えてやってきた。

「会長、これを見てくださいヨー、大変ですヨー」

いったい何事かと彼が持ってきた新聞に目を通した。すると、何とあの時のあいつが……！

私は声も出ず、一瞬頭の中が真っ白になったが、すべてが符合し始め、あのときの場面がふつふつとよみがえってきたのである。

話は遡って、5月15日の日曜日。群馬県片品村。その夜はいつものように鎌田まで行って釣り券を買い、片品川の支流、塗川沿いに車を走らせ、そのまた支流の西俣沢沿いの林道を2㎞ほど行って車止（車の行き止まり地点）に着いた。

一番乗りと思っていたが、先方に車が1台。やはり先行者がいたか、と少々がっかりした。ところが近づいていくと、なんとこの山奥にベンツである。おやま〜、珍しいこと！　はたして釣り人であろうか？　だが車内に人影はない。おかしいなと思っていると、やがて沢のほうから懐中電灯の明かりが右に左に揺れながら徐々に車止へと上がってくるのが見える。やがてその人物が私たちに近づき、電灯の明かりを向けてきた。私たちを確認しているようだ。反射的に私は彼に話しかけていた。

「釣りですか？」

「いや〜、釣りではない。完全なアウトドアでやって来たんだ」

完全なアウトドア？　奇妙な言葉だな？　そう思いながらも彼の説明を聞くと、下の川原には仲間がおり、これから焚き火をし、テントを張り、1日楽しむのだ、と矢継ぎ早に答えてくれた。しかし、釣りに来たという私たちに対しては邪魔者という口調で、「ここには魚はいないよ」と、早く立ち去ってくれといわんばかりだった。

私は少し不快な口調でむっとしながら「いや〜、以前にも釣ったことがあるし、好きな川なんですよ」と答えた。すると、意外にも彼はあっさりと納得して、もといた川原のほうに降りて行った。

彼との会話は他愛のないものだったが、私が妙に気になった原因は、彼の服装にあった。黄色と黒のレインウエア、フードは三角頭巾型、顔の3分の1は見えない。見える部分はなぜか脂ぎっているように見え、ギラギラしていた。そして彼の手には太い丸太が握られていた。

彼が去ってから、同じように異様なものを感じて緊張していた中村も、気がゆるんだのか、空腹を覚え食事にしようと仕度にかかった。作った料理もよく覚えている。ニンニクを効かせたちょっと贅沢なステーキを焼いたのだ。

やがて満腹となり、ビールの酔いが睡魔を運んでくる。車内でうつらうつらし始めて何時間が過ぎたのだろうか。ふと目を覚ますと、下の川原のほうからボーっと焚き火の明かりが見えてきた。炎は赤から黄、やがて青に、火勢はすうっと消えかかるのかと思うとまた燃え上がり、3色の火炎を吹きながら繰り返し燃え上がっていた。

実はこの場面こそ、中村が息せき切って持ってきた新聞記事の現場説明そのものだったのだ。当時テレビでもニュースとして報道され、新聞にも数紙にわたり掲載された。見出しには「自衛官が内妻絞殺。遺体、山林で焼いた疑い」とあった。奇妙に脂ぎったこの男こそ犯人の自衛官その者だったのだ。そして、まどろみながら眺めた炎の上がる川原こそ、まさに遺体を焼却している現場だった。

いつしかこのベンツの男も立ち去り、翌日の釣果もほどほどに恵まれ、私たちは何ごともなかったかのように2人でゆっくり温泉に浸かり楽しい1日を過ごした。

帰宅してからも、この日の出来事は何人かの親しい友人たちに「おかしなことがあったよ」程度に話したことはあった。が、それだけのこととして脳裏から消え去っていた。突然、中村が持参した新聞記事は、この時の出来事を鮮明に蘇らせたのである。

さっそく管轄の警察署に連絡すると、翌朝すぐ事情聴取に数人の刑事たちが店にやって来た。刑事たちの話によると、犯人は現場で釣り人に遭遇していたと自供していたので、私たちを捜していたとのことだった。

そして、さらに恐ろしい事実も聞かされた。その時、犯人は現場を見られたとの思いから、私たちを撲殺しようと丸太を持って近づいたのだというのである！　しかし、私たちが男2名であり、失敗を恐れて撲殺は無理と判断したのだった。実をいうと、最初の予定では1人で釣行するつもりだったのである。もしも、あの現場に私1人だったなら……。

危機一髪の瞬間とは、まさにあの犯人と他愛のない会話をしていたその時であろう。私にとっては一生、思い出すたびに戦慄が背筋を走る瞬間なのである。

船が来ない。事故か!?
いや、他のメンバーが粘って遅くなっているだけか!?
そして時間だけが過ぎていく。
このまま、沖磯で食料も水もなく一晩過す羽目になるのだろうか。

# 船長に忘れられて迎えの船が来ず水もない磯に置き去り

体験者◉小路隆志

※2004年刊行の『釣り人の「マジで死ぬかと思った」体験談』より転載

私の釣り歴は35年。当然過去にはさまざまなアクシデントを経験しているが、今回紹介するのは、「オタセひとりぼっち事件」という、ちょっとマヌケな出来事。今から10数年前の秋のことだ。

オタセとは三宅島の南西部、阿古地区の地磯「ミチナシ」の目の前にあるハナレ磯の名前だ。三宅島の人気磯といえば名礁「三本岳」だが、私はどうしてもオタセに上がりたかった。理由は潮。春のイナンバ方面からの潮とは逆に、反転流と思われる速い潮がニッパナ方面からオタセに当たるのである。これが晩秋の頃に、大型クチジロを呼び込む潮なのだ。もちろん、過去に実績もあり、5kgオーバーを3尾釣ったほか、24号のミチイトをブチ切られるなど苦い思い出もある。

本来、渡礁は安全上2名以上が原則だが、当日はベタナギ、慣れている私ということもあり、特別に1人で乗せてもらえることになった。まずは私がオタセに乗り、残りのメンバーは三本岳へ。磯上がりの時間は三本岳組が2時なので、2時半には迎えに来るだろう。よっしゃ、貸し切り、デカバンだ、と期待を胸に釣り開始。潮の方向もすこぶるよい。

が、潮が少し速すぎるようで根掛かり連発。オモリ40号を2個付けし、計80号で投入する。止まるには止まったが根掛かり。アタリがないまま続ける。時計を見ると10時。オモリの残りが心配になりタックルボックスを覗くと、なんともう2個しかない。すでに12個もなくしていたのだ。

作戦変更。本命ポイントをあきらめ、足もとをねらう。しかし、またも根掛かり。最後のオモリはおそるおそる潮裏にキャストしたが、これまたたったの3投であえなく根掛かり。

こんなこともあるさと時計を見れば、まだ11時。やることもないので昼飯を食べる。それから丁寧に道具を片づけたが、迎えが来るまでたっぷり3時間はある。

ふと後方の地磯を見ると、ミチナシにタカベねらいの釣り人が3人乗った。しかも、釣ったタカベをエサにしたところ、サオが満月。手に汗握るやり取りの一部始終を眺め、最後は落としダモの中にヒラマサが収まり拍手拍手と相成った。これはいい退屈しのぎになったと時計を見れば、まだ12時半だ。昼寝でもしろよと思うかもしれないが、ここは切り立った岩場で足場が狭く、身体を横にできるスペースなどない。

仕方なくまた釣りでも見るかと振り返ると、なんとミチナシの上にはもう人影がない。ナンでたった1尾で満足しちゃうの⁉

こうなると何もすることがない。歌でも歌おうと、知っているかぎりのナツメロを歌うが、音響が悪くつまらない。

食べる物もないので水を飲むが、味気ないことこのうえない。

意味もなく磯場をカニのように横ばいになってひと回りしてみるが面白くもなんともない。時計を見る。2時を回った。よし、そろそろだ。

再び荷物を整理。準備完了。いつでも撤収できる。安心して最後の水を全部飲む。やがて時計の針は2時半を回った。が、船は来ない。そうか、三本岳の迎えが2時半だったか。でなければ撤収に手間取ったのかもしれない、と勝手に推測。

ならば3時頃には来るはず。よーし、と今度は大きな声で歌い始めるが、2~3曲で喉がおかしくなりやめる。ジッと沖を見ながら時計を見る。針はなかなか進まない。

と、その時、右前方に船影。「来た！」と小躍りして荷物を手にする。こんなにうれしかったのは久しぶりだ。と思ったのも束の間、船は坪田方面に走り去ってしまった。ガックリ。

再び時計を見ると3時半。これは事故でもあったかなと思ったが、それなら無線で連絡して別の船が来るはずだ。となると、あとは三本岳組のヤツらが延長して遅くまで釣っているとしか考えられない。

そう思うと今度は無性に腹が立ってきたが、飲み物も食べ物もないから怒る元気もない。

それにしても遅い。遅すぎる。その時、イヤな考えが頭の中をよぎった。

まさか、船長が俺を忘れているのか……？

食べ物も飲み物も照明もない切り立った沖磯でひと晩を過ごすなんて、考えただけでも死にそうだ。もう日は傾き始めている。こうなれば暗くなる前に荷物を置いて、向こう岸まで泳いで渡るしかない。幸い地磯との距離は10ｍかそこら。よほどのことがないかぎり死ぬことはないと思うが、それでもイシダイやヒラマサが潜む荒磯である。波に叩きつけられれば多少の怪我はするだろう。飛び込む場所と上陸地点を確認する。覚悟は決まった。ナムサン！

と、まさにその時、暮れかかる夕陽の逆光の中に船影。さらに「オーイ！」という耳慣れた仲間の声。

来た！　本物だ！　助かった！　と思ったが、ちょっと恥ずかしいので口には出さなかった。友人の第一声は「話し相手がいなくて死にそうだったろ」である。うるせえっ、と返したが、話好きで知られる私としては図星であった。

撤収が遅れたのは、仲間が遅くまで釣りをしていたのも事実だが、それだけではない。実は、三本岳から港へ帰った仲間が、私が当然先に帰港しているものと思い、「あれ、小路は?」と聞いたところ、船長は「あっ、ああっ、小路さんは今から迎えに行くんだよ」と言ったそうだ。やっぱり……。

とにかく釣りは仲間と一緒だから楽しいのだと痛切に感じた1日であった。ちなみに、磯の上にいた10時間以上のうち、何もしないでいたのが5時間半もあった。

最後に、こんな楽しい思い出をくれた三宅島の人々の現在の苦労を思うと胸が痛む。1日も早い帰島を願わずにいられない。

釣り場で意気投合したはずの男は、
誘ってくれたレストランに入ると目つきが豹変した。
そして私に差し出した本物の拳銃。
いったいこれから、何が始まってしまうのか。

# 海外のリゾート地でマフィアと対峙する

体験者◉小林龍彦

※2004年刊行の『釣り人の「マジで死ぬかと思った」体験談』より転載

最近よく本物の死体を見る。

といってもさすがに顔は隠されていて、テレビの中の画像でしかない。けれど、交通事故で身体が異様な形に変形していたり、喉元がざっくりと切り裂かれていたり、体内にすでにガスが溜まり始めた土左衛門だったり……何しろ作り物ではないだけにかなり気味が悪い。

中でも頻繁に見せ付けられるのは銃殺された仏様である。これは血こそ大量に流れて、辺りを赤くどろどろと染めてはいるが、体そのものは綺麗で、白い布が顔を覆っていなければ、重態なのか、それともすでに冥土に旅立ったのか、ちょっと分からないような感じである。

タイ王国に移住して1年。

日本と違ってテレビのニュースが、ごく普通に死体の映像を流すことは承知していたし、慣れてもいたけれど、同居している母にはかなりな衝撃だったようだ。

特に政府が強行に推し進めた麻薬撲滅政策が、マフィアや売人同士の内部抗争に火をつけてからは凄まじかった。ニュースの時間になれば、毎日のように射殺体の映像が流れて、その度に老母は顔をそむけながら奇声を発していた。

けれどもこちらは違う。ごく稀ではあるけれど、記憶の中にある戦慄がユラユラと蘇生してくる。

「もしかしたら自分もこうなっていたかもしれない」と、画面を凝視してしまうのだ。しかも、それが大口径の銃によるものだったりすると、思い出す情景がより鮮明になるのだから、精神衛生上極めてよろしくない。

その記憶は黒い。色がない。

場所が暗かったせいもあるが、「死」の世界への入り口を、恐怖と共に連想させる黒い銃口が、強烈な印象を残しているせいだろう。それが向けられたのはひどく蒸し暑い夜だった。8年前のことである。

当時、中国から旅を始めて、埃まみれのバックパックと、くたびれた身体と、釣りザオとともに南下してタイに辿り着いた私は、どうしてもネパールに赴いて、ある魚を釣ることに異様なまでの執念を燃やしていた。そのためにバンコックでインド行きの安い航空券を予約し、紅茶で有名なダージリンから陸路入国する計画を立てたのだが、空いている一番早いフライトを待つのに、なんと2週間近くも空き時間が出来てしまった。

必然的にどこかで暇潰しをしなければならない。それで仕方なく選んだのが、釣りが出来そうなサメット島とパタヤーだった。

位置的にはサメット島のほうがバンコックからは遠く、こちらの質素なバンガローに1週間滞在。その後空港まで2時間と少しで直接戻れるパタヤーに移動した。

初めて訪れたパタヤーには吃驚した。物凄い街と感じた。

街中が桃色のフェロモンを発散していて、歌舞伎町や吉原や、その他、日本にある有名な色町など、この街に比べれば大人しいものである。喩えはおかしいかもしれないけれど、まるで蜆と大蛤か、泥鰌と黒穴子くらいの違いを感じる。恐らく、この街を初めて訪れる方は、皆そのような感想を得るのではないだろうか。

何しろちょっと街を歩けば、セクシーなお姉様たちが蜜蜂のようにたむろしているオープンバーが軒を連ね、親子ほども歳の離れたカップルがやたらと目に付き、下手をするとお爺さんと孫、といえそうなミスマッチも、しばしば目に飛び込んでくるのだから呆れる。それもほとんどが、欧米人男性とタイ女性という組み合わせである。

彼らは大抵の場合臆面もなく手を繋いでいる。白いゴツゴツとした毛むくじゃらの手と、褐色の小さな手……。その間には金という魔が存在して、2人を寄り添わせているのだろうことは簡単に想像できるけれど、そんなアベックがもうやたらとそこらを闊歩しているものだから、野暮な倫理や道徳などを頭に浮かべる暇もない。

話の羅針盤がずれてしまったが、そんなパタヤーに、旅の軍資金が乏しいまま漂着した私は、連日昼間は安宿で病人のように過ごし、日が暮れると甘い蜜の誘惑に抗いながら、屋台の安い一膳飯で飢えを凌いでいた。

それでもどうせ暇を潰すなら釣りだけはしたい。しかし、タイ語では新生児の語学能力に等しく、情報を集めるのに一苦労した。毎日Fishingという看板を探して歩き、ついに荷を下ろして3日目に、小さな釣具店を発見し、店員が少し英語を話せたので何とかねらいが絞れたという次第である。

結果、パタヤーでは桟橋で釣るイカが一番ポピュラーだと教えられた。その桟橋は海岸通りをしばらく歩けばすぐに見つかるという。親切な店員に御礼を述べ、日本製のイカヅノを3つ買った私は、それから静かに日が暮れていくのを待つことにした。

ねらうはレインボーカトルフィッシュ。タイ語ではプラー・ムッ。要するに東南アジアの浅海に生息するアオリイカの仲間である。

パタヤーの海岸通りは、片側が砂浜沿いの遊歩道で、内陸側は土産物屋や、怪しげなオープンバーや、ゴーゴーバーがずらりと並ぶ、なかなか活気のある繁華街になっている。遊歩道のほうには、良く手入れの行き届いた花壇が、長く綺麗に整備されていて、色とりどりに咲き誇る南国の花が美しい。その間にある車道は一方通行で、ソンテウという乗合トラックがいつも巡回している。それは海岸通りを東に向かって進み、突き当たりにある歩行者天国の所で、内陸側に左折していく。その交差点の手前に、木で出来たちょっと危なっかしい桟橋が海に突き出していた。

釣具屋の店員の話では、とにかくそのT字型になった突端で、ハロゲンランプの周りが良いらしい。しかし夕涼みを兼ねたイカ釣りはなかなか人気があるようで、先端には先客が多かった。それ以外にも散歩がてらに釣りを見物にくる観光客や、前述の類のカップルがあとを絶たず、桟橋の上はかなりの大賑わいである。それでも空いていた一角から海中に落ちている階段を見つけ、なんとかそこを下ってサオをだした。

遠い異国の、桃色のフェロモンに煙る地でイカ釣り。波止場の根元辺りのバーでは、Tバックの若いピチピチが、ビートの利きまくったディスコサウンドに合わせて、本能が麻痺しそうな姿態で腰をくねらせている。

岡釣りで金というエサがあれば、2本足の良型が超入れ食いは間違いナシだというのに、しこしこと10本足をねらってイカヅノを放っている男。何となくその現実が可笑しいやら情けないやら。せめて慰みに1杯は釣れて欲しいところである。

何投目だったろう。不意にサオ先に重みを感じ、ゆっくりと巻き上げてみると手の平サイズのイカが乗っていた。すかさず抜き上げて背後のハロゲンで照らしてみる。すると小さいけれど美しく、日本のアオリによく似た姿態をしていた。

目のまわりがコバルトグリーンで、水晶のように透き通るボディーを取り巻くヒレは狭く、薄く、背筋を触ってみると甲がない。それはねらっていた、レインボーカトルフィッシュに間違いなかった。

それから同サイズが2杯。さらにこの夜はよほど潮が良かったのだろう。午後10時過ぎにはなかなかの型のヤリイカが釣れた。

そして……。

そろそろ引き上げよう、と考えていたらズシリと来た。まるでタオルでも引っ掛けたような重みである。けれどもそれが命あるものを掛けた証として、リールを巻くと抵抗し始めた。間違いなく大きい！　瞬時にしてまだ頭の奥に残っていた、生臭い煩悩が吹っ飛ぶ。純粋になった私は、慎重にラインを緩めないようにリールを巻いた。

やがてモワッとした黒い影が海中に浮かび上がり、いよいよ驚いた。かつて釣ったこともない大きさのイカだったからである。しかしタモもギャフもない。抜き上げるしかない。ただ、獲物はありがたいことに触腕ではなく、太い足のほうにハリ掛かりしている。

水面から目の辺りが出るまでラインを巻いてから、階段を下って波の洗う所まで進み、ゆっくりと屈みながら、慎重にサオを立てていく。そして左手をそっと目一杯伸ばし、イカヅノの頭を摘み、そろりそろりと抜き上げる。

そんな危なっかしい取りこみが、自分でも信じられないくらいに成功して、大きなイカが桟橋上でバフッ、バフッと墨を吐いた。少なくとも2kgくらいはあったのではないだろうか。それは今までのアオリ系のレインボーカトルフィッシュと違い、モンゴウイカのように身が厚く、足は太く、色は黒っぽく、背には巨大な甲が埋め込まれていた。

あまりの感動に呆然としていると、突然背後から拍手が降り注いできた。階段の上の手すりにもたれて釣りを見物していたうちの1人が、微笑みながら手を叩いているのだった。その人物は目が合うと、かなり流暢な英語でビールを差し上げよう、と言った。さらに自分も釣りが好きなので分かるが、今のランディングはグレートだったと付け加える。

断る理由はなかった。思いがけない大ものに興奮していた私は、彼の差し出す、よく冷えて缶に汗をかいているビールに手を伸ばした。

至高の1本を飲み干すと、人物は足元に置いた袋から次を取り出した。さらに1本、また1本。その間に釣りの話や、簡単な自己紹介が、海風に運ばれて行った。

彼の名はノッパドン・ノリー。

丸い金縁のメガネをかけ、髪にタイ人にしては珍しくパーマをかけていた。また、これも暑い夕イでは極めて稀なことだが、白い糊の効いた長袖の開襟シャツと、仕立の良いスラックスを身につけ、革靴を履いていた。仕事はバンコックで人材派遣会社の経営だと言い、きちんとロゴの入った名刺をくれた。そして久しぶりに1日だけ休みが取れたので、パタヤーに静養にきたと教えてくれたが、歳については、当時37歳だった私より少し上だと呟いたきりで、決して確かなことを語ろうとはしなかった。

会社の経営がよほど順調なのか、ノリーの首元には太い金のネックスレスが光っていて、親指と人差し指以外の指という指には、肉厚の金の指輪か、小豆ほどもある宝石をはめていた。

そんな風体でもあるし、語り口も物腰も紳士的だったから、私は安心してタイでの釣りの話を披露してもらいつつ、すぐに意気投合してしまった。

そのうちに彼の持っていたビールが底を尽いた。それを潮に私は引き上げると告げた。するとノリーは自分が奢るから軽く飲みに行こうと言い出した。貧乏旅行者は奢りという言葉に弱い。ホロ酔いも手伝って、いわれるままに付いて行くことに決めた。

その後、彼はすぐに桟橋の根元近くにあったホテルに戻った。そして、車を出してきたのだが、なんとそれがボルボの高級セダンだったから驚く。関税がべらぼうに高いタイでは、軽く見積もっても2ミリオンバーツ、日本円で600万円はするだろうという新車なのである。その本皮張りの助手席に私を乗せ、ノリーはパタヤーの街をかなり走って、表通りから離れた、ヤシの木陰で車を停めた。そこは広い駐車場で、ほんの数台の車が黒い影になった先に、彼の知り合いが経営しているという、野外レストランが1軒店を開けていた。

ノリーの見かけから、私は相当に良いところに連れて行ってくれる、と勝手に想像していたのだけれど、着いてみれば暗い陰気な店で、かなり落胆したのを良く覚えている。何しろ席に届く光は、遠くにある駐車場の端を照らす灯のみで、なんとメニューが読めないほど。しかもまわりのテーブルに客の姿は皆無。ライターを点けて、これまた影のようなウエイトレスに酒と肴を注文した。

そんな場所だというのに、暫くしてからノリーは丸眼鏡を外した。

すると……途端に人相が変わって見えた。それまで柔和そのものだと思っていた目が、きな臭い眼光を放ち始めたのである。しかも丁寧だった口調も、態度も、明らかにその筋の者という感じに変わっている。

さすがに私は酔いが飛び、彼の一挙手一投足に視線を這わせた。そのうちに知り合いだという店のオーナーが、左隣に腰を下ろした。これが身長１８０㎝、体重95kgある私よりも、ふたまわりは大きな怪物で、前世は岩だったのではないか？　と思えるような身体を持ち、容貌魁偉としかいいようのない面相を、盛り上がった肩の上に首のない状態で乗せてニヤニヤ笑っていた。

「俺たちはタイの人間じゃない。20年前にラオスから来たんだ。ちょっとヤバイことがあって向こうを追われてな。そのことでこいつは先週人を殺したんだ。しかも素手でね。鶏をひねるみたいだったらしいぜ」

そんなことを教えられても返す言葉はない。このあたりで記憶から色が消えている。

「ところで良いものがあるんだ。見せてやろう」

そう言うと、ノリーはボルボに取って返し、ダッシュボードから無造作に黒いものを取り出して戻ってきた。

手にしていたのは、44マグナム。

色違いだけれど、あのダーティーハリーがぶっ放している史上最強の大口径銃に紛れもない。そんな物騒なものを、彼はまるで玩具のようにテーブルに置いた。

「5000ドルでいい。どうだ買わないか?」

価格を告げると、弾がフルに入ったマガジンを抜いて見せ、それからノリーは一度銃口を私の胸に向けてから、その黒い凶器をこちらに差し出した。彼の手にあるよりは安全だからとりあえず受け取る。モデルガンなどではない。間違いなく本物だった。ずっしりと鉄アレイのように重かった。その重みを手に感じながら、私は咄嗟に良い口実を思いついた。

「私はこれからインドとネパールに行くので、とてもこんなものは持ち歩けません。申し訳ないけれど買えないのです」

マグナムを返しながらの返答を聞いて、岩男がギロリと睨んできたけれど、ノリーのほうは私をからかっていたのか、あっさりと諦めてくれた。だが、とんでもないことを言い出した。

「実は俺たちの知り合いを日本に送ったんだが、行方知れずになって困っている。消える前の連絡先があるから、あんた、日本に帰ったら捜し出してくれないか？」

この話が出て初めて、私は日本人であるから誘い出されたのだと理解した。が、もちろん断った。彼らの送りこんだ仲間を捜すなど、絶対に危険な目にあうに決まっている。しかし、ノリーは執拗だった。右手に持ったマグナムで左の掌を、ゆっくりとリズムを刻むように叩きながら、ノーという言葉を決して受け付けようとしない。

岩男は身構えているし、マグナムはちらちらとこちらに向けられる。ふと、下手をすると自分はここで命脈尽きるのか、という考えが頭を過ぎった。

左右に揺れる銃口を見つめながら、私はついに彼等の要求を受け入れることにした。ただし、何時日本に帰るかは分からない、という条件を付け加えて。

その後、ノリーは人が変わったように愛想が良くなり、横の岩男も店のほうへと引き上げて行った。さらに仕事の請負賃の一部として奢るから、付き合って欲しいと言い出し、仕方なく私は桃色のフェロモンの中に飛び込んで行った。しかし、いくらグラスを空にしても酔いは回らなかった。何軒もの店で何匹もの可憐な蜜蜂が、私の周りにやってきては、甘い香りを振りまいていったけれど、ついに本能は萎縮したままピクリとも動かなかった。

結局、その夜の豪遊といっても良い飲み代は、ノリーがすべて払ってくれた。つまり私は東南アジアのマフィアに借りを作ってしまった訳である。

これは後日知ったことだけれど、あるバンコックのお偉いさんの話では、ノッパドン・ノリーは誰も顔を見たことのないタイの大物マフィアだそうだ。

それから8年。私は今、巨大な甲イカを釣り、ノリーと出会ったパタヤーで、家族と共に暮らしている。そして、幸いなことに彼にも岩男にも再会していない。

しかし、仮にどこかでばったり出会ったら……。

その時は極太の、鉛の弾の請求書が飛んできて、私は大量の血を流しながら、喘ぎつつ、死をもって精算することになるのかもしれない。

手漕ぎボートめがけて、全速力で接近する漁船。
そのうちこっちに気が付くだろう……。
あれ、でも、もしかして!?

# 手漕ぎボートで釣りをしていたら ノンストップで漁船が激突

体験者◉丸山剛

※２００５年刊行の『釣り人の「マジで死ぬかと思った」体験談２』より転載

以前は『つり人』誌上で「えっちらおっちら」と掛け声をかけながらの手漕ぎボート釣りの連載をしていた私だが、今では船舶免許を取って、車にカートップできるミニボートを購入し、暇があればいろいろな所に行ってはボートを降ろし、海に出て釣りを楽しんでいる。

13フィートの小さなボートだけに、沖へ出ていて急に風が強くなったりすると、波が上がるなど天候の急変で恐い思いをすることもある。一度は日本海で30分も沖に走ったら急に風が出て大荒れ。波を1つ1つ越えながら、1時間以上掛かってやっと戻って来たこともあった。また、エンジンが動かなくなってオールで漕いで帰ってきたこともある。ボート釣りは、そんな小さなトラブルは日常的に起こりうるのだが、前に1度、本当に死んだかと思った出来事がある。もう10年くらい前になるだろうか。今でもあんまり思い出したくない事件だ。

その頃は、まだ船舶免許も取得しておらず、レンタルの手漕ぎボートで房総半島や三浦半島、伊豆半島を回って釣りをしていた。手漕ぎボートも慣れてくると、真っ直ぐに漕ぐことができるし、多少の荒れや風でも沖から漕いで戻ってくる自信があった。釣果は別としてボート釣りのノウハウには精通していると思っていた。

その時も『つり人』の連載の取材だった。当時は毎月ボート釣りのレポートをしていたのだが、2月半ばということでボート店も休業しているところが多く、時期的に水温も低く、釣りのターゲットも決めかねていたのだった。思案した結果、伊豆方面がいいだろうということになった。ボート店に電話をすると、「営業は3月からだけど、ちょうど他の雑誌の取材が先行して入っているから、その日だったらいいよ」と言われ、その当時よく一緒に釣りに行っていたN君を連れて、西伊豆の静かな湾にあるボート店を訪れたのだ。その湾は静かだが水深があり、手漕ぎボートを少し漕ぐだけで、マダイやアジのポイントに到着する手漕ぎボート釣りマニアにはたまらない釣り場だ。

出艇したのは朝8時と遅め。2月ということで日が上がって少しでも暖かくなってから釣りたいと考えたのだった。その日は風もなく、快晴で絶好のボート釣り日和。1日釣りをして、釣果は中アジのほか30㎝と小さいけれどマダイも釣れて、まぁまぁの釣りが楽しめた。その日はボート店に宿を紹介してもらっていたので、そこに宿泊する予定だった。日暮れ前に釣りを終えて、出艇場所に戻り始める。出艇場所までは距離にして約200mくらいだろうか。せいぜい10分も漕げば着くだろう。漕ぎ手はN君に任せて、私は携帯電話でボート場の管理人にボート釣りの終了を伝え、予約した宿の話をしていた。

と、その時、港から1艘の漁船が出てきたのに気が付いたので携帯での通話を一時中断し、N君に「あの漁船に気を付けて！」と言って再び会話を続けた。しかし、漁船との角度が変わらないので、もう一度N君に「大丈夫？」と聞くと、「漁船は前を見ているから大丈夫だよ」と言う。私もそれはそうだと納得して再び通話を始める。すると、2回も通話を中断したので管理人が「どうしたの？」と聞いてきた。「いやぁ、漁船が近くに見えたもんで……」なんて言っていたら、もう目の前に漁船が迫ってきているではないか。携帯電話を手にしながら、「ぶつかるー！」と叫ぶ私。

それからの出来事はまるでコマ送りのようだった。漁船は私たちのボートの真横に全速力で突っ込んで衝突した。その衝撃で2人は海に投げ出された。落水した私は漁船の下の赤い船首をはっきりと見た。その直後に強い衝撃を受け、しばらく泡を見ていたように思う。気が付いたら海に浮かんでいた。相棒はどうなった⁉　と心配して周囲を見渡すと、離れた場所にやはり浮かび上がっていてひと安心。

漁船は衝突したのに気が付いて、かなり遠くで止まったのち、こちらへ戻って「大丈夫か〜」と声を掛けたきた。N君は「大丈夫なわけねぇだろー！」と叫んでいる。驚いたことに、私はまだしっかりと携帯電話を握りしめていた。最後まで実況中継をしたらしい（笑）。

その後、漁船に救助されたが、さすがに2月の海の中は寒かった。まして夕方である。漁船と衝突したにもかかわらず、2人ともかすり傷だけで済んだのは奇跡に近い。ただ、2人のウエアは、背中から足に向かってボロボロに破れていて、真っ赤な船底塗料がベッタリと付いていた……。まぎれもなく漁船は、海に放り出された我々を船底でこすりながら全速力で駆け抜けていったのだ。当然、船底の一番後ろにはスクリューが回っている。そのままスクリューに巻かれたら間違いなく死んでいただろう。なにしろ、衝突してから漁船は我々の存在に気が付いたのだ。それまで全速力で走っていて、急にニュートラルなどに入れられるわけがない。

これは海上保安庁の事故説明でのちに知ったのだが、この漁船はいつもの夜漁に出るところで、手馴れたルートゆえに何も見ずに走っていたということだった。では、何が2人をスクリューから逃がしたのだろうか。考えられる理由はただ1つ、ライフジャケットの装着だろう。ライフジャケットの浮力があることで、波を切るような角度で船底を抜けることができたのだろう。足場の低いボートから投げ出された場合、いくら衝突の勢いがあったとしても、沈むのはせいぜい水面下1m前後まで。だから漁船の船底にこすられるのだ。この時、浮力がないと、どうしても沈みきった水深である程度とどまってしまう。だから、船底にこすられたのちにスクリューに巻き込まれるわけだが、ライフジャケットがあれば身体が勝手に浮こうとする。V底の船体に沿って浮上すれば、自然と船の中央のスクリューから離れるというわけだ。現に泡を見たのち、引っ張られるように一気に海上に浮上して助かったのだから。

あれから、手漕ぎボートと漁船の衝突事故やプレジャーボートの事故でスクリューに巻かれて死んだ人のニュースを聞くと、死んだ人の多くはライフジャケットを着ていなかった。あの時、私たちがライフジャケットを着ていなかったらと思うと背筋が寒くなる。衝突した衝撃だけでも死んだかと思ったくらいなのだから、ライフジャケットを着ていなければそのまま気絶して海の底に沈んでしまうことだって考えられる。

ちなみに、その時に積んでいた釣り具や一眼レフカメラ一式はすべて海の底に沈んだが……。

ド素人による悲劇の仕掛け直撃。
このままただで帰すわけにはいかない！
が、いかんせん激痛と血が……。待て、この野郎～

# ボート釣りをしていたら岸から投げ釣りのオモリが頭に直撃

体験者◉阿部靖広

※2007年刊行の『釣り人の「マジで死ぬかと思った」体験談3』より転載

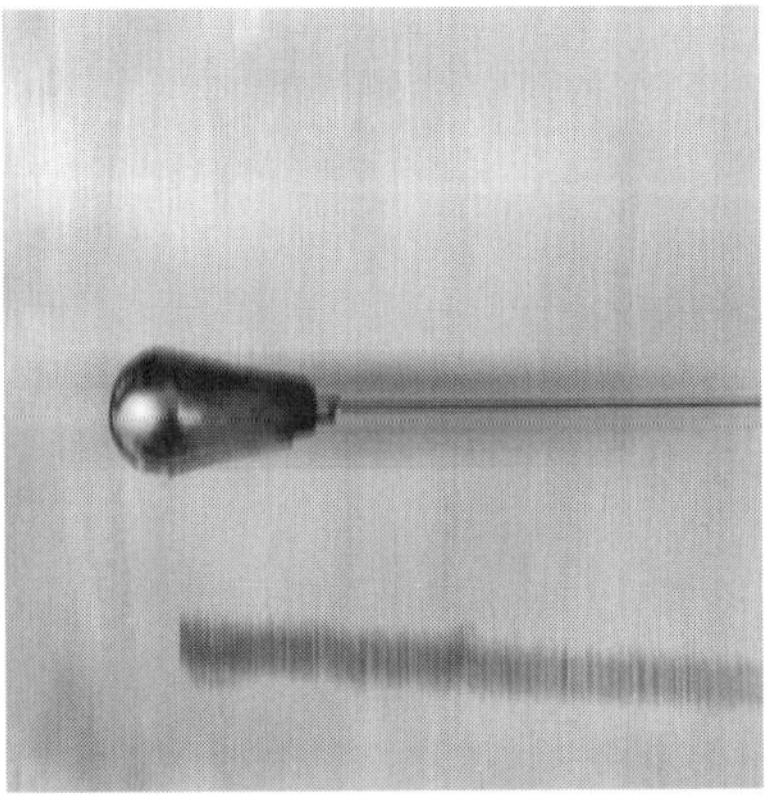

毎年、夏になると決まって行く場所がある。そこは東伊豆の川奈だ。私の知り合いが川奈で貸しボート店を営んでおり、夏の間は海の家も営業していて、毎年のように仲間と遊びに行っている。もう、かれこれ25年の付き合いになり、寝泊まりは海の家で、釣りをする時はボートを好きな時に出して楽しんでいた。また、釣りに飽きたら地元の漁師さんと海に潜り、自分たちが食べる分だけのアワビやサザエやイセエビを捕ってバーベキューをしたり……。そんなふうにノンビリと夏の数日を過ごすのが私たちのスタイルだった。

いつもなら、釣り仲間と一緒に行くのが常で、まれにサーファーの先輩たちとも行くが、彼らも釣りが好きで、海が荒れてボートが出せない時にサーフィンをする程度だった。だから、一番の目的は釣りということになる。

そんな楽しい思い出ばかりの川奈で、悲惨な目に遭遇したのは昨年の8月のことである。

その日も天気がよくて波もない絶好の釣り日和。いつものように釣り仲間とボート釣りへ。といっても、いつもの手漕ぎボートではなく、知り合いのクルーザーを借りての本格的な釣りだ。同級生の1人は釣りに全く興味がなく、趣味といえば酒。そいつは船に乗らず朝から酒を飲んでいるので、何か旨い肴でも調達してやろうと考えた。

朝イチはトップでシイラを釣った。本当はその後、沖の深場でジギングを楽しむ予定だったのだが、エンジンの調子がイマイチなので、近場でジギングをしたところ、それでもアマダイ、ホウボウ、イカなどが釣れた。

こいつを肴にしたら酒飲みの同級生が喜ぶだろうと、すぐに陸に上がり、生きているうちに料理をして、私たちも少し遅い朝食を摂る。料理といっても全部が活け造りみたいなものだ。その後はまた海の家に全員が揃い、みんなで談笑。ちょっと小腹が減ったなあと思っていたら、ちょうど地元の漁師さんたちが潜るというので同行させてもらうことにした。

手漕ぎボートに4人が乗って出船するが、着いたポイントは岸からでも泳いで行ける距離で、岸から20mくらいの沖合だった。

ともあれ、ボートを近くのブイに結び付け、皆がそれぞれ潜り始める。僕はサザエとシッタカをゲットし、友人たちも食べられるか分からない見るからに怪しげな貝をゲットし、盛り上がっている。地元の人は、さすがに手慣れたもので、早くもアワビと大きなサザエを捕まえていた。これには僕も感心するほかなかった。

そんな地元の人の見事な潜りに見とれていたら、気が付くと、ブイに結び付けていたはずのボートがないではないか。慌てて周囲を見渡すと、20mほど岸方向へ流されていた。この時は風もなく、潮も流れていなかったのが幸いしたと思ったのだが、実はこれが不幸の始まりだった……。たいした距離ではないし、私は足ヒレを付けていたので、ボートまではすぐたどり着き、乗り込んだ。そのまま漕ぎ始めればよかったものの、近くに友人が泳いでいたので、彼が乗り込むのを待ってあげることにした。

数分後、友人が座ったのを確認してボートを漕ぎ始めた、その時である。

ゴンッ！

突然、頭に強い衝撃が。何だ⁉　と思うと同時に眉間の真上、髪の毛の生え際の上のあたりに割れんばかりの激痛が込み上げて来た。あまりの痛さに目が開けられないほどだ。

まさかこれが脳溢血⁉　いや、違う。なんとか目を開けると、視界に飛び込んできたのは投げ釣り用の小型片テンビンだ。10号くらいのオモリが付いて、ご丁寧に3本バリ仕掛けまである。

釣りをする私には、すぐに状況が理解できた。釣り人の投げた仕掛けが私の頭を直撃したのだ。ポタポタと鮮血が滴り、頭を触った手はもちろん、裸だった上半身が真っ赤に染まる。目の前に座った友人は、ワケが分からないようすで、目を見開いて血まみれの私を見ている。

テンビンを手にすると、太いミチイトが付いている。猛烈に頭にきながら、グイグイとミチイトを手繰ると、そのイトはイルカ浜の堤防の上で申し訳なさそうに立っている20歳前後の2人に辿りついたのだった。

とっさに出た言葉が、「痛えじゃねーか‼」だった。その間も、頭からは血が吹き出ている。とにかく頭にきた私は、オールを握り、猛スピードでボートを漕ぎ、岸に寄せた。あの2人を殴り倒す気でいたのである。

しかし、堤防に上陸すると、その2人組は逃げてしまったあとで、影も姿もない。誰にも怒りをぶつけられない私は友人に「あいつらどっちに逃げた⁉」と聞いたが、友人は私の姿に釘付けだったらしく、行方を追っていなかったらしい。

それにしても、人の頭にオモリを直撃させておいて、しかも血まみれになっているのを見ていながらお詫びもしないで逃げるだろうか。当たり所が悪かったら失明は間違いないし、もう少し距離があったり、ラインが切れて勢いがついていたら、頭蓋骨くらい簡単に貫通して即死だと思う。それなのに逃げた2人組は本当に許せない。頭の痛みも、以前にも増している。とにかく病院に行かなくては。

近くの病院の場所を教えてもらい、自ら運転して向かうが、なんとそこは小児科で、対処できないといわれ、仕方なく救急車を呼び、救急病棟へ担ぎ込まれた。

オモリなので、傷口自体は大きくはないが、裂けたうえに肉が少しえぐれているという。結局、3針を縫ってもらう。幸い、レントゲン結果でも骨に異常はないとのことであったが、泣き寝入りであることには変わらない。あ〜ムカつく！

まあ、その程度の怪我ですんだからよかったものの、もしまた同じことがあったら命はないと思い、ボートから釣りをしていて陸に近付く時は、釣り人の存在にかなり神経質になってしまった。

それにしても、あの広い海の中で、オモリが直撃するなんて、すごい確率だと思う。ただ、あの2人組は、慣れた釣り人というよりも、夏休みに海に来て、貸し道具か何かで堤防釣りに挑戦したような輩だと思う。だからこそ、山なりのへっぽこキャストで、この程度の傷ですんだのだろう。

皆さんも、オモリは凶器と肝に銘じて安全に釣りを楽しんでほしい。サーファーの多い海で投げ釣りをしている人もよく見かけるが、たった1回のミスキャストが命取りになることをお忘れなく。

当時、私は体力には自信があった。
しかし老人とはいえ、溺れかけた人間にしがみつかれた時の力たるや、
想像を絶するものだった。

# 夜の海で入水自殺をする老婆にしがみつかれて船から転落

体験者◉奥寺正史

※2007年刊行の『釣り人の「マジで死ぬかと思った」体験談3』より転載

「あれ人じゃないですか?」

「ブイだろ?」

「いや、人間ですよ!」

「まさか⁉ こんな時間、こんな所で泳ぐ奴いないべ!」

「そうですよね。11月に泳いだら、死んじゃいますよね」

平成8年11月の夜10時を過ぎた釜石漁港魚市場前での、こんな会話から事件は始まった。

海の近くに住みながら普段は全く海釣りをしない僕はこの日、高校時代の恩師と小アジのサビキ釣りに、自宅から10分ほどの岸壁へ自転車でやって来た。常夜灯の真下に陣取り、ワンカップを飲みつつ、高校時代のやんちゃ話などをしながら、小アジの小さなアタリと引きを楽しんでいたのだ。

釣りを始めて1時間くらい経った頃、僕らの後ろを、お婆さんが通り過ぎて行ったのを僕は見ていた。僕らが釣り座にしていた場所は、釜石漁港の一番奥の常夜灯のある場所で、この先には海上保安庁の建物と税関があり、そこは一般人の立ち入りは禁止されている所である。そんな所へ、こんな時間にお婆さんが1人で向かうのは変だなぁと思いつつも、釣り(酒?)に夢中になっていた。

10時を過ぎ、いいあんばいに魚も釣れ、ボチボチ帰り仕度を始めるかと思った時、確かに水面を叩く音が聞こえた。しかし、先ほどまでイトを垂れていた海面に変わったようすはない。常夜灯の明かりが海面を照らし、その先は、月明かりがぼんやり海面を照らしているだけだ。

ところが、その薄暗い海面に、先ほどまでなかったような気がするブイのような物が浮いている。

少し気になった僕は、冒頭の会話のように、先生に切り出してみたのである。しばらく2人でようすを見ていたものの、どうやら何事もなさそうなので、先生のお宅で飲み直すことにして、自転車を漕ぎだした。

その瞬間である。「ギャー」もしくは「グエェー」という、なんとも表現しがたい人の呻き声が、静まり返った水面のほうから確かに2人の耳に聞こえたのだ。

「ヤバイっすよ。やっぱり人間ですよ！」

僕が絶叫すると、先生も慌てて持っていた懐中電灯で海面を照らし始めた。すると先生も「奥寺君、お爺さんが溺れている！」と、ただならぬ事態に慌てている。

事態は緊急を要するほど深刻なようで、溺れている人は、水面から頭が出たり沈んだりを繰り返し、いつ海底へ沈んでもおかしくなさそうだった。

泳いで助けに行くにも、岩手の11月の海、それも夜中とあってはあまりにもハイリスクである。先生の的確な判断で、近くに係留してあったサッパ船で救助に向かうことにした。しかし2人とも、船外機の掛け方も分からなければ、操縦すらしたことがない。幸いなことに船に櫂が備え付けてあったので、櫂で漕ぎ出すことにした。僕と先生は大声を張り上げ、辺りに助けを求め、老人に向かって必死に声を掛け続けながら、少しずつ近づいていった。ちなみに、その老人のことを先生はお爺さんと思い込んでいたが、僕は1時間前に後ろを通り過ぎたお婆さんだと思っていた。

慣れない船漕ぎだったが、なんとか間に合った。懸命に大声を出し、老人に声を掛けながら、2

人で力を合わせ、船に引き上げようとした。しかし、たっぷりと海水を吸い込んだ衣服を着た老人は想像以上に重く、しかも2人がかりで片舷から引き上げようとしたため、船のバランスが崩れ、次の瞬間、僕は暗い海中へと投げ出されてしまった……。

海に落ちた僕は、それでも老人を船へ引き上げようと夢中で泳いで近づいた。しかし、これはよくない判断だった。というのも、極限状態に達していたと思われる老人に、想像を絶する力でしがみつかれてしまったからだ。水を吸った異常に重い老人にしがみつかれたことにより、僕は海面に顔を出すことはおろか、身体の自由が全く取れなくなってしまったのである。

なんとかもがくようにして無我夢中で海面に出た僕は、「お婆さん、船につかまって！」と叫んだが、死にかけた老人は言うことを聞いてくれない。そうこうするうちに、船との距離はふたたび広がる。どのくらい時間が経っただろうか。船の上から必死に声を掛け続ける先生の声も遠くに聞こえるようになった。

「あぁ、もうダメかもしれない。俺も死んじゃうなぁ……」

満足に息継ぎもできず、そんな諦めの境地になり始めた時、左の手首に激痛が走った。つかまるものが何もないと思っていた沖に、カラスガイがびっしりと付着した係留ロープがあったのだ。

「助かるかも！」

まさに命をつなぐ1本の蜘蛛の糸である。どうやってロープをたどって水面に這い上がったのか記憶していないが、そのロープに必死でしがみつき、なんとか息は確保することができた。

先生が操るサッパ船が近づいてきた。しかし、老人を船に引き上げるのはもちろん、僕が船に這い上がることも無理であった。幸いにもそのロープは、底に向かって垂直に伸びているのではなく、25ｍほど離れた岸壁に向かって海面に沿って横へ伸びている。片手で老人を抱きかかえながら、片手でロープを手繰る。かなり無理な体勢であったが、沈んでしまわないように先生が僕の首根っこをつかんでくれた。

こうしてなんとか岸壁までたどり着くことができたのだが、ここでまたもや緊急事態が発生した。老人も僕も、どうしても岸壁に這い上がることができないのである。

「誰か近くの人を呼んで来るから」と先生は言うが、ぐったりとして動かない老人と海中に残される不安と恐怖には耐えられず、「先生、俺もう無理だから、ここで叫んで助けを呼ぶべし」とお願いした。しかし、ここは人けのない夜の岸壁である。叫べど叫べど助けは来ない。

それまですっかり気が動転していて気付かなかったが、携帯電話の存在を思い出し、先生に自転車の籠に携帯電話が置いてあることを告げ、警察と救急車の手配をしてもらった。とはいえ、救急車の到着を待つ間も、老人を抱え岸壁に片手でしがみつく体勢は続く。その間も助けを呼ぶ叫び声を絶やさなかった。すると、ようやく騒ぎを聞きつけた若者2人が駆けつけてくれた。その2人は先生とともに3人で力を合わせ、老人と僕を岸壁まで引き上げてくれたのである。事件発生から実に40分が経過した時のことだ。

ほっとしながら老人に目をやると、やはりその老人は僕らの後ろを通り過ぎていったお婆さんであった。意識のないその姿から、ダメだったかなぁと思っていると、遠くにパトカーと救急車のサイレンの音が聞こえた。と同時に、僕は激しい吐き気とともに意識を失った。

翌日、気が付くと僕は病院のベッドの上にいた。看護師さんから、お婆さんともども無事に助かったことを聞かされた。意識もはっきりと戻り、医師の診察を終え、昼過ぎに自宅に戻ると、警察の事情聴取と新聞社の取材攻撃に戸惑う。

その晩、お婆さんのご家族がやって来て、痴呆を苦にした自殺未遂であったことを知らされる。しかし、そんな病気のお婆さんを愛して止まないご家族の姿に、少し涙が出てきた。

数日後、警察から感謝状を進呈したい旨の連絡があった。先生にも連絡があったようで、すぐさま連絡を取り合うが、僕らは人として当然のことをしただけで、誰もがあの場所にいたなら同じことをしただろうと辞退させてもらう。ところが、翌々日、警察署長自らが自宅に訪れたので、結局ありがたく感謝状を頂くことにした。

それから10日ほど経ち、事件のことも徐々に忘れかけていた頃、お婆さんのご家族がふたたび自宅にやって来て、お婆さんが昨夜亡くなったことを告げられた。冬の岩手の海中に1時間近くも浸かったことで、風邪をこじらせ肺炎になったのだという。

今改めて思うことは、緊急事態だったとはいえ、素人の僕らが人命救助にあたったことは、一歩間違えば2次災害を引き起こしたかもしれないということ。老人とて、海中でしがみ付かれた時の力たるや、当時クラブチームでラグビーをやり、体力に自信のあった自分の自由を奪うに充分なほど恐ろしい力であった。小・中学校にプールはなかったが、夏の体育の授業は海での遠泳。小学生の時には2㎞は泳いでいたことから泳ぎにも自信はあったが、運よくロープがなければ溺れていたかもしれない。

思い出せば思い出すほど、マジ死ぬかと思う。生きててよかった。

どんとはれ。

（※どんとはれとは岩手の方言で、お終いの意味。2007年の4月からNHKで放送されている『どんど晴れ』では、めでたしめでたしと解説されているが、岩手を代表する昔話『遠野物語』は、めでたしめでたしで終わる話はほぼ皆無である）

休日特別割引が始まり、ますます普及しつつあるETC。
カードもしっかり差し込んでいたのに、開くはずのゲートが開かない！

# 新車に替えた途端、開くのが当たり前のETCゲートが開かない

体験者◉坂井勇二郎

※2009年刊行の『釣り人の「マジで死ぬかと思った」体験談4』より転載

それは今から6年前のことだった。私はなにかと荷物の多い磯投げ釣りと冬場のスキーをする機会も多く、ずっと三菱の4WD車を愛用していた。そして、それまで乗っていたスペースギアが10万kmを超えたのと、例の不祥事からほかのメーカーへの乗り換えを検討し、当時非常に売れていた日産のエルグランドか、トヨタの発売間もないアルファードにしぼった。そして前方エンジンでFFであることから、砂や雪にスタックしにくいだろうと思い、アルファードに決定した。さっそく近くのトヨタビスタ（当時）でカタログから車種を決め、納車になったのが6年前の4月上旬であった。このビスタでも、まだ何台も売っていないという頃である。ここに落とし穴があった。

新車の納車後、当時はまだそれほど普及していなかったETCを使うべく（当時はアクアラインを数回往復すれば車載器代が回収できたので）ETCカードの発行手続を行なった。晴れてETCを使えるようになったのが4月末である。送られてきたカードを機械に挿入すると、「ETCが利用可能です」とおなじみのアナウンス。ETCデビューは館山自動車道・木更津南ICで、ETCレーンに近づくと「本当にバーは上がるのだろうか」という疑心暗鬼になったのがなつかしい。田舎でしかもまだ普及していない頃なので、ETCレーンに入る車も少なく、ゆっくり進入するとバーが上がり、無事デビューを果たすことができた。すっかり優越感（この頃は本当に使用している車が少なかったもので……）に浸る。

さてETCデビューしたその日は土曜日で、翌日に常磐の大津沖堤へ釣りに行くべく千葉市内へ同行者を迎えに行くところだった。私はいったん蘇我料金所のETCレーンを通過し、「料金は◯

○円です」という無機質な音声を聞く。千葉市内で同行者を車に乗せ16号を走り、柏から常磐道に乗り北茨城へというルートをとった。この柏ICから高速へ入る時、ETCと一般車混在レーンでETCが反応せずに通行券が発券された。

「？？？」

そこで、北茨城ICを出る時は、料金所でETCカードを手渡し決済となる。これも初の経験だ。自分では「まだETCも普及して間もないので、ETCゲートの不具合が多いのだろう」という程度の認識だった。

日曜日の釣りは、5時すぎに大津沖堤防へ渡った。関西の知り合いにマコガレイの40㎝クラスやナメタガレイの47㎝など、同行者はじめほかの釣り人にもマコガレイやナメタガレイなどが掛かった。それなりににぎわっていたのだが、自分にはアイナメの40㎝弱が2尾と20㎝クラスのアイナメ、クジメ、ソイと釣果はイマイチ……。しかし天気はよく、気持ちのよい釣りができて満足した一日であった。

夕方5時すぎに現地を出て、すっかり遅くなった日曜の常磐道を都内へ向かう。帰りは柏ルートを使わず（R16が渋滞するため）首都高から一気に千葉方面へと走るべく、常磐道を走った。浦和料金所では数㎞手前より渋滞が続く。これも毎週末のおなじみの光景。そしてこの時、ETCの威力を発揮する初の場面が到来したわけだ。私は渋滞の列に車を任せ、料金所が近づくと渋滞をかき分けETCレーンを捜した。料金所に近づくと1ヵ所だけ車がスイスイ通過しているレーンが目に入る。もちろん自分の捜しているETCレーンだ。何度もいうようだが、当時はまだ普及していないからETCレーンはわずかに1ヵ所しかない。「やっとETCの威力と、渋滞した車を横目に走る優越感が……」と思い、ほくそ笑んでいた。

自分の車をETCレーンに車線変更すると、目指す料金所までの間はまるで「赤い絨毯の敷いてある花道」のように見える。渋滞した車を横目に私は料金所に続く花道を走り、優越感と満足感が最高潮に達したその瞬間だった。レーンから警報が鳴り急停止するハメに。と同時に背後から「キキーッ」という急ブレーキとけたたましいクラクションが追い打ちを掛ける。ルームミラーを見ると、次から次へと車が続きクラクションの嵐となった。みんな渋滞にイラ立ち、やっと通過できる唯一のETCレーンを止めてしまった車に容赦はない。幸い、車はバーに触れずに止まれ、後ろから突っ込まれることもなかった。だが「もし背後に猛スピードのトラックが付いていたら」と思うと……。

そう、私の「死ぬかと思った」体験というのはこのことで、釣りとは関係ないこと。しかし爆発的に普及した現在、カードの差し忘れのないようご注意いただきたい。

ちなみに、私のETC不具合は、トヨタビスタの車載器搭載ミスだった。何台も売っていない新型車とETC車載器のミスマッチに販社が気がつかなかったということである。

若い頃から無茶な釣行を繰り返し、
布団の上で死ねる気はしていないが、
それでも自分が注意していれば危険は大抵避けられる。
しかし借りたボートではそれも難しい。

# 穴の開いたタンクから大量のガソリンが漏れたボートでエンジンに点火

体験者◉津留崎義孝

※2021年刊行の『釣り人の「マジで死ぬかと思った」体験談6』より転載

布団の上で死ぬ気がしない。まあ、水辺での危険は基本的にしょっちゅうすぎるのだが、いまだにこうして原稿を書けるということは最後の一線を越えてはいないのだろう。基本、我々は自然の中に身を置き、その中で狩猟を行なっているわけで、直接的に魚から命をねらわれなくても命に係わることは頻繁にあるのは間違いない。死にそうというより死ななかった肝の部分は冷静な分析が若干のブレーキになっていたともいえるのではないかと思う。大抵の場合、痛い目に遭うのにはそのあたりが雑に考えられている時がほとんどである。もしくは無作為な外的要因に遭遇するぐらいだろうか。いずれにしろ己の傲慢さはこの手の話の中心にある。

私の釣りの性格上、危険な目にあったことはいろいろあるだろうと想像する人は少なくはないと思うが、実のところあんまり危険らしい危険を感じたことはここ20年ほどない。そこでちょっとだけ昔の話をしようと思う。

沖縄の与那国島に長期滞在していた時の話。6月になると台風がどこそこにできるわけで、どんの島(断崖に囲まれて渡るのが難しいため渡難の島と呼ばれる)にも当然ながら波が押し寄せる。まあある程度観察して磯に入るのだが、潮汐による沿岸流が打ち寄せる波やウネリを消していた場合、それが止んでしまうと大波が打ち寄せる荒磯に代わる。当時、下げを目安に磯に入っていた。下げ方向には波が落ち着く傾向にあるからだがその日は若干違っていた。波の雰囲気というかトルクが違うのだ。さすがに万が一を考えて水面から8mも上の、山の形をした岩の上から釣りをしていた。

まあ、魚もバカではないので、時折目の前の水が引いて地面が思いっきり見えるような磯にいるわけもなく、釣れない時間が過ぎていく。風はそこまで吹かずただ波が高いだけなのでルアーはとりあえず水に届くのだが魚は釣れなかった。それをしつこく継続していると、潮が緩んだのかな？と思っていたら、突然自分が乗ってる岩とほぼ同じ高さの波が来た。サオを足で踏んで両手で岩のくぼみをつかんで一回目の波をやり過ごし、それが引くか引かないかのタイミングを読んで地面まで斜面を滑り降り陸側へ全力疾走。それで何とか助かった。

波を見ていたのは運がよかった。これでよそ見していたら終わっていた。磯の釣りにおいて先端部というのはある意味パラダイス的期待があり、泳いででも渡ろうとする人もいる。だがどの時点で安全か危険かという見積もりが甘いと洗濯機に放り込まれたような状態になる。そこは気を付けないといけない。私も若い頃は岬の先端部で腰の高さの波をやり過ごすことも多かったが、一歩間違えばエライことになっていたはずだ。

落水といえば渓流も怖い。場所の新鮮さが勝負という川では、釣り人の踏破力＝釣果ということになりやすいが、人が行かないのには理由があり、その意味を理解することが必要だ。

6ｍ程の滝のすぐ横の垂直の壁を登っていたときのこと。ブラインドタッチで登らなければならない状況で、あと1ｍで登りきるあたり、もう滝の落ち口が見えるところでヘビさんを握ってしまった。噛まれなかったけどそのまま滝壺へ。水面から2ｍほど沈んだがそこから水面に上がるまでが地獄だった。泳ぐために落ちたわけではないので空気もろくに吸っておらず、海水と違って浮き上がりも異常に遅く、もう少しで溺れるところだった。まあ近年はライフジャケットを真面目に着用しているし、ちゃんとロープも装備している。

渓流ではスズメバチも恐ろしい。台風や洪水がなかった年に30mぐらいの川を上って釣っていた時のこと。川の真ん中にトップ5mほどの高い岩があってそのすぐ横の高さ2mをすり抜けるコースを歩いていた。自分は先行していたのでその2mほどの岩によじ登って5mの柱状の岩を左手に触る位置に立って上流の渓相を見た。真横の岩の模様は花崗岩のはずなのだが、周辺視野に映るのは銭模様……??　真横50㎝を見ると1mほどに垂れ下がったキイロスズメバチの巨大コロニーで、それを見た瞬間、後ろの水面にジャンプした。後ろから来ていた相棒はびっくりしていたが説明すると納得。もし巣の入り口が川の上流側でなく私が立つ方向だったら終わっていた。以来それらしい環境の場所は必ず用心するようにしている。

そんな経験の中でもこれはやばかったねというのが次の話だ。

離島に住む友人の船を借りて休みに釣りをしようとした時のことだ。島に渡って友人と会って話をすると、最近、自船のタンクからガソリンを抜かれている事件が多発していると毒づいていた。24フィートに80馬力のエンジンが付いたボートなのだが、ガソリン100リットルを入れたあと数日でなくなっていたとのこと。まあ誰が取ったみたいな下衆な話になったのだが、今度は私が借りるため、さらに100リットル入れたという話を聞きながらカギを受け取った。

翌朝、船に乗り込んでメインブレーカーを入れて船室のカギを開けると、ガソリンの匂いがした。

知ってのとおりプレジャーボートの船室とは大抵油臭いもので、匂うなーぐらいな感じだったが、換気しても匂いはやまなかった。室内ブレーカーを入れて4、5回エンジンセルモーターを回してみたがどうもおかしいので友人に電話してみる。

同船者にはタバコを消すように言い、船底のバッテリースペースを開ける。すると、なんとバッテリーの半分までガソリンがヒタヒタの状態……！

つまりガソリン泥棒などおらず、ステンレスのガソリンタンクに電蝕で穴が開いて船底に200リットルものガソリンが漏れている状態だったのだ。まあ火花一発で人生が終わっていたという話である。

実はこの他人から借りるボートの話には続きがある。

クロダイのトップウオーターゲームの取材で、友人の友人という間柄から伝馬船を借りることにした。朝に桟橋で待ち合わせして、持ち主から受け渡されるとき、持ち主の親父さんに当たる人が来て「このガソリンも使え」とタンクに注いでくれた。

調子よくエンジンを回しつつ一気に移動。瀬戸に面するワンドでクロダイ釣りの取材をしていたら、連れのカメラマン兼運転者が「エンジンが掛からない」と言い出す。

そんなはずはない。朝に満タンだったのにまだ20分も使っていない。あーでもない、こーでもないと言っているうちにボートが瀬戸の急流の本流に近づいてきた。その流れはアトラクションの激流川下りの一歩手前みたいな感じである。それが延々と5㎞ぐらい続き、それ以降は大海原になるので最悪遭難だ。

伝馬船のためオールもなく、水棹を漕ぎまくって何とか湾内へ戻ることに成功。そこから友人に電話して1時間後、もうすぐ栈橋が見えるあたりで他船に曳航してもらって何とか救助してもらったのだ。

港に着いてメカニックを呼んでエンジンをばらして2時間すったもんだしていると、メカニックが「?.?.」という顔している。燃料を調べたらガソリンが半分で、残り半分は水だった。

あの爺!!って話だが、ワザとなのか、単にボケてたのか、そこには触れてはいない。水を燃料として走る車は存在するようだが船はまだのはず。まあ、他人にものを借りるときは基本自己責任という話である。

長らくこの道を歩いて思うのは、オフショアの場合、船が大きかろうが小さかろうが事故に遭えばかなりの確率で死ぬ目に遭うということだ。遊漁船やプレジャーボートなどわりと緩い気持ちのまま他人任せで釣りに行っているが、沖側での事故は死に直結する可能性があると考えなければならない。

実際、遊漁船であってもいろいろなトラブルも多い。一番多いのは海中の浮遊物がプロペラに巻いてしまう事故で、これが原因の漂流はかなり頻繁に起こる。大型船でも1時間漂流するとかなり精神的には堪える。沖なら何とかなるが狭水道や岸際でやるとかなりハラハラする。伝馬船レベルなら自力で何とか漕ぐこともできるが、大型船舶の場合は何人乗ってても漕ぐ道具がないので移動不能である。また、プロペラの脱落や船外機だとプロペラ元部のゴムブッシュの剥離が起こると当然航行不能となる。こうした事故も実は海外含め3、4回経験している。それも1回は、オーストラリアの電話も通じないワニがうじゃうじゃの川にボートを浮かべてから500mでエンジンの燃料噴射の基盤のコンピューターがぶっ飛んで漂流した。下流に1㎞流されたが運よく満ち潮に変わって元のスロープまで棒で漕いで何とか帰れたことがある。プレジャーボートの場合は、アンカーロープに食料と水は余分を持ち余らせるくらい持っていくほうがよい。カヌーやカヤックや免許不要エンジンボートは下手すれば死ぬという認識を持つことが使用の前提条件だと思う。

思わぬアクシデントで

# 九死に一生編

横波をくらった次の瞬間、大量の海水がウエーダーの中に。
足に空気が入っているため身体が逆さまに浮いてしまう。
真夜中の海で1人、絶体絶命の状況。

# 夜の海岸で横波を食らい胸から浸水して逆立ち状態で溺れかける

体験者◉平松 慶

※2004年刊行の『釣り人の「マジで死ぬかと思った」体験談』より転載

京都を流れ日本海に注ぐ大河川・由良川。その河口は、釣り人としての私の視線を淡水から海水に変えさせた。大げさにいえば人生の岐路になった川である。がむしゃらに釣りに出掛けていた学生時代。11フィートや13フィートといったロングロッド、28gのミノーやトップウオータープラグ、ナイロン16ポンド直結……。いま思えば、それはそれは古典的なスタイルだが、当時は本当に少人数のアングラーが手探り状態で海に出て、闇雲に、そしてひたすらにルアーをキャストしていた頃であった。

週4日の釣行は社会人になっても変わることなく続いた。休む時間を惜しみ、フィールドから返ってくる何かを期待し、無我夢中で通った。

その日は11月中旬の季節風が強く吹いた寒い日だったと記憶している。

京都のアパートから河口のある丹後半島まで2時間、私は窓を全開にして眠気と戦いながら車を走らせた。河口に着くと、月明かりと北から吹く風で波のようすがすぐに分かる。どのくらいの大きさの波か、どのくらいのピッチで寄せているのかを確認。結果、「ヤバイけど、まあ大丈夫かな」と独断。これはあくまでも自分の経験からの判断だ。普通の人なら「こらアカン」となるかもしれない。

崩れる真っ白な波が見えたかと思うと、引き波が次の寄せ波にぶつかり、ドカーンと力強い音を立てて砕け散る。これが頻繁に規則正しくやって来る状況であれば、さすがに「釣りにならないヤバイレベル」なのだが、この日はその一歩手前。インターバルがやや長く、大きな音も時折聞こえてくる程度。しかも風は非常に釣りづらいが実績のある強い北風。これは釣れる気がする。闇の中の白い波を見ながら、そそくさとタックルの準備に取り掛かったのはいうまでもない。

13フィートのシーバスロッドをヘッドライトで照らし、ガイドを継ぎ合わせ、リールをセット。16ポンドラインにルアーを結び、ロッドを車に立てかける。そして大きなビニール袋の中から、まったく乾いていない胸までのチェストハイ・ウエーダーを出す。ネオプレーンの靴下を履き、ジーパンをジャージに履き替え、濡れて重いウエーダーの中に足を通す。肩にバンドを通し、股の位置を合わせ、ベルト代わりにしていたウエストバッグをセット。上着はカッパを防寒着代わりにして、ライフジャケットではなくポケットの多いフィッシングベストを着て、その中にたくさんのルアーを忍ばせていた。

準備を終えて歩き出すが、砂浜は実に歩きにくい。サラサラとした砂は、ただでさえ歩きにくいのにウエーダーを履くと余計に抵抗を感じ、長い距離を歩くと足の裏が痛くなる。かといって、すぐに脱げるセパレートタイプのウエーディングシューズを使うと、今度は靴の中が砂だらけになってこれまた歩きにくい。だからやっぱりサーフのウエーディングにはシューズ一体型のウエーダーになってしまう。

ヘッドライトを頼りに1歩ずつ進み、そろそろだなという所にたどり着くと、化学発光体をビニールで巻き付けた投げ釣り用のサオ掛けを地面に突き刺す。ここを起点にウエーディングを開始するのだ。

私の選んだポイントは、サーフの波と川の流れがヨレを形成し、底を削り、馬の背状に沖に向かって突き出ているサンドバー。ここを足がかりにゆっくりと海の中に入り、その先のカケアガリを探っていく。いつものように、波を気にしながらミノーのアクションをしっかりと確認して、確実にカケアガリをなめるようにスローリトリーブする。時折、ドーン！ とものすごい音がする。そんな時はもちろん「やだなあ、怖いなあ」と思うのだが、「でも、ここは中洲のシャローエリアだから大丈夫」と自分を説得し、また釣り続ける。

波の大きさは変わることなく、釣り場に寄せては引いていた。

腰まで浸かった状態でキャストを繰り返す。今度は、浅場から少しずつ深場に移動していく魚をねらうことにした。1歩ずつ靴底で底の状態を確認しながら進んでは投げ、投げては進む。

ゆっくりとポイント移動をしながら次の1歩を踏み出した時だった。ん？ 感じるはずの底の感覚がない。ヤバイ！ と思った瞬間には体勢が崩れ、すり足で移動していた左足が浮いた。慌てて右足で踏ん張るが、斜面を滑るように深みのほうへとバランスが崩れ、コケそうになる。そしてウエーダーの胸元から冷たい水が入り込んできた。私は「片足ケンケン」の状態でとにかく体勢を戻そうと必死になった。が、もがけばもがくほど水は容赦なく入り込み、あれよあれよという間に足もとがすくわれてしまった。水は胸から腰を伝ってウエーダーの足元まで達した。しかし、ウエーダーの中には空気もいっぱい入っているので、崩れた体勢のまま足だけが浮いてしまう。

そうこうしているうちに、横波をまともに食らってしまった。当然、大量の海水がウエーダーの中に浸水。こうなると本当に身動きが取れない。足は空気が入っているため海面に浮き、踏ん張ることもできない。反対に肝心の上半身は海水に没したまま。いわゆる「逆沈」というやつだ。

帽子が流され、ヘッドライトもなくなり、目を開けるととても痛い。耳にも水が入り、私は大量の海水を飲んでしまった。波にもみくちゃにされ、何も見えず、自分が今どんな体勢なのかさえ分からなくなる。浅いのか深いのか。岸に流されているのか沖に流されているのか。完全なパニックである。

その時だった。必死にもがいていると、右手に握っていたロッドの一部がグッと海底に突き刺さったような感触が伝わった。ズズズズズズ……。触っている！

こっちが底だ。自分が横になった体勢でもがいていたのだと初めて分かる。海底との距離感もつかめた。我に返り、左手を伸ばしてみると砂をつかむことができた。足をバタバタしている時は分からなかったが、それほど深くはないのだ。

意を決して、ロッドを思い切り海底に突き刺し、ロッドを起点に横になったまま転がってみる。やはり浅い。運よく浅瀬だったのだ。浅瀬で転んだのだから当然といえば当然だが、次から次に来る波と、真っ暗な闇のため方向感覚が麻痺していた。適度に荒れていたのも運がよかった。もしもナギだったり、引き波ばかりが強い状況だったら私は死んでいただろう。が、この時は寄せ波が強く、横になった体勢で漂っていると、身体は自然と浅場に打ち上がった。最初に背中が海底にぶつかり、さらに転がされ、両手や両足が海底に着いた。こうなれば起き上がれる。

必死になってサンドバーまで這い上がる。耳も髪も砂でジャリジャリだった。鼻も痛かった。それでも生きていることにホッとした。と同時に、とても怖くなり震えが止まらなかった。寒くて震えたのではない。波に巻かれた恐怖が私の全身を覆っていたのだった。

その後、私はウエーディングの際には必ずライフジャケットを着用している。いま思い起こせば、あの時海中でもがいていたのは1分もなかったと思う。1分を超えていたら本当に命取りになっていただろう。あの状態になってしまったら、泳ぎがうまいとか、海に慣れているとかは関係ない。しかし、ライフジャケットさえ着用していれば、少なくとも上半身は浮くので息はできる。どうか皆さんもウエーディングの際は必ずライフジャケットを着用してほしい。

突然、誰かに手を引っ張られて真っ逆さま。
運よく助かったと思った私の目に飛び込んできたのは、
血で真っ赤に染まったテトラポッドだった。

# 堤防外向きの消波ブロックから転落して大けが

体験者◉守山 毅

※2004年刊行の『釣り人の「マジで死ぬかと思った」体験談』より転載

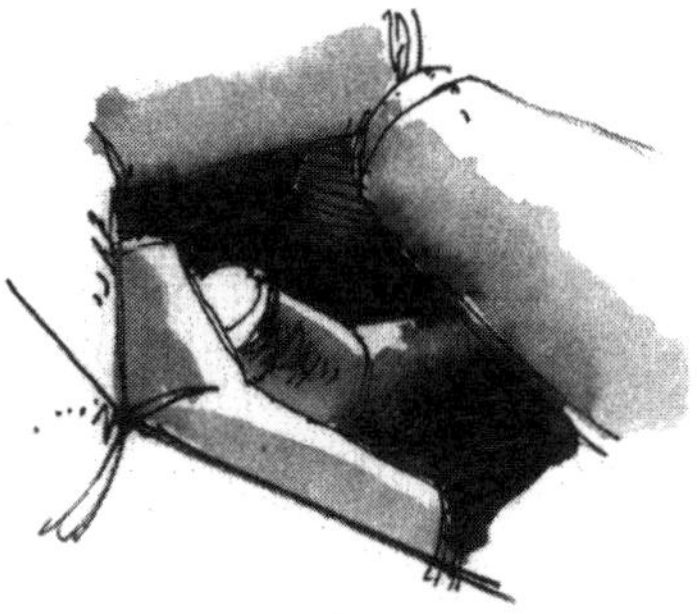

あれは今から20年も前、私が小学校高学年の時のことだ。

7月下旬、夏休みに入ったばかりのとても暑い日に、私は友達と3人でお昼過ぎから家の近くの香住東港（現在の旧香住東港）へ自転車で釣りに出掛けた。

最初は防波堤の付け根あたりの内湾向きで釣り始めたのだが、アタリもなく何も釣れない。

何も釣れないと余計に暑さがこたえるもので、このまま海に飛び込もうかという気になってくるが、ぐっと我慢。粘りに粘って3時間ほど経った時、友人の1人に強烈なアタリが訪れた。釣れたのは25㎝ほどのガシラ（カサゴ）だった。現在体重１２０㎏の私から思えば考えられないが、小学生の私には25㎝のガシラがとても大きく見えたことを鮮明に記憶している。

この1尾で色めきたち、俄然ヤル気になったものの、その後は再び沈黙。とはいえ私たちは恐れを知らぬ小学生のチャリンコ部隊！　本格装備で大荷物の汗だくオヤジたちを尻目に狭い防波堤を唯我独尊、ペダルを漕ぎ漕ぎ我が道を行く。だからポイント移動も苦にならない。

今度は先端近くの内湾向きの一段低くなっている所をねらってみると、これが即アタリ！　喜び勇んで抜きあげるが、さすがに子どもでも食用にもならないフグと分かり、ガックリして捨てた。しかし、その後も釣れてくるのはフグ！　ふぐ！　河豚！　の大漁節。これはこれで面白かったが、あとで母親に「食べられへん魚なんか釣ってくるな！」と怒られるのは目に見えている。子ども心にもこれでは面白くない。

絶対にまともな魚を釣ってやろうと、今度は銀座状態の先端周りを他の釣り人などお構いなしに

（今はやりませんよぉ〜！）サオをだしたところ、やはりオヤジたちが撒くエサが効いていたのだろう、フグも釣れるがアジも釣れ、1時間ほどで約20尾をキャッチ。母親の笑顔を思い浮かべ大満足と相成った。

そろそろ夕方になってきたので帰ろうかと思っていたところ、防波堤の外洋向きのテトラでデカいガシラやアコウが結構釣れているというオヤジの話を小耳に挟んでしまったものだからもう大変。すぐにテトラポッド（消波ブロック）へ移動したのはいうまでもない。

当時は穴釣りという言葉も知らなかったのだが、見よう見まねで穴釣りなるものを開始。そのテトラは小学生の私たちにはかなり大きく見えたのだが、家の近くの新造テトラ置き場を秘密基地と称して遊び場にしていてテトラには慣れていたこともあり（危険です！　立入禁止です！　絶対やめましょう！）、テトラの上を飛び跳ねるようにして移動しながら釣っていた。

ガシラ、アコウのほかメバル、ワタリガニまでもが釣れ、ビクの中はまさに魚のアパートのよう。夢中になって釣り続け、気が付けば太陽もかなり西に傾き、暗くなっていた。そろそろ納竿の時間である。

さあ帰ろうとテトラから堤防まで戻る途中、私は突然誰かに手を引っ張られてしまった。何が何だか分からないうちに、後ろ向きにテトラとテトラの隙間に転落。水面までの高さは約3ｍ。ほんの一瞬の出来事なのだが、落ちるまではスローモーション状態。「もうアカン。逝っても〜た」と思いつつ、これまで生きてきたわずか10数年間の出来事がマジで走馬灯のように鮮明に甦ったのであった。

落下途中、私は入り組んだテトラの出っ張りに身体のあちこちをぶつけながらも、テトラの上に直接落ちる最悪の事態はまぬがれ、奇跡的に海面へドボンと落下した。夏の日本海はベタナギのうえに干満差も小さく、波に揉まれることもなかったのが不幸中の幸いだった。これが大荒れの冬だったらと思うと、ゾッとする。

とにかく慌てて海面から顔を出すと、真っ先に目に飛び込んできたのは、血で真っ赤に染まったテトラだった。一瞬、パニックになりそうになったが、冷静に考えると私は打撲やかすり傷程度で、こんなに血が出るほどのケガではないはず。さらに、よくよく考えてみると、私は3人の真ん中を歩いていたハズ。その時に後ろから手をつかまれたのだから、前を歩いていた友達のAではない。とするとBだ……！

不安になり、あたりを見渡してみると、なんと海面ギリギリの所に露出しているテトラの上にBが大の字になって倒れているではないか。しかも後頭部が血に染まり真っ赤だ。これはやばい、逝ってしまっているかもしれない……。

すぐにBのいるテトラまで海から這い上がろうとしたが、なぜか右腕が痛く、力が入らない。しかし、腕がどうのといっていられる状況ではない。文字どおり這うようにしてテトラに上がり、すぐに声をかける。

「おい！　大丈夫か？　聞こえるか？」

すると、かすかに呻き声が聞こえる。よかった、死んではいない。少しは意識があるようだ。今度はすぐにAを大声で呼ぶ。するとAは、声を頼りにテトラの上から落下した穴を見つけ、上からこちらを覗き込んでいる。しかも、あろうことか笑顔だ。笑いごとちゃうやろ！　事情を説明すると、笑っていたAもさすがにびっくりしたのか、「すぐに大人の人を連れてくる！」と言って人を捜しに行ってくれた

Bはまだ唸っている。2人とも小学生だったが、あまりの出来事に泣くこともなかった。あたりはだんだんと暗くなり、とても心細かったが、以前にもテトラの下まで潜って遊んでいた経験があったので（危険です！　やめましょう！）、不思議と冷静でいることができた。

それにしてもAが遅い。おそらく、暗くなってきたため、大人の釣り人たちも帰ってしまって堤防には誰もいないのだろう。

暗いテトラの穴の中で時間だけが過ぎていく。右腕もズキンズキンと疼いてくる。

それにしても遅いな。Bはまだなんとか意識があるものの、このままでは手遅れになりかねない。さらに暗闇が恐怖心を増幅する。当然、ヘッドライトなんて装備もない。

アカン、もう待っていられない。幸いにも、かなりの体格差。意を決した私は、Bを起こして担ぎ上げると、落ちた穴からテトラの隙間をぬって上まで上がることに成功。その時、「おーい、大丈夫かー！」というAの声が聞こえた。後ろに大人を連れている。よく見れば、うちのおとーちゃんやんか！　海に行くことは内緒だったうえに、こんなケガまでして大目玉を食らったのはいうま

でもない。

すぐに病院へ直行した。診断の結果、Bは頭蓋骨を骨折していた。幸い、命に別状はなかったものの、夏休み明けまで入院を余儀なくされた。私の右腕も折れていた。こちらも全治6週間掛かり、その夏は石膏で固められた右腕が痒くて痒くてたまらず、最悪の夏だったことを覚えている。

今振り返ってみると、普段からテトラで遊んでいたためテトラに恐怖心がなく、危険という認識が甘かったのだと思う。幸い1人ではなかったので、いろいろな面で助かったが、もし1人でテトラの穴に落ちたらと思うと背筋が凍る。

釣り人の中にもテトラ慣れしている人が意外に多いと思うが、慢心してはいけない。私自身、釣りは危険といつも隣り合わせであることを常に意識し、慣れたポイントであってもできる限り2人以上で行くようにしたいと考え直した。みなさんもテトラや磯場などホントに気をつけて釣行してもらいたい。

ボウズでも身体さえ元気ならまたリベンジに行ける。「好きな釣りをして死ねるなら本望」なんて言う人もいるが、死んだらそれまで。生きてさえいれば、また好きな釣りが何年もできますよ！

高さ15mの堤防から送った最後のメール。
血まみれの手に蠢く無数のフナムシに怯えた夜。

# 冬の海に転落して貝とフナムシだらけの壁に4時間以上しがみつく

体験者◉小島 潔

※2007年刊行の『釣り人の「マジで死ぬかと思った」体験談3』より転載

死ぬかと思った。いや、下手をすると人知れず死んでいたかも。今はこうして生きているので笑い話ですむし、読者の皆さんには転ばぬ先の杖にもなるが、本当に命が危なかったある冬の話である。

今でこそエギングテスターになり、周年エギングがメインの釣りになり、連日のように餌木をキャストしている私だが、当時は、冬場には夜通しシーバスを釣り、日中は管理釣り場へ行くダブルヘッダーの釣りが当たり前。仕事の休憩時間にだけ寝る毎日だった。私はバス釣りも大好きで特にトップ（ウオーター）の釣りが一番好き。だが冬場にトップでバスはキツい。その点シーバスは真冬でもトップで釣れるので大好きだった。うっすらと見えるルアーの航跡を見つめていると、静まりかえった水面に突如強烈な炸裂音が響きわたり、途端にロッドがぶち曲がる！　この快感がたまらず、毎夜のごとくシーバス釣りに通いつめていたのである。

私の通っていた大阪南港の工業地帯は、温排水の影響か真冬の12月でも確実に釣れ、しかも冬場はサイズが大きいのが魅力だった。そして私しか知らない秘密のスポットもあった。それは大きな工場の裏で、温排水が流れている上に、深く掘り下げられた船道が横に通る広大なワンド状の場所。潮の満ち引きで船道から流れてきたベイトフィッシュが留まり、それをねらってシーバスが入ってくるのだ。回遊してくる群れのほかに、温排水の影響で居着きの個体もいる。だから、この場所で釣りだしてからはボウズで帰ったことがないほどだった。

ちなみに、この場所を教えてくれたのはその工場で働いている知り合いだった。が、当然、私は従業員でないので、工場を通って裏側の釣り場に入れない。しかし、工場の壁沿いに伝ってくれば工場裏に回れないこともないと教えてくれた。そこで私はその工場の社長さんに、「工場内には入らないこと、ゴミなどを捨てないこと、何かあってもすべて自己責任であること」を条件に、工場裏で釣る許可をいただいたのだった。

そして、この日もいつものように爆釣を夢見て壁沿いに工場裏へ回る私。ちなみに、工場裏のポイントにたどり着くまでは工場の壁沿いの堤防を50ｍほど歩いて行くのだが、足場の幅は40㎝ほどしかなく、片側は垂直の壁。片側は途中に段差があり、ちょうどL字型になっていて水面までの高さが15ｍはある。万が一、足を滑らせて落ちると途中の段差に当たり、怪我どころでは済まされそうにない。だからいつも早く釣りたい気持ちを抑え、細心の注意を払ってゆっくりと歩を進めていた。

しかしこの夜は12月にしては暖かく、釣果もよく、すでに50㎝クラスまでを2桁釣っていた。こうなると欲が出てデカいのが釣りたくなる。前日もトップで80㎝オーバーを釣った例の場所に向かうことにした。友人に「釣れてるよ～！」とメールを送ったあと、堤防を歩いているとメールが返ってきた。友人からの「1人だけいい思いしてずるいぞ！　風邪引いてしまえ！」との返信だった。釣果もよく浮かれていた私は「今からデカいの釣ってくるわ」と歩きながら返信メールを打っていた。

と、その時、フッと身体が宙に浮いた。何が起こったのか分からないまま強烈な衝撃が胸を打ち、次の瞬間には冷たい海の中にいた。

そう、ご想像どおりメールを打つのに夢中になりすぎて足を踏み外してしまい、途中の段差で胸をしたたかに打ったのちに落水したのだ。よく、落下中のわずかな瞬間にこれまでの人生が走馬灯のように思い出されるというけれど、私の場合はそんなことは全くなく、何が起こったのか分からないまま気付けば真っ暗な水中にいた。

なんとか水面に浮かび上がり、必死に壁にへばりついた。ミラクルなことに、この状況下でもロッドは離さずしっかり握りしめていた。しかも、釣りバカもここまでくれば立派だと我ながら感心するが、真っ先に心配したのは我が身ではなく、ロッドが折れていないかの確認だった。

しかし直後、強烈な胸の痛みが襲ってきた。息をするたびに激痛が走り呼吸もままならない。

当時、ライフジャケットは値段も高いし、自分は着なくても大丈夫と過信していた。そもそもライフジャケットは船や磯釣りの時に装着するものというイメージがあり、陸っぱりの釣りでは装着していなかった。だから、壁にへばりついていないと身体が沈んで海水を飲んでしまう。しかし、壁面にはびっしりと貝が付着し、波もあるから身体が動かされるたびに手が切れて、あっという間に血だらけになった。

泳ごうにも胸が痛くて動けない上に私は極度の寒がりのため、上は7枚、下は5枚と過剰に着込んでいたから、衣類が海水を吸って重くなり、泳ぐことはおろか、まともに身動きすらできそうにない。しかし、この過剰な厚着が、胸を打った時に少なからず衝撃を吸収してくれたのだとも思う。

もし薄着だったら、胸を打った時点でアウトだったかもしれないのだから。

　胸の痛みがひどくて、何も考えられず動くこともできないまま、ひたすら壁にへばりついている時間。いったいどれぐらい経っただろうか？　耐えがたかった胸の痛みは少し和らいできたが、今度は猛烈な寒さとフナムシが襲ってきた。壁面にしがみついている手に、フナムシがびっしりと張り付き、なんと噛みついてくるのだ！　いま思えばこのフナムシの襲撃も、ある意味でよかったと思う。この痛さと鬱陶しさが意識を保たせてくれたのだ。フナムシがいなければ、寒さで身体が震える中でただ途方にくれ、もしかしたら意識が遠のいたかもしれないし、生きることへの執着を失って水底へ沈んでいたかもしれない。必死にフナムシを払いのけることが私の生命線だったのかもしれない。

　とにかく、フナムシを払う以外の身動きはできない。助けを呼ぼうにも携帯電話は落水した時になくしたし、工場地帯のため夜中は人が全くいない。辺りは真っ暗。フナムシに襲われながら考えたこと。これも我ながら呆れる内容で、「来年は60㎝オーバーのバスをトップで釣りたいな……。メーターオーバーのシーバスやシイラも釣りたい……。３㎏以上のアオリイカも釣りたい……。まだまだ釣りたい魚はたくさんあるな〜」といったのん気なものであった。しかし、だからこそ、このまま死ぬわけにはいか〜ん！　と、闘志が湧いてきたのである。

　思いつく限り、陸上に上がれる所は近くにはない。助かるわずかな望みがあるとすれば、それは工場の前に停めてある私の車に工場の知り合いが気付いてくれて、なおかつ工場裏のワンドに来て、私に気付いてくれることだけに思えた。そこで、最後の力を振り絞り、この生死の境にいるにもかかわらず未だに持ったままだったロッドをズボンに差し込み、壁沿いを伝うようにして工場裏に向かった。途中で休むと動けなくなりそうなので、必死に自分を励ましながらなんとか工場裏にたどり着いた。

ロッドを持ってきたのには理由があった。ルアーを自分の服に引っかけてリールをフリーにして、渾身の力を振り絞ってロッドを陸に投げ上げた。さらにヒップバッグも投げる。これで、知り合いが気付かなくてもロッドを見つけた人がリールを巻けば私の服が引かれる。そうしたら声を出して助けてもらおうと考えたのである。

あとは我慢比べである。ひたすら壁に張り付き、夜が明けるのを待った。明るくなってくるのが希望につながり、あと少し、もう少しと待ち続けていると「コヂ君」と呼ぶ声が！　見上げると知り合いの顔が見える。

たっ、助かった～（涙）。実に4時間以上も冬の海の中にいて、弱りきってはいたが助かったことでハイテンションになり、工場の方たちにも迷惑をかけたくないので救急車を断り、服だけを借りて自分の車で家に帰り、病院にも行かず、風呂に入ってから爆睡した。

翌朝、鏡に写った胸にはドス黒いアザができ、手は切り傷だらけだったが、さまざまな幸運が重なり、助かったのだ。一歩間違えれば死んでいてもおかしくなかった。自分の生命力の強さと寒がりだったこととフナムシに感謝します。そして一番は、私を見つけてくれた知り合いに。

80kgの重荷が、宙に吊られたままの私の腹部を締めつけ続けている。
しかし冷静に対処し、なんとか生還することができた、と思いきや……。

# 懸垂下降で宙づりになり
# 滝からの放水が顔面に叩きつける

体験者◉松島秀治

※2007年刊行の『釣り人の「マジで死ぬかと思った」体験談3』より転載

もうずいぶん前の話だが今思い出しても冷や汗が出る。

この事件が起きた2年前に、私は友人と2人で奥只見のその沢の出合から源流まで釣り上がった。その時は本流の左岸を半日近くヤブ漕ぎをしながら出合に着いたのだが、そこには下流にあるダムから遡上したと思われる、軽く50㎝を超える鼻曲がりのイワナが死んでいた。すでに空洞になった目からスズメバチが顔を覗かせていたが、それを追い払って写真を撮ったものだ。

当時まだそれほど知られていないその沢は、今では信じられないほどのイワナの天国であった。ポイントがどうとか釣技がどうとかなど全く関係なかった。ただ水の中に毛バリを落とせばよかったのだ。釣っては放し釣っては放しが2日間ずっと続いた。その快感が忘れられず、2年後に同じ友人とまた出掛けたのだが、今度は前回のように半日もヤブ漕ぎをしないで山越えをして支沢を下り、一挙に核心部に出て釣りを楽しむ計画であった。

天気も上々だし、今シーズン最後の釣行としては申し分ないコンディションだ。もう私の頭の中はイワナがグルグル回り、豪勢な焚火が燃えさかり、売るほど持ち込んだアルコールで腰が立たなくなって川原を這いずり回っている自分がリアルに想像できた。

しかし、その至福の時を過ごすためにはまず稜線までの急斜面を登り切って支沢を下降しなければならない。重い荷物をエンヤコラ担いで稜線に出ると、気持ちのよい風が早い秋の気配さえ感じさせていた。さて、あとはこの沢を下るだけだ。

初めての沢だがどうってことないだろう、などとなんの根拠もない勝手な思い込みで安易に下り始めた。沢は最初は水が枯れていたが、やがて小さな水溜まりが出てきて、細流から沢らしい流れになっていき、そのうち小さな滝が現われた。

いちいち滝を下降するたびにザイルを出すのも面倒だなあと思い、忠実に沢床を歩いて行くのではなく、沢から一定の高さと距離をとって側面の斜面を下ったほうが楽チンかなと、またもや軽率に考えてしまった。これがあとで我が身に降りかかる悲劇的な結果を招くとは考えもしなかった。もちろん、その責任はすべからく私1人にあった。

さて、そうやって下って行くのだがどうもうまくいかない。どんどん沢床から高くなるし岩盤は出てくるし傾斜は急になってくるし、これはヤバイよ。足でも滑らせようものなら、はるか下の沢まで一直線ではないか。

ここでやっと気が付いた。やっぱり沢通しに下ればよかったのだと。しかし、ここまで来てしまったら仕方がない。友人と話し合い、懸垂下降で沢まで降りることにした。細い灌木にザイルをセットして、まず私から下っていく。友人にはここで待っていてもらう。

最初はうまくいった。20mほど下降したら格好のテラス状の張り出しがあり、あと10m足らずで沢に降りられる。再度ザイルをセットしてポーンと投げ降ろすが下が全く見えない。ウーン、この下はえぐれてんじゃないの？　要するにオーバーハングしているのだ。

ここで本来ならば、この時点でザイルが途中で絡んでいないか、ダンゴになっていないかを点検をするのが常識である。もしもオーバーハング状の壁を下降中に、つまり空中懸垂の状態で、途中でザイルが絡んでいたりしたら、宙吊りのままにっちもさっちもいかなくなってしまうのだ。

ところが相も変わらず能天気な私は、またもや安易にホイホイと懸垂下降をスタートしてしまったのである。すると、やっぱりというかなんというか、案の定、ザイルは途中でゴチャゴチャのダンゴ状になっていたのだ。ツーッとそれまで快適にザイルを滑らせて下降してきた私の身体にガツンというショックが伝わり、突然、空中に止まってしまった。

アッ、なんだ？　どうした？　沢床まではまだまだ5〜6ｍは充分に残っているぞ、と思ったら、ナ、ナ、ナント、身体が完全に宙に浮いたまま動かないぞ。空中で完全に止まっちゃってるじゃん。ド、ド、どうしよう……。

懸垂下降をする時は、腰と両方の大腿部に体重を分散して身体を吊り下げるシットハーネスを装着する。これだとザイルから伝わるショックが分散されてやわらぐだけでなく、たとえ重い荷物を背負っていても、常に頭を上にでき、安定した姿勢を保てるように設計されているので、空中懸垂中にトラブルがあっても、頭を下にしてひっくり返ることはないのだ。しかし運の悪いことに、この時の私の装備はスワミベルト（腰に廻すだけの単体のベルト）だけだった。つまりＧパンのベルトで空中に吊り下げられたのと同じである。おまけに背中には酒の詰まった20kg近いザックを背負っているので、私の腰を絞り上げる力は合計80kgだ。腰と腹が一気に締め付けられる。そしてザックの重さで上半身が後ろに引っ張られ、だんだん鯖折り状態になってきた。

呼吸が苦しくなってきた。落ち着け、落ち着け。ここでパニクッたらおしまいだ。一瞬、谷川岳で壮絶な死を遂げた「横浜蝸牛山岳会」の宙吊り事故が頭をかすめた。冗談じゃない。こんなところで逝くわけにはいかないのだ。

「冷静になれ、冷静になれ」と自分に言い聞かせながら状況を判断する。今回はエイト環（懸垂下降専用の安全装置）を持って来ておらず、カラビナでのイタリアンヒッチ（比較的危険の少ない場所で使う懸垂テクニック）で下ったため、ダンゴはしっかりとカラビナに食い込んでいる。おまけにぶら下がっている自分の体重が掛かっているかぎり、絶対といっていいほどそのダンゴを外すのは無理だ。

さて、ここでこの状態から切り抜けるには自己脱出法しかない。そうだスリング（リング状に結んだ短いザイル）を使うのだ。いつも首にかけているスリングを2本外し、ヒーヒー言いながら自分がぶら下がってピンと張り詰めているザイルに巻き付けてその輪っかに足を入れる。これで少し腰の締め付けを軽減できた。

次はなんとか壁に取り付きたい。見るとえぐれて凹状になった岩壁にバンドが走っている。あそこに行けば何とかなるぞ。

ブランコの要領で必死に身体を揺すり、何度も失敗しながらもどうにか壁にしがみつくことができた。壁に身体を預けることでザイルの張りを少しだけ緩めることができたのでダンゴを解こうとするが、焦っているのでなかなかうまくいかない。その間にも腰の締め付けは再び増し始め、苦しさは限界に近づいている。息は上がり、喉は干からびてカラカラだ。四苦八苦の末、やっとの思いでダンゴを解くことに成功する。

ヤッター！　やっと外れたぞ！　これで沢まで降りられる。気を取り直して再度懸垂下降を開始した。するとなんと下降スピードのコントロールができず、ザーッと下まで落ちていくではないか。実は先ほどからのザイルとの悪戦苦闘で両腕の握力はほぼゼロに等しくなっていたのだ。私の身体はそのまま樋状になった沢に落下し、さらにその下にあった滝壺までウオータースライダーのように滑り落ちていった。

悲劇はさらに追い打ちをかけるものなのか。滝壺に落ちる途中でまたもやザイルが絡んでしまい、カラビナから解除することができない。滝に落ち込む水はすさまじい水圧でザイルを水底に引きずり込み、つながっている私の身体もろとも沈めようと襲いかかる。どうにか浮き上がろうとするのだが、滝から落ちてくる水が私の顔面めがけて容赦なく降り注いでくるのであった。なんてことだ。さっきは宙吊りで死にそうになって、今度は息もできないほどの顔面放水で溺れ死にそうになっている。

グアボッボゴッグアボッボアックソー！　負けないぞーグアボオ……。

なんとか顔を下に向けて息を確保しながら周りを覗き込むと、滝壺の横にネコの額ほどの空間がある。あそこまで行けばなんとかなる。水圧で死ぬほど重いザイルを引きずりながら身体を寄せようとするが、ピンと張ったザイルは何度も私の身体を滝壺に引きずり込んでいこうとする。どれくらい挑戦したのか、手がホールドに掛かった。渾身の力を込めて身体を水中から引きずり上げ、やっとの思いでザイルを解き、ついに無事生還を果たした途端、もう精も根も尽き果ててしまった。滝の横でグッタリしていると、上のほうから私を呼ぶ友人の声がした。返事をしようにも声も出ない。すると友人は、私があんなに苦労したザイルを使っていとも簡単に降りて来て、息も絶え絶えの私にこう言った。「どうしたの？　なんかあったの？　大丈夫？　もう1時間近くも経っているので心配しちゃったよ」だって。おいおい、それはないよ。オレは今二度も死にかけたんだぜ。

なぜか近くに感じる海面。機関室に溜まった水。
不自然に明るい船長の笑顔。
そして、事態は突然急変した。

# 安全と思い込んでいた東京湾の釣り船がまさかの沈没

体験者◉匿名希望

※2009年刊行の『釣り人の「マジで死ぬかと思った」体験談4』より転載

私の勤める釣具店は沖釣りに力を入れている。中でも人気のショウサイフグは店長も私も熱を上げ、サオや仕掛けを研究していた。あの日もオリジナル仕掛けをテストしに東京湾に面した神奈川県内の某船宿に行ったのである。

5年前の秋、東京湾は大貫沖が好調だった。なにしろ難しいとされるこの魚が束釣りできるほど釣れ盛っていた。その船宿はフグ船を始めたばかりで、混雑が少ないとにらんでの釣行だ。

10月中旬、秋晴れで海況はナギ。なんともさわやかな釣り日和だった。14トンの結構大きな船に、私と上司のNさん、S店長の3人のほかに、左舷トモから胴の間には女性を連れたビギナーが4名、右舷ミヨシと左舷ミヨシに中年男性が3名乗船。予想どおり混雑はしていない。私たちは右舷に陣取り、私はトモに座った。上司のNさんは手バネでやるといってカットウ仕掛けをセット。S店長はオリジナルロッドに食わせ仕掛けで挑んだ。2人とも江戸前の沖釣りが大好きで、私にさまざまな釣りを教えてくれた師匠でもある。

仕掛けをセットしていると、船長がトモにやってきて、中央にある床板を外し、エンジンをガチャガチャといじっていた。どうも床下が機関室になっているらしく、そこからエンジンがいじれるようだった。作業を終えた船長が顔をこちらに向け、目が合った。20代半後半と思しき若い船長である。

「お兄さん、いいサオ持ってんじゃないッスか。俺もねオリジナルロッドでショウサイやるんスよね」

船長はそう言って私たち3人のもとにやってきた。S店長が作った食わせドウヅキ仕掛けを見て感心しつつ、「お客さんが使っているサオもいいけど、俺のサオなら微妙なモタレがハッキリ出るんスよ」などと、自分がいかにショウサイフグに凝っているかを語り始めた。

定刻どおりに河岸払い。ポイントまでの道中、私は決まって仮眠をとるのだが、この日は目をつぶるとしばらくして異臭が鼻を突いた。濃い排気ガスのようである。私はバイクも趣味なのだが、それは目の前のダンプカーが吐き出すドス黒い煙と同じ臭いがした。それでも沖合に出ると異臭は潮風に吹き飛んだ。

40分ほどでポイントに到着。水深は10m。仕掛けを下ろして間もなく、うわさどおりフグのアタリが連発した。私にも1時間で20尾のフグが掛かった。カットウ釣りも、食わせ釣りも、テストしたかった多彩な仕掛けも試すことができ、夢中になって釣った。

2時間近く経つと、なぜか海面が近く感じた。小さなアタリを拾おうと穂先に集中しているから気付かなかっただけで、最初からそうだったのかもしれない。しかし全く波っ気がないため船は揺れず、異常に近い海面までの距離に違和感を覚えた。

すると、「バタン!」と勢いよく操舵室が開き、船長が駆け足でトモに来た。私の後ろに来ると、出船前に作業をしていたトモの底のフタを開け、一瞬ひるんだように見えた。それでも、その時はたいして気にもとめなかった。胴の間で快調に飛ばしているNさんとS店長に倣い、私もアタリに集中した。

しかし、視界の隅でバタバタと動き回る船長が気になり始めた。私とエンジンのある機関室までの距離は2ｍくらいで、近くにはベニヤ板の上にエサのおかわりが置かれていた。私はエサのおかわりを取りに行き、ついでに船長に「どうしましたか？」と声を掛けるが、「気にしないで釣ってくださいよう」と船長は半笑いで言う。が、濃い排気ガスの臭いが漂っていた。そして私は見てしまった。なんと床下の機関室には、深さ1ｍくらいのところに水がたっぷりと入っていたのだ。最初はイケスかと思ったが、そうではない。いくつかの用具が水の底に沈み、いくつかは浮かんでいた。

「これ、ヤバイんじゃないの⁉」と私が問い詰めるが、船長は「気にしないで釣ってくださいよう」とあくまでも笑顔なのであった。

私は釣り座に戻ったが、気になって振り返ると、船長は電動の汲み取りポンプを持ち出し、機関室に突っ込んでいた。ポンプの片端を船の外に向けると水がジョボジョボと出ている。すると、左舷トモの客がエサのおかわりを求めてやってきた。そして船長と床下の機関室を見て、釣りの楽しさに弾んでいた笑みが消えた。

「ほらほら、早く釣らないと。時合を逃しちゃうからさ」

船長の言葉に左舷の客は戸惑いながらもエサのおかわりを持っていった。私は心配になり、Nさんと S店長に「この船、浸水していますよ」と報告した。しかし2人は全く意に介さず、サオに乗らなかったフグに「チクショウ」などとぼやいているだけだった。私もサオを持ったのだが、大ドモの海面はさらに近くなっている気がした。そして、ミヨシがせり上がっているように見えた……。

背後では再び、「気にすんなって。ほら、釣った釣った」という船長の声。その客が席に戻ったところで、船長はポンプを船べりに固定して、今度はエサオケで水をせっせと汲み出しては捨てている。電動ポンプだけでは間に合わないくらい浸水が進んでいるようだ。

「手伝いますよ」と私が言っても、船長は笑って「気にしないで」の一点張り。「大丈夫じゃないな」と私はひとりごちてタックルを片付け始めた。上司2人に声を掛けるも、心臓に毛のはえた彼らは釣り続けた。ミヨシにいる客はトモの出来事を知らず、穂先に集中しているようだ。

船長はカッパを脱ぎ捨てて水をかき出す。額には汗が浮かんでいた。しばらくすると、この船より沖合に出ていた船が1艇、こちらに向かってきた。しかもかなり飛ばしている。さらに近付くと同宿のイナダ船ということが分かった。

その時だった。エサオケを投げ、船長はイナダ船に手を振った。そして唐突に腹の底から声を出してこう叫んだ。

「乗り込むぞー！」

笑顔の若い船長が、厳しい顔付きになり、海の男に豹変した瞬間だった。しかし、いきなり語気を荒らげても、乗客は付いていけない。何が起きているか分からずにオロオロする人もいる中、左舷側にイナダ船が横付けされた。

船長は「乗り移れー！」とさらに声を荒げた。イナダ船に乗る乗客も早く来いと手招きしている。

船上がまるで戦場のように騒がしくなった。私たち3人以外の客は、仕掛けをサオにセットしたまま急いで別船に乗り込んだ。状況を理解していない客も多かったようだ。上司2人はあっけにとられながらも仕掛けを外し始めた。右舷胴の間からは背後に横付けされた船が見えないのである。「女から乗り移れ！　足もとに気をつけろよ！　落ち着け！」という船長の声が左舷側から響いてくる。まるでパニック映画の一幕のようだ。S店長は片付ける道具が多かったせいか、ずいぶんと時間がかかった。先にタックルを片付けていた私もフグを持ってイナダ船に乗り込んだ。S店長が左舷側に回り込み姿を見せた。しかしフグを忘れたことに気付き、「いっけね」と言って席に戻る。すると、「フグなんて後で届けてやっから、さっさと乗り込め！　命が惜しくねぇのか！」と再び船長の怒声。

そして船長1人がフグ船に残り、トモに走って再び水をかき出している。S店長が乗り込んだところで、イナダ船はフルスロットルで港に向かった。まるで爆発寸前の船から逃げるようなスピードだった。

離れていくフグ船を見ると、すでにトモが海面ギリギリまで沈み、舳先が上に向いている。左右どちらかに傾く船を見たことがあるが、後方に大きく傾いた船の姿を見たのは初めてだ。いや、初めてではない。どこかで見たことのある光景だと思ったら、それは映画『タイタニック』の沈没のシーンだった。

午前10時、予定の沖上がりより4時間早く港に戻った。私たちは船宿から何かしらのフォローがあるだろうと思い、返金を期待した。しかし、宿の人間にそんな素振りはない。しかも沖合に浮かぶフグ船は一向に戻ってこなかった。

「何がフグを届けるだよ。持って帰ってきて正解だったな」とはS店長。しばらくすると、女将がニコニコした笑顔でやってきて「今日は大変でしたね」と言い、私たちにノリを手渡してきた。命の代償は海藻かいと思いつつも、まあ無事だったしと思い直して帰途についたのだった。

ゴツゴツした岩場が見える。脊髄損傷で半身不随になってしまう……。
なんで俺だけが……という理不尽な思いを抱えつつも、
落下スピードは増していった。

# 滝を登る最中に掴んだ草木が抜けて20m下の岩に叩きつけられる

体験者◉早川輝雄

※2007年刊行の『釣り人の「マジで死ぬかと思った」体験談3』より転載

落下のスピードがしだいに加速してくる。ヤバイ！　今思い起こしてもぞっとする転落の刹那である。

もうだいぶ昔のことである。当時の私は、沢登りを主目的に、各地の未知で険しい渓谷を捜し登っていた。その頃の出来事だ。秋分の日の連休を利用し、秋田の山深い沢を登ろうと、仙台から山仲間3人で出掛けた。

前日の夕刻近くに現地に到着。車止から数分歩いた目的の沢の出合で、地形図を見ながら間近の谷を観察した結果、遡行に2日間を予定していたが、1日で行けそうな感触を得る。「明日1日で遡行を完了させて、翌日はのんびりイワナ釣りでもしようか」と話し合って車止付近で幕営。

翌日は早朝出発。出合付近はなんの問題もない川原が続いていた。初めは寒かったが、しだいに汗ばんでくる。結構な距離と標高差のある渓なので、1日で登るためにはゆっくりはできない。淡々と歩を進めていく。9月の半ば過ぎとなれば水量は少ない。快調なペースで遡行を続ける。2時間ほど歩くと沢幅が狭まってきたが、さらに休まずに登る。やがてゴーロ状（大岩がゴロゴロとしている場所）の中に5ｍほどの滝が現われた。

先頭を行くSは迷うこともなく右側を高巻こうとブッシュの急斜面を攀じ登っていく。平凡な遡行で、なんとなく気だるい感じになり、ラストを歩いていた私もあとに続く。先に登った2人に少し遅れて側壁に取り付き、20ｍほど登ると先行者はブッシュ伝いに壁をトラバース（水平移動）していた。2人が使ったと思われる痕跡の残るブッシュを握り、全体重を掛けて1ｍほど足場のない斜面を進もうとした時である。身体がファーと浮いた感じになった。ブッシュが根もとから抜けたのである。

「なんで俺だけが……」と思うがあとの祭り、身体が虚空を落下し始めた。「困ったな、なんとかならないか」と思う。岸壁から横に伸びた木が目に入る。「アッ、この木につかまれば助かる」。ところが、加速のついた身体は手では支えきれず、あっさり振りほどかれてしまった。

落下スピードはさらに加速していく。下にはゴツゴツした岩場が見える。これはヤバイ。脊髄が損傷し半身不随にだけはなりたくない……。普通は自分が死んだあとや、家族のことを想うのではと思われるが、この時なぜか「死」は考えなかった。我ながら、強気というかいい気なものである。

次の瞬間、岩に叩きつけられ跳ね飛ばされた身体が水中に没していた。「水面が上に見える。このままでは呼吸できない。水中から出なければ」と思い、夢中で立ち上がる。顔が水上に出た。「立てる！　足は骨折していない。脊髄も大丈夫のようだ」この時ほどホッとしたことはない。

幸い流れの弱いトロで、岸辺まで2ｍほど泳ぐように歩くと、腹部くらいの深さの岸に着く。息苦しい。呼吸のできない自分に初めて気付く。水中から岩の上へ上がりたいが、身体が重くて岩を登れない。

岩にしがみ付き、水中に倒れないように必死に堪えていると、転落に気付いた仲間が走り寄ってきた。「大丈夫か⁉」と聞かれるが声が出ない。頷くしかない。水中から岩の上へ2人に引き上げてもらい、やっとの思いでザックを外し、身体を横にすることができた。息苦しさは変わらない。

私を気遣う仲間が色々と話しかけるが、息ができないので喋れなかった。

どれくらいの時間が過ぎたか分からないが、横になっていると、しだいに呼吸ができるようになってきた。けれども全身が苦しくて身動きもままならない。仲間に見てもらうが外傷はもちろん、奇跡的に骨折もないようだ。3人で話し合い、時間は昼前なのでしばらくようすを見ることにする。

改めて落下したところを見上げると、ブッシュが抜けたところの高さは沢床から14～15mもあった。沢床から3～4mの高さに、40度くらいの角度で斜めに張り出した大岩があり、その岩に落ちてトロに跳ね飛ばされたことが見てとれる。平らな岩に落ちたら命はなかっただろう。

2時間くらい休むと、不思議なほどに苦しさがやわらいできた。空身であれば肩を借りるなどで、なんとか歩いて下れそうである。幸いなことに、まだ下流部なので困難な箇所はない。

それから2日間に及ぶ長い長い下降が始まった。

ザックを2人に持ってもらい、1人の肩を借りて歩く。足場が平らであれば問題ないが、段差を下ろうとすると大変。大股になるため、足腰の痛みはもちろん、呼吸も苦しくなるのだ。ソロリソロリと、そして段差を下ったあとは休みながら歩を進める。

4～5時間下り、日没を迎えてビバークする。仲間は立ち木を利用して川岸の草地にツエルトを張り、マット類のすべてを敷いてくれた。おかげで快適な寝床であるが、この時ばかりは、全身の痛みで寝返りを打つのも一苦労だった。それでも何回かまどろみ、朝を迎えた。

危ぶまれた雨も降らず、カッパを着て川原でのゴロ寝で夜を過ごした仲間たちも元気だ。簡単な朝食を済ませ、ふたたびカタツムリのような下降を続ける。登った時の4倍ほどの時間をかけ、昼過ぎにやっとの思いで車に到着する。全身の痛みは少しずつ薄らいでいたが軽い悪寒がしていた。

ろくな食事を摂っていなかったので、まずはほど近い町へ出て、腹ごしらえにと食堂に入る。けれども私は食欲がなく、全く食べられなかった。その後、表現のしようもない体調の悪さから、病院へ行って診察してもらう。結果「異常なし、念のため帰宅後検査を受けるように」との診断、一応安心はしたが、疑問が残ったままその日の夜遅くに帰宅した。

翌日、信頼できる知り合いの外科医院へ。診察結果は、「絶対安静、即入院」との厳命。示されたX線写真を見ると、肺の下部3分の2ほどが白く濁っていた。「この白いのは肺の中の出血。上までくると呼吸ができなくなり……」また「肝機能が停止、ほかの臓器も働きが弱まっており、内臓破裂の恐れもある！」とのこと。

入院し2〜3日すると、自覚症状がなくなった。それ以降も安静の指示が続き、私にとっては苦痛な2週間を過ごしたのだった。

それにしても、無理な姿勢をしようとした時の痛みや、食べてはいけない時の食欲不振など、人間の身体を守る仕組み、本能的な感覚は素晴らしいと思った。

また、14mあまりも転落して助かったのは、木につかまろうとしたことで落下スピードが多少弱まったことや、激突したのが斜めの岩でザックがクッションの役割を果たしたことなど、いくつかの幸運が重なったからだと思っている。

人差し指と中指でルアーを保持。
ここまではいつもの動作だったが、
突如、ナマズが巨体を活かしたローリングアタック！
太軸大型フックが容赦なく私を襲った。

# ルアーのハリが指の爪の付け根に貫通したまま大ナマズが大暴れ

体験者◉嶋田仁正

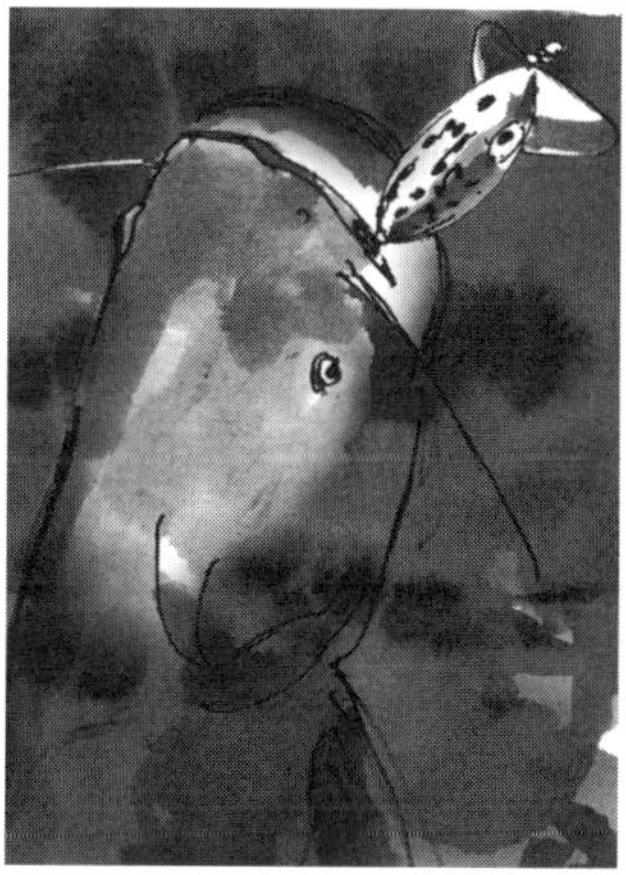

※2007年刊行の『釣り人の「マジで死ぬかと思った」体験談3』より転載

「死ぬかと思った」というタイトルには恐縮で背筋も凍る思いだが（笑）、私にも「こんなことで死にはしねえけど、死ぬほど痛い目に遭った」出来事はある。

あれは一昨年の梅雨の頃。毎年の恒例行事となった「ナマズトップゲーム」で起こった事故だ。私が住む広島県では、例年4〜7月、河川でのナマズゲームが多くのアングラーを虜にする。もちろん私もその1人。子どもの頃から馴れ親しんだターゲットとはいえ「出ても乗りにくい」というある意味で自虐的なゲームは、大人になった今でも、私の中では大きな位置を占めている。

ナマズのトップの釣りというのは、ノイジー系のプラグを使った釣りが一般的だ。夜間のナマズは「音」に対して異常に敏感になり、この「音」を極めるのもこの釣りの面白さの一部。また、先ほど書いた「乗りにくい」という一面。「音」を頼りにバイトしてくるナマズは、目の前にルアーが通過しているにもかかわらず「ボコッ！」「ガバッ！」というぐあいに「それ、わざとだろ？」と思えるほど空振りしていく（笑）。そこがまた可愛いくもあり、アングラーを熱くさせるのだが、あまりにも乗らないと「ええ加減にせえ〜！」と怒りが込み上げてくる。

そこで各自が工夫を凝らし、「乗りすぎない」程度にルアーを改造する。私の改造は以下の通り。使用するルアーは「ジッターバグ」のみ。後方に装着してあるヒートンを、既存より大きく長いタイプに交換し、さらにそのヒートンへフックを付けるわけだが、私はシーバス用の太軸大型フックをバーブレス仕様にする。フックはコレ1個のみ。また、ジッターバグのカップ部分を少し内側に曲げ、「音」を一点に集約するようにチューンする。これで準備ＯＫ！　あとはキャストしてゆっくりとリトリーブするだけで「ポコポコポコ……」と魅惑的な音を立てて泳いでくれ、そこにナマズがいれば「ゴボッ！」と出て「よっしゃ〜！」となる。これこそ大人の夜遊びである。

さて、その日出撃したポイントは、広島県の北側に位置する東広島市の瀬野川。自宅から車で30分ほどの山間にある県内屈指のナマズポイントだ。同行の仲間は同じクラブの林君。梅雨前の生暖かい夜。河川に降り立ちゲーム開始。

当日は風も穏やかで気温も高く、条件は最高。自身の目標である70㎝の壁を超える絶好のチャンスであった。予想どおり開始直後から50㎝台半ばのナマズが入れ食い。中にはバスやライギョも混じる展開。こうなるとますます70㎝が欲しくなる。

そこで私は新規開拓を提案し、林君と川沿いに上流を目指すことに。車でしばらく走ると新幹線の高架で行き止まる。真っ暗闇の中、車を脇へ停め、ライトを照らすと浅い瀬が見える。「こりゃいいんじゃねえ？」と林君に告げ川原に降りてみる。対岸は竹林がオーバーハングし、それに高架の橋脚が絡んでいる。ここで出なけりゃウソだろうと思えるポイントだった。

1投目。「コポコポコポ……グワバッ！」、「出た！」。しかしコレは乗らない。だがこの捕食音からしてスーパーサイズは間違いない！　もう心臓が高鳴ってしょうがない。

高まる気持ちを抑えて2投目。「コポコポコ……ゴボッ！」、「乗った〜！」。絞り込まれるロッド！　魚は流れに乗ってハングした竹林に潜り込もうとするが、ラインは20ポンド、切れる心配はない。しかもフックは大型太軸だ。負けるわけはない。一気に寄せにかかり足もとの砂場にズリ上げる。

デカイ！　明らかにほかと比べて群を抜いている。そこで少し離れた所にいる林君を大急ぎで呼ぶ。魚を見た林君も大興奮で「メジャー！」と叫ぶ。ゴソゴソとメジャーを準備する林君を見て、砂まみれのナマズをいったん水に戻し、キレイに洗ってあげようとルアーの頭をつかんだその時、事件は起きた。

水に戻してもらえると勘違いしたのか、突如ナマズが大暴れ！　私の右手はルアーのカップを指に絡ませるようにガッチリとつかんでいる。その時、「ガチッ！」という音が。なんと、ナマズの口を貫通したフックの先端が、あろうことか私の右手人指し指の爪の付け根の白くなっている部分に刺さってしまった！

「グワッ！」

思わず出る叫び声。振りほどこうにもフックの根もとにはナマズの口。さらにナマズが大暴れする。「畜生！」などと憎まれ口を叩いても主導権はナマズにある。しかも相手は70㎝近い大型だ。その体躯を生かしたローリングアタックは激しさを増すばかり。すると、爪を貫通したフックは、爪とその下にある肉を切り裂きながらゆっくりと指先へ進んでいく。

「もう勘弁してくれ……」

まるで戦争映画で見た生爪を剥がす拷問シーンのようである。いや、爪なんて剥がれてしまえば大した痛みはない。今、自分自身が直面しているのは、爪を残したまま爪ごと肉を切り裂かれている状態なのだからたまらない。

「おお、神よ……」などとは思わなかったが、目の前で繰り広げられる光景に私も林君も身体が硬直する。なおもジグザグに切り裂かれる爪および肉！　そうこうするうちに、ついに根元から先端までの爪および肉を割ききったフックは指から離れ、ナマズとともに足もとへ落ちた。

時間にしておそらく数秒のことだったと思うが、恐ろしく長く感じた。いうまでもなく、指先からは大量の出血。「ぐおおっっ」と声にならない呻き声が出る。さっきまで捕食音を聞いて高鳴っていた心臓が、今は指先にあるかのように脈打っている。そして、硬直から開放された林君が一言。

「あっ残念！　69cmです」

転がるナマズにメジャーを当てる彼に「お、お前ってヤツは……」と言いつつ、私もその後、しっかりとブツ持ち撮影（笑）。

その後は彼の運転で近くのコンビニへ。店員に引かれながらも消毒液とティッシュを1箱購入し、洗面所で治療開始。一応コレでも医療従事者の一翼を担っているので数分で完了！　全治3ヵ月の重症である。

皆さんはご存知だろうか？　真中でジグザグに切り裂かれた爪って、時間が経つにつれ、サナギが孵化するように両側へ開いていくことを。私はこの出来事以降、魚をつかむ時は必ずフィッシュグリップを使用することにしている。それにしても、あ〜、嫌なことを思い出した……。

ノコギリ状に切り立った凶悪な磯に鈍い衝撃！
後頭部に手をやると、頭蓋骨が割れて表皮が裂けていることがはっきりと分かった。

# 全体重を掛けた
# 岩の出っ張りが突如崩れ、
# 後頭部から真っ逆さまに磯へ転落

体験者◉橋本陽一郎

※2007年刊行の『釣り人の「マジで死ぬかと思った」体験談3』より転載

時は平成10年8月17日。この日も、いつものように早朝に家を出て五島市（旧福江市）の城崎港を目指していた。ここから、いつもの「實紀丸」に乗り込んで、いつものように出港した。すべてがいつもどおり。こののち、まさかの大事故に遭遇するなどまるで予期していなかった。

さて、この日のねらいはイシダイとクエの2本立て。福江港沖にあるサザエ島に単独で瀬泊まりする予定だ。初日はイシダイの寄せエサを入れる目的でサオをだし、夕方から翌朝にかけてクエをねらい、翌日はイシダイ釣りに徹するつもりでいた。

初日はイシダイのアタリもなく、時間だけが過ぎて夕方を迎えてしまった。しかし、朝から寄せエサだけは大量に撒いているので、明日には釣れると確信し、クエ用のピトンを用意した。

期待のクエも全くアタリがなく、午後11時の干潮の潮返しが過ぎてしまい、明日のイシダイ釣りに備えて休むことにした。その頃から東よりの風がソヨソヨと吹き始めて、弱いウネリがつき始めていた。この磯は低いので、用心のために道具を高場に上げて、大型のクーラーボックスだけを中段にハーケンで固定して高場で横になった。

眠りに就いてしばらく経った頃、小さな雨粒が頬を撫でて目が覚めた。時計を見ると、0時30分。その時、喉がカラカラだったので、中段に置いてあるクーラーボックスまで水を飲みに降りた。

この釣り場は全体的にほぼ垂直の磯で、一番上の高場は荷物置き場であり休憩所、中段は、一番下の磯から4～5m上にある。下から中段、中段から高場への移動は、ほぼ垂直の崖の所々にある取っ掛かりに足を掛ければ労せず昇り降りできる。

ところが、水を飲んで高場に戻る時、足を掛けた岩の出っ張りが突如、なんの前触れもなく崩れ、そこに全体重を掛けていた私は後頭部から真っ逆さまに岩場へ転落した。

これはある意味で、自分を過信しての事故といえる。誤って足でも滑らせないかぎり転落事故などありえないという思い込みがあった。ましてや、岩の足場が崩れるなどということは、私の頭の中には入っていなかった。まさに想定外の出来事なのだ。

ほんの数秒もない、落ちていくわずかな時間に、「もうダメだ、このまま死ぬのか」という思いが頭をよぎった。というのも、一番下の磯は見るからに凶悪な表情で、ノコギリ状というかナタ状というか、険しく切り立った形状だったからである。

次の瞬間、後頭部にガツンという衝撃を受け、鈍痛が走った。それでも私は脳震盪を起こすことなく、意識はしっかりしていた。しかし、後頭部に手をやると、頭蓋骨が割れ、表皮が裂けていることがはっきりと分かった。人間はこうして死んでいくのか、との思いと同時に、家族の顔が次々と浮かんできた。そして何より、私自身がまだイシダイ釣りを極めていない。悔いを残して死ぬわけにはいかない。それに、このまま死んだら、世間様に「あの釣り馬鹿がとうとう死んだか」と笑われそうで、意地でも生きてやろうと考え、気丈で前向きな自分に戻ることができたのである。

不思議と冷静な自分がいた。冷静すぎて、私は本当に生きているのか、幽霊になってしまっているのではないかと疑う自分がいた。そこで、タバコに火を点けて一気に吸ってみると、タバコの旨味がはっきりと分かった。その時、自分は間違いなく生きているという実感が湧いてきた。そこで、タバコの火を消すと同時に、すぐ立ち上がって生還に向けての行動に移った。割れた頭からおびただしい血が滴り落ちるなか、なんとか高場まで登り、道具を船着場まで数回に分けて運んだ。

その後、深夜なので気兼ねをしながら船長宅へ電話をし、怪我をしたことを告げた。ちなみに私が転落した場所は携帯電話が繋がらない圏外エリアなのだが、10数m移動すると繋がることを以前から把握していたのだ。

船が来るまでの間、意識をしっかり保ち、船長に無様な姿だけは見せたくなかった。また、当時の私は大の愛煙家で、死ぬにしても入院するにしても、タバコを吸えなくなるという思いから、立て続けに2本のタバコに火を点けた。2本目のタバコを吸い終える頃に船が到着。船首には船長の娘さん2人が立っていた。私が磯で倒れていたらと心配して来てくれたのだろう。

道具を渡し終え、船に乗り込み、船長に怪我をした経緯を伝えてお詫びする。この時、私の意識がはっきりしていたので、船長は病院に近い福江港ではなく、出港基地の崎山港に入った。

娘さんが持ってきてくれた2本のタオルは絞れるほど真っ赤な鮮血で濡れていた。岸壁に上がると、真っ先に水道の蛇口へ向かい、磯靴を脱いで足を洗い、スリッパに履き替えて、病院に行くために自分の車に乗り込んだ。しかし、船長の奥さんと娘さんに無理矢理引きずり降ろされ、娘さんの運転で病院まで送っていただいた。その間、自宅に電話を入れ、カスリ傷程度と嘘を言って、着替えがいることと、病院に来る際にはくれぐれも急がず安全運転で来てほしいと妻に伝えた。

それから2時間半ほどかけて縫合が始まったのだが、これが地獄であった。局部麻酔が出血によって全く効かず、縫い合わせる間は激痛との闘いだった。縫合が完了するとドクターが、「今日はこれでお帰りください。明日、薬の付け替えに来てください」と言う。しかし、私は頭蓋骨が割れていることに気付いていたので、その言葉を無視して「CTスキャンを撮ってください」と頼んだ。するとドクターは「あなたは自力で歩いて来れたのでしょう。担架で運ばれて来たわけじゃないでしょう」と言う。その言葉には驚いた。そこで私は初めて声を荒げ、「例外もあるさ。つべこべ言わずにCTを撮ってみろ」と怒鳴った。

結果は予想どおり、右後頭部に直径6㎝の開放骨折があることが判明。すると、すぐにヘリコプターで大村市にある国立長崎病院に搬送され、全身麻酔による緊急手術が始まった。

次の日からは無理を言って集中治療室から出してもらい、足腰がへたらないように病院内を歩いてトレーニングを開始。この時、前夜の転落事故で両足の親指の爪が剥がれていたのに気付いた。

数日も経つとすっかり入院生活に飽き、抜糸がすんだので退院を申し出るが、あっさりと却下され、「自分の置かれている立場が分かっていない」と叱られる。悶々とした入院生活が続き、13日目に「あんたには負けた」と主治医から退院許可をもらった。

これでやっと磯へ帰れるとほそく笑むと同時に、懲りない自分が少し恐くなった。

最後に、海難事故は、波にさらわれるだけではなく、特に磯釣りに関してはさまざまな原因による事故が起こりうる。気象予報に逆らっての釣行、単独の夜釣り、磯での飲酒など数え上げたらきりがない。ほとんどの場合、事故は未然に防げると思う。くれぐれも注意を払っていただきたい。

「何だか気が進まない。止めとけ！」という師匠の忠告を無視し、
水位の上がった川に踏み込んだ。
足が対岸の岩に届いたと思った次の瞬間、その岩がズルリ……。

# 突然のダム放水で増水した川に流される

体験者◉松尾芳則

※２００５年刊行の『釣り人の「マジで死ぬかと思った」体験談２』より転載

奈良県、三重県、和歌山県の3県を跨ぎ、悠々と流れ、太平洋に注ぐ大河・熊野川。一見すると緩やかな流れに見えるが、押しの強い川でもある。

熊野川の魅力は、天然遡上の海産アユが数多く釣れることだが、それに加え、サオ抜けポイントに当たると爆釣間違いナシなこと。しかし、昨年の熊野川は初夏の長雨が祟り、アユの育成が極めて遅く、8月後期になってやっと熊野川らしさを取り戻した。

私が恐怖体験をしたのも、シーズン終盤の9月15日。所属するアユ釣りクラブの例会日のことだった。早朝、まずは川の観察。さてさて、今日のパターンは？　寝ぼけ眼で川を眺めると、川がいつもと違う。平水より少し水位が上がっているのかな？　水面にモヤもかかっている。何か変だと野性の勘が働いたが、朝礼をすませ、オトリアユが配られるとすぐに例会モードに突入。目指すポイントに向けて車を走らせたのであった。

私は、師匠のおすすめである赤木川との合流の下流ポイントへ入る。ここは通称「ゴルフ場前」と呼ばれ、三和大橋から瀬、トロが続き、最後に荒瀬になり、多彩な釣りができるポイント。後期には良型が数多く出る場所としても有名だ。ポイントに向かうと、すでに先客がいたので釣果を聞くと、前日も好釣果だったためか、少々荒れ気味とのこと。そこで、少しでも釣り荒れていない対岸に渡ろうと考えた。

ここ熊野川の上流には、北山川水系と十津川水系に2つのダムがある。しかも厄介なことに、発電放水のためにいつ水位が上がるのかまったく読めないのである。しかし、今日は日曜日。さすがに発電放水はないだろうと思い、師匠や釣友と対岸へ渡ったのである。水量は腰まで浸かる程度だが、それでも、平水よりは少し高いような気がした。

川底には、大きな石がゴロゴロしており、大きなハミ跡（アユが水中の石に付着した石アカを食べた跡）が無数にある。瀬肩のアユは大きい。思わず武者震いする。ポイントからポイントに送り込み、丁寧に上流へ泳がせるが、一向にアタリがない。これだけハミ跡があるというのに……。

おかしい。やっぱり、いつもとは何かが違う。と思っていると、突然、目印が一気に2mほど飛んだ。が、引き抜き体勢に入った途端、オトリだけが水中から飛び出してきた。身切れだ。

こうなるともうダメ。弱ったオトリは流れの中に入れず、結果、ボーズハゼの入れ掛かり。緊張の糸もプッツリ切れた。頭の中は真っ白。オトリアユの操作も雑になり、ますます釣れない悪循環で、次のアタリもバラシ（魚に逃げられること）。

気持ちを静めなければいけないと思い、いったん川から上がり周囲を見渡してみると、先ほどまで立ち込んでいた場所こそが一級ポイントだった。超お粗末な行動で貴重な2尾を取り逃がすなんて、まったく情けない。

朝日が川全体を照らし始めると、いよいよアユの活性も上がり始め、師匠と釣友はコンスタントに釣果を伸ばしている。地元の釣り人も入れ掛かり。でも、ヘロヘロ養殖オトリの私だけは、アユの神様に見捨てられ、アタリはあってもバラシばかり。

そのうち、川の水位が増えてきたので場所を移動。朝方と同じ場所から対岸に向けて渡り始めたのだが、水位が増えているので押しも強くなっている。途中まで渡ったものの、これは無理と判断して引き返し、水深が膝までしかない瀬肩の上流を渡ることにした。

ところが師匠は急に「何だか気が進まない。危ないから止めとけ！」と言う。しかし、その忠告を無視して、私は1歩、また1歩と川を渡った。足場を固めて進むが、水勢に負けて下流に流されそうになる。それでも、対岸まであと1mを残すばかり。そして、片足が対岸の岩に届いた瞬間。アッと思った時には片足がズルリ。浮き石だったのだ。

恐怖の第1ラウンドのゴングが鳴った。とっさに身体をかわし、後ろ向きに倒されるのだけは避けたが、激流に入ればもみくちゃにされる。右手にサオ、左手に引き舟（釣ったアユを入れておく船型の入れ物）、左の腰にはタモが付いている。そして、左手から外れた引き舟の紐が、腰ベルトのエチケットボックスとタモの柄に絡み付き、まるで身動きが取れなくなった。

恐怖の第2ラウンド。足を踏ん張るが水流の強さで立ち上がれない。絡み付いた引き舟が川の流れに乗り始め、身体を徐々に激流に引っ張り始めた。あとはもうジェットコースター。ゆっくりと流れ出し、荒瀬の頭に差し掛かった途端、一気に下降である。この先200m下流には淵があり、渦を巻いて口を開けている……！

バタバタもがくが、流心から脱出できない。原因は引き舟だ。引き舟の紐が邪魔してうまく身動きが取れないのだ。必死になって左手で紐を手繰り、なんとか引き舟を手もとまで回収することができたが、やはり流される一方で流心からは逃げられない。すると突如、ものすごい水圧が全身を襲ったかと思うと、身体ごと流心から押し出されたのである。これはラッキーだった。

しかし、恐怖の第3ラウンドが待っていた。流心から押し出されたのはいいが、流された先はドン深のスリバチで、足が川底に付かないのである。アップアップしながら岸に手を伸ばすが、水面から岸までは40㎝ほどあり、指先で触れるのが精一杯。手をかけても砂の上に乗っている石がパラパラと崩れてくるだけで引っ掛からない。川原の側面をそのまま30m流される。

ふと下流を見ると分流があった。全力で分流の馬の背（底が凸状で水深が浅くなっている所）に行こうとするが、増水でなかなか近づけない。それでも何とか馬の背に近づいたが、そこには恐ろしい悪魔が口を開いていた。本流と分流の合流点の水面下で渦が巻いていたのである。

恐怖の第4ラウンド。馬の背に上陸するはずが、この渦に巻き込まれ、身体が一気に川底めがけて沈んでいった。感覚としては、何者かに足をつかまれて引きずり込まれ、あれよあれよという間に洗濯機の中で渦巻く衣類になった気分。ただし、吸い込まれる寸前、咄嗟に息を吸い込んだおかげでその場は耐えられた。アッという間に川底に到達。すでに帽子とサングラスはない。水中で目を開けたが、自分がどこにいるのか、方向すらもまったく分からない。頭は完全にパニック状態だ。

見上げると、太陽の光で水面がキラキラと輝いている。こんなに鮮明な景色は見たことがない。何ともいえない不思議な感じだ。身体は無重力空間を漂っているよう。耳もとで水音だけがコポコポと聞こえる。海で素潜りをした時の感覚に近い。

川底で足をバタバタ、手で水を掻くが身体が浮かない。もうダメだと思いつつも、最後の力を振り絞ってもがくと、身体が水面に浮いた。

そしていよいよ恐怖の最終ラウンド。身体が浮いたといっても、顔面の口と鼻だけが辛うじて水面から浮いた状況であり、流れに身を任せるしか術はない。全身のアドレナリンがＭＡＸ状態になっているのだろう。ひどい倦怠感に襲われ、身体が硬直している。もう、体力は限界だ。しかし、川は容赦なく次の恐怖を用意してくる。再度身体が沈み始めたのだ。もう本当にダメだ。「誰か助けてー！」と心の中で悲鳴を上げるが誰に聞こえるわけもない。踏ん張る気力も体力も残っていない。最後まで手放さなかった愛竿が、右手から離れていった……。

流れに歯向かうことをやめたその時、足にズズズ……という感触が伝わった。川底だ。無我夢中で蹴った。すると偶然にも、流れの緩い方向へ行き、浅瀬にたどり着いたのである。

その後の記憶はない。ぼんやりと意識が戻ると、恐怖で身体が震えていた。倦怠感、息切れ、動悸、喉の渇き。なぜ自分はここにいるのか？　本当に自分は生きているのか？　夢でも見ているようだ。意識がはっきりしてから見渡すと、私は１５０ｍ以上流されていた。あと50ｍ流されていたら淵の渦の中に引き込まれて命はなかっただろう。

対岸を見ると、師匠が心配そうにこちらを見ていた。手を振りたいが、手を上げることすらできない。無性に身体がだるく、足が麻痺して立てない。30分以上グッタリと寝そべり体力が回復するのを待った。

師匠は、私の顔を見た瞬間、抱き付き、「よく生きとったー！　あんな無茶したらあかん！」と全身を震わせて生還を祝福してくれた。師匠と釣友には大変な迷惑を掛け、申し訳ない気持ちでいっぱいだ。ただ、今回の事故は、自信過剰で川を渡った私も悪いが、熊野川では発電放水時にサイレン等の警告がないことも原因だと思う。発電放水の時間を知らせる掲示もいっさいないため、釣り人が中州に取り残される事故がたびたび発生している。増水の量によっては水死事故が起こる危険性も高い。なぜ、釣り人の命を守るために放水時間の掲示やサイレン等の警告を出さないのか。3県をまたいでいる川であるがゆえに、各県の行政側が手を付けられないのか?

この事故以来、その後2ヵ月は川で溺れた夢ばかり見てうなされる毎日だった。釣りに出掛けても、瀬に近づいただけで足がすくみ、動悸が激しくなる後遺症が今も続いている。

皆さんも、無理せず安全な場所から川を渡ってほしい。急がば回れですよ!

ズドンという衝撃と、岩の上に立ったままズズッとずれていく
足裏の感覚が今でも鮮明に残っている。
何が起こったか分からないまま、次の瞬間には海中に投げ出されていた。

# 大波に飲まれ真冬の磯から海中に転落して漂流

体験者◉平井幹二

※2015年刊行の『釣り人の「マジで死ぬかと思った」体験談5』より転載

真鶴半島は我が家から1時間半、60㎞ほどの道のりである。私にとっては気軽な楽しみの場所であり、釣技を磨く道場だ。その半島の釣り場の中でも、最先端に位置する三ツ石は別格の魚影を誇っている。

ここは西湘海岸から真鶴半島の先端に、M字型に遠望できる岩礁だ。半島の最南端からさらに南に500mほどの水没する岩礁帯と、その先の200mほどの岩礁で構成されている。潮位が高いと中間の岩礁帯が水没してしまい、自由に往来できないという制約がある。潮位90㎝までは、水中のゴロタ石の上を渡り歩いて何とか往来できるが、それも日中の海中が視認できる時だ。

本年（2011）2月20日の出来事だ。2週間前の6日には三ツ石で40㎝オーバーを夕マヅメに釣っている。釣行すれば釣果は確実と思い出掛けた。

当日は小潮回りで、干潮が14時30分頃で潮位が30㎝。そこから徐々に潮が満ち、18時頃には80㎝に達するはずだ。日没が17時半で、マヅメまで釣ると潮位がやや高く、帰りに多少濡れることは覚悟した。当日の天候は晴れで微風、ただしはるか南海上を低気圧が通過していた。

往路途中の西湘海岸には、穏やかな天候のわりにはウネリと白い波が打ち付けていた。低気圧の影響と思ったが、気にかけるほどでもない。エサを購入し、低潮位の水没帯を難なく通過し、三ツ石には12時前後に着いた。広い三ツ石には先着の釣り人が2人いた。熱海側右端に1人、小田原側の中間部の高台に1人。高台の釣り人と言葉を交わすが、小メジナの入れ食いとのこと。

私は小田原側の先端部の足場のよいテラス状の釣り座を選択した。この釣り座は東側・小田原側に面したワンドの入口に位置する。高台の釣り人のワンドとは20mほどの長さの細い稜で仕切られていて、常にその釣り人が視野に入る。しかしこの釣り座も25㎝前後の小メジナの入れ食いが続き、結果をいうと夕刻まで型は全く上がらなかった。

14時30分を過ぎ、上げ潮に変わるとウネリは徐々に高くなっていった。私は東に向いてサオをだしていたが、ウネリは南方向からで、溝状のダラダラとしたカケアガリを這い上がってきていた。やがて大きめのウネリは、時折私の後ろを通り過ぎるようになっていた。

17時。視野に入っていた高台の釣り人が消えた。帰るのだなと思ったが、驚いたことにまた現われ、釣りを続けている。潮位と時間を考えると、かなりしつこい釣り人だなと思ったが、これが私にとって最大の幸運だった。

やがて辺りがスッと暗くなった。振り返ると箱根の山に日が落ちた瞬間だった。時計を見ると17時15分だった。

寄せエサの残りも少なく、小メジナのまま終わってしまうのかと私は焦っていた。帰りの潮位が気になっていたが「デカイのを一発」と念じつつサオをだし続けた。

その時南方向からやや大きなウネリが這い上がってくるのが見えた。それまでも何回か大きめのウネリをやり過ごしていたが、このウネリも、最大這い上がっても、せいぜい膝下くらいでやり過ごせると楽観していた。ただし、念のために右手のサオだけでなく、左手にバッカンを持ち、左足でタモ網を押さえてウネリに備えた。私の頭には全く危機感はなく、念のためにウネリに備えただけだった。ウネリを注視することもなく、ウキを見続けていた。

ズドンという衝撃と、岩の上に立ったままズズッとずれていく足裏の感覚が今でも鮮明に残っている。何が起こったか分からないまま、次の瞬間には海中に投げ出されていた。頭からは水がしたたり落ち、一瞬キョトンとして辺りを見回した。海中の自分はプカプカと浮いて強いサラシに乗り、頭だけを出して沖へと流されている。

その時、海面の低い位置から見上げる薄暮の岩礁帯は黒いシルエットとなり、見慣れたいつもの景色と全く違う印象を受けた。海側からはこんなふうに見えるのだ……などと、呑気なことを思っていた。そして直後に「あー、俺、海の中にいるんだ、シマッタ」と、今自分が置かれた状況を把握し驚いた。馬鹿げているが、遠ざかる陸地にちょっと前まであそこに立っていた自分を思い、時を巻き戻せないかと後悔が湧いた。しかし、現実は不変だ。

すぐに最悪の事態だということは理解できた。日没後なので付近を通る船がない。日中であれば三ツ石先端は漁船や観光船の通路で、ひっきりなしに船が通り、しばらく泳いでいれば拾ってくれるだろう。が、この時間では皆無だ。そして、水温は14℃。長くは海中にいられない。さらに、ウネリで海は大荒れだ。絶望的な状況に、死を覚悟せざるをえなかった。

「享年60か、あっけないもんだ」

そんな思いがよぎる。さらに次々と思いが湧いてくる。まず、不思議なことに職場のことが思い浮かんだ。一番忙しい時期でもあり、「月曜日の職場は大騒ぎだな」と仲間の顔が浮かぶ。次に、

4月からは退職で暇になるので身体を鍛え直して、釣りの技術をもう一度磨こうと思っていたが、「それもできないなー」と……。

また、うちの奥さんと子どもは2人ともしっかりしてるから、「まあ、俺がいなくても大丈夫だろ」などとも考えた。そして何より一番癪しゃくだったのが、1月から禁煙していたこと。

「なんだ、全く意味がなかったじゃないか……」

こんな残念(?)な思いが、短時間に頭を巡った。

しかし一方で「本当に死ぬのか?」と、自分の死を信じられない気持ちもあった。すぐに自分は落ち着いていると言い聞かせ、この状況で何ができるのか、最善を尽くそうと思った。

まずは、今できることを考えた。とりあえず右手には釣りザオを握ったままだったので、決して安くはない「インテッサ」は残念だったが、右手を離した。次に泳ぐために磯ブーツを脱ごうと思った。幸い地磯用のぶかぶかのブーツだったので簡単に脱げた。また、とにかく海水を飲まないことと、気管に海水を吸い込み咳き込むことを避けようと思った。

しかし、これ以上の考えは浮かばない。とりあえずしつこく1人残っていた釣り人のほうへ泳ぎ始めた。サラシに乗って40mくらいは沖に流されていたが、幸運なことに当て潮が泳ぎを助けてくれたので、泳ぎがあまり得意ではない私でも彼の下に労なく泳ぎ着けた。

しかし、彼の立っているところはワンドの奥、5mほどの垂壁の上だ。ワンドの中は横からのウネリがひっきりなしに押し寄せ、渦を巻くように荒れていて、まるで洗濯機状態。なんとか浮かびながら彼に「ロープ投げて」と切れ切れに頼むが、「短くて届かない」の答え。

しばらくはウネリと波に翻弄され続けていたが、私にはこれ以上どうしてよいか全く分からなくなっていた。その間、時として波に巻き込まれ、水没してしまう。

「浮かび上がるまで、じっと我慢だ」と思い、苦しい呼吸を我慢する。しかし、飲まないようにしている海水も徐々に飲み込み、次第に腹に溜まっているのが分かる。

彼の釣り座のワンドと私の釣り座のワンドを隔てている稜が20mほど出ているが、その付け根に1ヵ所低い部分がある。通い慣れた私には熟知の地形だ。彼がその「低い部分から波に打ち上げられて、反対に落ちるしかない」と声をかける。しかし、打ち寄せる波に抗って岸に近づくことさえ、私には不可能なことと思えた。

そしてなんとか岸近くに留まっていたが、やがてまたサラシに乗せられて沖に運び出されてしまった。この瞬間、「あー、今度こそ終わったな」と感じるとともに、遠ざかる彼に「お別れに手でも振ろうかな」などとお茶目な考えが浮かんだ。そうすれば最後まで人を茶化していた、と伝えてくれるかな、などと下らないことを思った。

しかし私の幸運は尽きなかった。サラシの先端まで流されたが、また当て潮に助けられ、岸近くに難なく戻れたのだ。だが、やはりどうしてよいかは分からない。ただ漂っていた。どれくらい経ったか、体力を奪われ、しだいに頭を出して泳いでいるのがつらくなり、身体が徐々に沈んでいくようにも感じられた。そろそろ限界かな……。

その時、高い岸壁に立っている彼から、「今海が静かだよ、沖にも波がないよ」と声がかかった。浮いていることで精一杯になってしまっていた私には、そんな状況は全く分からない。だが、その声を聞き気力がみなぎる。

これがラストチャンスと思い、稜の鞍部に向かい思い切り泳いだ。その鞍部が見えていた記憶はない。だが熟知していた地形と彼の立ち位置から、方向は分かった。懸命に泳ぎ着くと、波が静かだったので彼も降りて来て、水バケツのロープを投げてくれた。そのロープを右手に一巻きすると同時に、今まで空しく水を掻いていた両足が、確かに岩に乗った。そして、ロープを頼りに力を振り絞り、鞍部を越えて腹ばいに倒れこんだ。

「陸地だ」と、私は心から実感した。

しかしそこはまだ反対側のワンドの奥であり、波が打ち寄せる可能性がある。彼が「ここは危ないから上に行こう」と言う。だが、その時私は気がついた。両手を動かそうとしても、鉛のようで全く動かない。全身にまるで自分の意思が伝わらないのだ。自分の身体ではないようである。また、泳いでいる時には全く感じなかったが、呼吸もひどく荒かった。私は「少し待って」と、ようやくのことで言葉を絞り出した。

しばらく後で、のろのろと岩の頂上まで這い上がり、なんとか安全な場所に着いた。それを確認した彼は、自分の荷物を片付けるといい、その場を離れた。私も次に何をしてよいか分からなかったが、いつまでも寝ているわけにはいかない。とにかく岩の上に立ち上がった。ところが立ち上がった途端に、まるで1本の鉛筆が倒れるように頭からまっ逆さまに2mほど転落してしまった。なんとか手でカバーしたが、顔面右半分に派手な擦過傷を負い、ここで自分の体力の限界だったことを悟った。

すぐに彼は自分の荷物をまとめて戻ってきた。私の荷物は50mほど離れた私の釣り座の後ろの高みにあり、バッグはチャックを閉めていないまま波に転がったようすだ。そのバッグには車のキーや財布が入っている。途中の低い部分は波で洗われていて、とても自分では取ってこれそうにない。残っているものだけでもと、彼に頼んで取ってきてもらった。背負子、バッグ、ロッドケースは残っていた。車のキーと財布は水溜りから拾ったとのこと。

ところが彼は荷を取ってくるなり先に行くと言い、さっさと行ってしまう。考えれば当然で、刻々と潮位は高くなっており、ぼやぼやすれば彼自身が三ツ石に取り残されてしまうのだ。あたりはすっかり暗くなり、1人残された私は途方に暮れたが、とにかく荷物をまとめ直して背負子を背負い、ロッドケースを持って歩き出した。

ところが身体がまだふらついて上手く歩けない。おまけに靴を脱いでしまったので、右足には靴下が残っているものの左足は素足だ。水没帯の潮位も高くなっているだろうし、ヘッドランプもない暗闇では石伝いに行くこともできない。そもそも石伝いに飛び歩く体力がない。おそらくヘソくらいまでは水没してしまうだろう。

こんな状態でとても水没帯を渡り切る自信はなく、立ち止まっては考え込んでしまう。翌朝まで留まるか、今渡り切るかの、二つに一つだ。しかし全身がずぶ濡れで、翌朝の予想気温は3℃と分かっていた。ライターもなく火もおこせない。三ツ石に残れば凍死してしまうだろうと予想できた。

そしてまた、私はのろのろと歩き出すのだった。

しかし、それでも何度か立ち止まり座り込んでしまう。つい、ここに留まり、翌朝の低水位を待とうなどという安易な方向に考えが流れてしまうのだ。

何度か逡巡した結果、留まれば凍死だ、と心が決まった。ようやく疲れも回復してきて、足取りも多少しっかりしてきた。何がなんでも、できるだけ早く水没した岩礁帯を突破しなければならないと思った。決心がつくと、身体を軽くするために転落で擦り切れたライフジャケットを脱ぎ捨て、逡巡する心を振り切って、一直線に水没帯に入っていった。

暗闇の海中は全く見えず、ルートは捜せない。水位は予想どおりヘソくらいまではあった。初めはロッドケースと両足の三脚で、ただ真鶴半島本体の方向に直進した。小田原側からの岩礁に砕けたウネリは、時折私を押し倒そうと押し寄せる。転倒すれば軽くなった衣服がまた重くなり、致命的な結果をもたらしそうで、なんとしても倒れずに進もうと思った。ロッドケースが水圧を受け、自由にならない。そこで中に1本だけ残った予備ザオを抜き出し、ロッドケースを捨て、そのサオに体重をかけながら夢中で進んだ。

ひたすら無心で歩いたが、しだいに海は浅くなり、危機が去っていくのを感じた。水がなくなり半島を巡る遊歩道にたどり着くと、そこには彼が待っていてくれた。

「帰ってこなかったら、海上保安庁に届けようと思っていた」。川崎のMさん、本当にありがとうございました。

今回、私は幸運だった。当て潮で沖に流されなかった、泳ぐために磯ブーツがすぐに脱げた、そして何より彼が残っていたことで3つの幸運が重なった。このうち何が欠けても生還できなかった気がする。

常日頃から私は「波が読める」とうそぶき、自信過剰だった。そして2月の海に落ちるのは、これで3回目だ。前の2回は、落ちても死ぬようなことはないと予想して、無理を重ねたうえの転落だった。しかし今回は違う。全く予期せず、しかも決して落ちてはならない状況で落ちた。この出来事は私のトラウマとなり、以降自然とウネリに恐怖心が湧き、慎重にならざるをえなくなった。少しはまっとうな釣り人になれた気がする。そして傷だらけの足と顔面の痛みに耐えつつ車を運転して自宅にようやく帰りついた当日、私の形相と顛末を聞いた妻は一言、

「もう1人で行くのはやめたら」と静かに言ったのみだった。

ところが私は……。懲りない男なんである。

ハリ外し棒を掛けて手首をくるっと回したその瞬間、激痛が！
風船のように目がしぼむなどという事故が、まさか我が身に起ころうとは。

# 魚が外れた瞬間に釣りバリが目に刺さる

体験者◉塩月政範

※2015年刊行の『釣り人の「マジで死ぬかと思った」体験談5』より転載

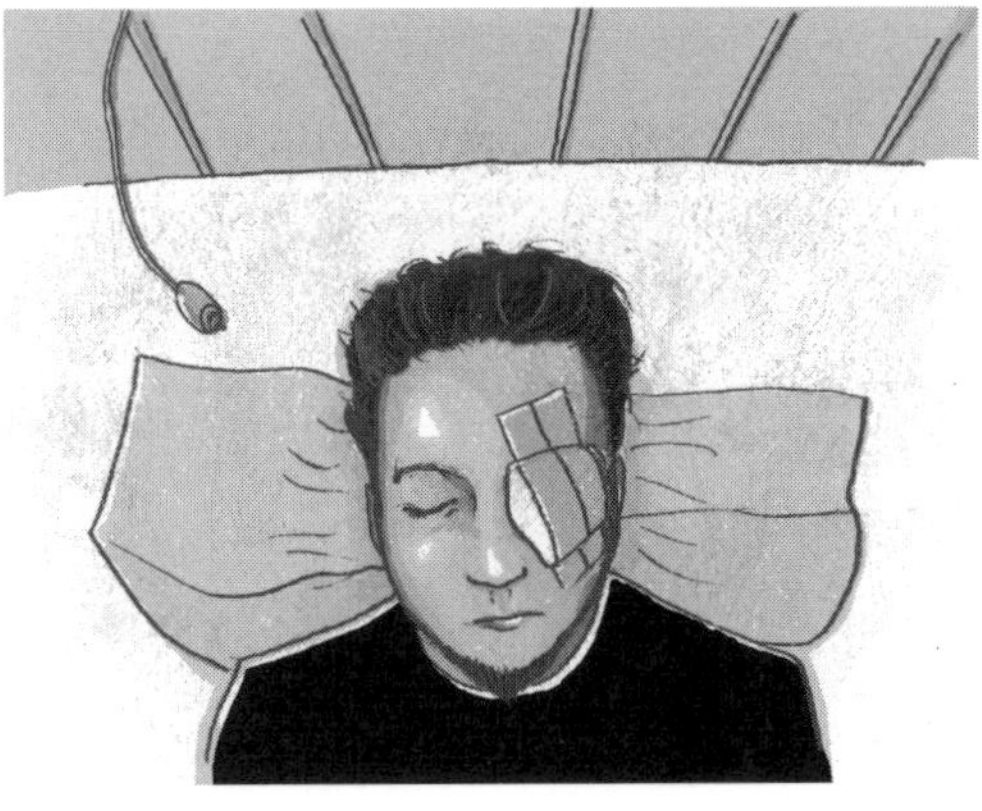

釣りは自然相手の遊び。人間なんて自然の中では米粒の欠片ほどもないので、釣りに行く時は常に危険と隣り合わせだと思っている。

私は普段、磯釣りをメインに和歌山県の磯によく釣りに行く。まず注意するのは天気だ。天気図や波浪情報などは釣行の数日前からチェックし、出掛けるかどうかを判断する。釣りを始めた当初は全く気にしていなかったが、突然の天候変化で全身がずぶ濡れになったり、海が時化だして転覆しそうな状態の船に乗ったりと、何度も肝を冷やす経験をしていくうちにそれが変わっていった。最近は情報が簡単に手に入るので、天候変化による大きなミスというのは回避しているが、予測できない危険はまだまだたくさんあるのだ。磯釣りではほかにも、岩場で転倒して落水しそうになったり、翌朝までとおしで釣りをしていて、夜中に突然の雷雨となって岩の窪みで雷に怯えながら一夜を明かしたこともある。やはり、一歩間違えば大きな事故になりかねない。

普段心掛けているのは、釣りの荷物の中に、落水時の救助用ロープ、簡易シート、救急セットなど、重たくはなるが必要だと思うものを入れることだ。

昨年、クエ釣りに行った時には、高校生の息子が外道のウツボで怪我をした。口からハリを手で外そうとしている時にかまれ、指先が裂けてしまい、防水テープと伸縮包帯を使ってその場で応急処置を行なった。この対処法はナイフで手を切るなど、切り傷をした時は止血効果が高い。それでもこの時は病院で5針縫うことになった。

自分も、タチウオ釣りでルアーに掛かったタチウオを外そうと、イトが張った状態でハリを外した瞬間、そのハリが人差し指に突き刺さってしまったことがある。その時は遠のく意識と戦いながら、ペンチでバチっと外した。このように、磯釣りや船釣りでは、恥ずかしながら人為的な事故の経験はほかにも今まで多々あるが、まさか最近やり始めたヘラブナ釣りで、これまでの人生最大の事故を起こしてしまうとは想定外であった。

会社の近くの専門店に出向き、アドバイスを聞きながら道具をそろえ始めたヘラブナ釣り。一度出掛けてみると、すぐにその魅力にガッツリとはまってしまった。

何より磯釣りや船釣りと違って朝早く起きなくてもよく、しっかり寝られ、昼前に釣り場に出向いて椅子に座ってのんびりと釣りができる。これは横着の極み♪　だが、そうした気の緩みがやがて事故を引き起こす最大の原因になる。

大阪近郊の管理釣り場へ何度か通う間に、釣ったヘラブナをタモで一度すくうよりも、水面にいるうちに「ハリ外し棒」を使って処理するほうが楽チンだと思うようになった。そこで、最初は20㎝くらいのハリ外し棒を購入。これは便利と使っていたが、ポチャッと池に落としてしまい、次は50㎝ほどのロングハリ外し棒を購入した。これまた便利と息子に自慢すると、「横着アカンで」と言われる。確かにそうである。この時にやめていれば……。

ゴールデンウイークの最終日に、釣具店おすすめの釣り場へ。この時は嫁と息子の3人で出掛けた。ヘラブナ釣りとしては、初めて朝早くに起き、丸一日みっちり釣りをしようと意気込んで釣り場に入った。天気もよく、ポカポカと暖かく、朝の空気も心地よい。

さっそくサオを曲げたのは息子。続いて嫁、さらに私と好ペースでヘラブナを釣りあげる。
「今日は100枚釣れるかなっ♪」「この寄せエサを使い切ったら昼飯を食べようか」などと言っていると、ウキがツンツン、スパッ！　アワセを入れてサオを立て、魚を寄せて、いつもどおりに口もとにハリ外し棒を掛けて手首をくるっと回した……その瞬間、左目に激痛が！　とっさに顔に手をあてると確実に目にハリが刺さっている！

息子と嫁に「ハリが刺さった」と言うが、2人は冗談だと思い笑い飛ばす。冗談ではない！
「目に刺さっているから見てくれ！」

あまりの痛さに手探りで、自分で目からハリを外した。その時、ボタボタと涙と涙ではない液体が流れた。でも出血はない。

幸い、ヘラブナのハリはカエシがないのですんなりと抜くことができたが、これはただ事ではないと判断した息子が目を見てみると、「黒目の中が裂けている」と言う。

尋常ではない痛さと目から出る液体の量を考え、すぐに病院へ行こうとあわてて撤収。ここで私は、救急車を呼ぶより、仕事で付き合いのある眼科専門の病院に行ったほうが間違いないと判断し、すぐに電話して状況を説明した。
「すぐに来てください！」。この病院は大阪市西区にある多根記念眼科病院。眼科病院では全国から患者が訪れる所だ。

息子の運転で、30分ほどで病院に到着し、さっそく先生に診察してもらうと、

「今から緊急手術を行ないます。非常に危険な状態で失明も覚悟してください」

詳しく聞くと、ハリが刺さることよりも、雑菌の感染が非常に危険らしく、目の中で菌が繁殖するとほぼ失明するらしい。

休日なので、今からスタッフを集めしだい手術しますとのことで、気持ちを落ち着かせながら手術までの時間を待つ。その間も目には抗生剤を打ち続け、1時間ほど経つと看護師さんが呼びに来て手術室へ。手術は局部麻酔の手術となるので、まずは左目の下にシールみたいな麻酔テープを貼り、腕に筋肉注射を打たれて手術室に入る。

先生から、「今から裂けている角膜の縫合とダメージを受けている部分の処置、洗浄を行ないます」と説明を受け手術開始。目の手術は初めて受けるので不安が高まる。左目の部分が丸く空いた緑色のシートを被せられると、眼球の下の部分あたりから麻酔を打たれ手術が始まった。どんな感じかというと、光の中で何かが動いている感じで、まるで万華鏡をのぞきこんでいるよう。痛みはないし違和感もない。筋肉注射が効いていて緊張もなくリラックスした状態でいる。

途中、先生が助手の人と「けっこういってますね」「ダメージ大きいな」と話す声が聞こえてくる。しばらくして先生から予想よりダメージが大きいので手術方式を変えると説明され、一言「よろしくお願いします！」と伝える。およそ1時間半で手術は終了し、先生から説明があった。

「裂けている角膜の縫合と、水晶体がダメになっているので取りました。ハリが角膜・水晶体を越え硝子体にまで届いていたので、できる限りの洗浄を行ないました。あとは菌による感染を食い止められれば失明は免れますが、予断を許さないのでとにかく安静にして抗生剤を打ち続けます」

先生の顔に笑顔はなく、本当に失明のリスクが高いことがうかがえる。症状的には重症ではなく最重症レベルと説明を受けた。あとは感染の兆候が出ないことを祈るのみ。

手術後、痛み止めのボルタレンを服用したので特に大きな痛みもなく、ベッドの上で安静にしている時間が過ぎた。定期的に看護師さんが抗生剤を打ちにきてくれる。

不安な一夜を明かし、朝の検診で先生が、「思ったより目がきれいです。現時点で感染はありません。感染の兆候があればこの時点で目の中に変色が見られ危険な状態となっているはずですが、今は大丈夫です。予断はまだまだ許しませんが」と言う。

実際、何に感染するのかと聞くと、ヘラブナ釣りをするような池の水は雑菌の宝庫であり、また釣りバリに付いた魚の菌やサビなども感染の原因になる。今回は、水の中にいる藻類の菌と土壌にいる菌などを想定した抗生剤を投与しており、適合すれば問題ないが、それ以外の菌が繁殖すればヤバイ……らしい。

2日目もただただベッドで安静に過ごすのみ。テレビも見られず起き上がることもできない。自分の身体は細菌どもと全力で戦ってくれている。今はとにかく、いらぬ体力を使わず、全細胞が目の修復をしてくれることを祈るだけだ。

3日目、朝の検診で先生の顔に初めて笑みが浮かんだ。

「感染の兆候は見られませんね。非常に運がいいです。このままいけば失明は回避できますね」

よかった……ただただよかったと思った。まずは一安心できた。

次に虹彩の形成をする処置を明日すると説明を受けた。黒目は通常丸い形なのだが、今は変形しているのでそれを形成する処置をするようである。看護師さんに写メを撮ってもらい見てみると、確かにカクカクとした形になっている。

一日中ベッドで横になっていることも、引き続き安静というより、退屈をどう過ごすかに変わってきた。気持ち的にも落ち着きと余裕が出てきたのだろう。看護師さんには、「けっこう冷静で落ち着いているのでびっくりしました」と言われた。やはりこういうケガをする人は、かなり落ち込むことが多いらしい。

私の場合は釣りバリが刺さった時に目から多量の液体が流れ、眼球がしぼんだ風船のようになった時点で失明したと腹をくくった。でも先生と看護師さんの処置と看病のおかげで失明は免れそうなので、視力がある程度戻るなら儲けもんだ♪と思っていた。でも、看護師さんが私をすごく元気づけてくれたことにはとても感謝している。

目の状態はすぐによくはならないが、いろいろな制限が解除される。まずは顔を洗える。シャンプーができる。風呂に入れる。病棟内を歩ける。テレビを見て、読書ができる。ただ、日常生活を取り戻していっても目は見えない。たとえていうと、水中で目を開け、三重くらいにボヤけて物が見える感じだ。

4日目に虹彩の変形を修正する手術を受けたが、これが目薬麻酔で処置したので、ものすごく痛くて嘔吐《おう》しそうになり、しばらくはしゃべることができずベッドで固まっていた。

6日目に3ヵ所縫合している白目部分の抜糸となった。処置室で前回同様、目薬麻酔をして、器具で左まぶたを全開に固定し、プチプチと抜糸する。これがまた痛いのだ！　数分で処置が終わったが、3時間ほど痛くてまたベッドにうずくまった。

ただ、白目部分の糸はまぶたが動くたびに当たって痛みがあり、とても不快感だったのでそれがなくなると非常に楽になった。あとは黒目の角膜も4針縫っているので、これが抜糸されれば次のステップになる。でもまだ時間はかかるみたいだ。

事故を起こして8日目に退院となった。目の状態は変わらないが状態が安定したので、自宅療養になった。退院1週間後、外来で診察してもらうと順調に回復している。一番びっくりしたのは、視力検査の時に水晶体の代わりとなるような特殊レンズで見ると、視力検査の一番上のマークが見えたのだ！　うれしかった。これは大きな前進だ。先生は人工レンズが入るとある程度視力は回復するので、焦らず辛抱して治療してくださいといってくれる。私は、また一言「おねがいします」、それしか言えなかった。

それから2週間後の診察で黒目の抜糸があると期待して行ったが、まだまだ無理だった。角膜は皮膚と違い、なかなかくっつかないので、慎重に判断しないとまた裂けて再手術となるのだという。もう1ヵ月ようすをみて、まずは1針抜糸。2週間ようすをみてもう1針抜糸する予定と説明を受けた。完全抜糸までは、8月中旬までかかりそうだ。それから目の回復を見て人工レンズを入れるとなると秋までかかりそうだという。

視力検査で見えたので過剰に期待したが、一時は失明とまでいわれた状態なので、時間がかかっても見えるようになるのなら辛抱して回復を待つしかない。いずれ見えるのだから！

ただ、そんな状態で生活をしているとストレスは溜まる一方だ。

実は退院した週末、磯釣りは距離感が分からないし動きづらいので、船なら行けると、嫁の反対を無視して釣りに出掛けた。

乗合船で周りに人がいると危ないので、船外機を借りて息子と2人でアオリイカ釣りに行った。釣果は2kgクラスを2ハイと気分上々の復帰釣行♪　翌週は南紀勝浦にイシダイをねらいに行き、長男坊が見事61・5㎝の銀ワサを仕留めた！　私は磯で何度も転び、波も被りまだまだ磯は危ないと途中で終了。こんな大きな怪我をしても釣りはやめられない♪　とはいえ、以前より注意を払うことを心掛けるように釣行する。

冒頭にも述べたように、釣りは自然との遊びなので決してお気楽ではない。危険と背中合わせなので、救命具の着用や簡易救急セットの準備や怪我をした時の対処法などを頭に入れておけば、いざという時に必ず役に立つだろう。でも、今回、自分が一番注意しないといけないと改めて思うようになったことは、横着をせず、面倒くさがらないということ。そうした行動を取れば、防げる事故がたくさんあるということ。

皆さんも注意して釣りを楽しみましょう！　さあ次はどこに釣りへ行こうかな♪

声をかけられると、つい反射的に振り向いてしまう私。
この癖が、源流では命を失いかねない結果に。

# 高さ30mの急斜面から振り向きざまに滑落

体験者◉下田香津矢

※2015年刊行の『釣り人の「マジで死ぬかと思った」体験談5』より転載

話は10数年前にさかのぼる。当時私は渓流釣りのハウツー、釣行記、渓流ガイドブックの著作のほかに数社の雑誌社の取材記者を生業としていた。まだ現役のギタ一リストとしても仕事があり、二束のわらじを履いての忙しい日々に追われ、今のように〝暇人〟を掲げるようではなかった。当時の私は40代なかばで体力、気力とも充実していた。3月の解禁日など夜も明けぬうちからカメラ片手に、幾河川も取材で渡り歩くといったハードな仕事をこなしていた。

そんな折に某社から源流釣行のフォトを依頼され、会津の某沢へ出向くことになった。仕事の内容は数人のパーティの源流釣行写真を撮れというものだった。下調べに地図を購入し、自分なりに検討して、30mの細引きがあればなんとかなると判断した。

当日は酒、食料、細引き、生活用品をザックに詰め込み、予備を含め2台のカメラをザックの雨蓋の中に収納。バランス的にはザックの最上部に重量がかさむ不安定なものになっていた。

夏の朝日が深い谷間に注ぎ込み、そよぐ風も穏やかな日和である。ヘツリ、高巻を繰り返しこの河川の最難所を迎えた。滝の直登はままならず、草も生えていないズルズルの泥つき壁の直登である。細引きを出し、1人ずつ確保しながら引き上げて難所をクリアした。その後は斜度の強いトラバースが続く。しばらく行くと、流れとの標高差は30mもあったと記憶するが、急斜面に立った。

誰かが呼んだか、あるいは自分で振り返ったかは定かではない。が、振り向きざまに足を滑らせた私は次の瞬間、急斜面を滑り落ちていた。最初は体勢を立て直そうともがいたが、どんどん加速してくる。両手を広げ障害物を求めたが何もない。

あと数mで、切り立った崖に落ちる。まるでジェットコースターに乗って、目を見開いているようだ。不思議なほど鮮やかに周囲の光景が見えていた。忘れもしないが、恐怖心はなかった。ただ「ア～ア～ア～」といった感じである。

流れが目に入った。左手に大岩が見える。瞬時に「これにぶつかっては……」と意識が走り、思い切り右の方向へ足を蹴った。空中に飛ぶことになっても眼下の流れは、はっきりと見えていた……。

ガクッと一瞬目の前が真っ黒になり、私は意識を失ったようだ。その間1、2秒であろう。どう表現したらよいか分からないが、痛みよりも全身がバラバラになっているような感じがした。足も動く、手も動く、立つこともできる。大きくため息をついた。右足にしびれるような痛さがある。左こめかみが疼いている。そして、徐々に痛みが出てきた。

ゴルジュを歩き、ようやく河原に出たところで、仲間と合流した。頭から血が出ていることを知り、ズボンの裂け目から血が噴出しているのを知った。右太ももに重い痛みがある。ズボンを脱いでみると、大腿部側筋が大きく凹み、これまた血だらけである。

まずは傷口にガムテープを巻き、傷口をふさぐ。大量の抗生物質と痛み止めを服用。これは傷口からの感染症を予防するためである。もちろん、とても取材を続行できる状態ではない。小尾根を越えて下山することになった。

足を引きずり痛みをこらえて2時間も歩いただろうか、ようやく道に出た。なんとか車止まで戻り病院に向かう。このあたりから、不気味なことに鼻血が出てきて止まらなかった。鼻に痛みはなく、ぶつけてはいないはずなのだが……。

南会津総合病院の救急室で、医師の診察が始まった。右足のスネは骨が見えるほどで、縦に約10㎝裂けている。これはすぐに縫い合わせた。右太ももは、おそらく岩にぶつかり岩の先が刺さったのだろう。直径にして7㎝ほど肉が落ち込んでいる。これは、筋肉が豆腐のように崩れているので肉をそぎ取ることになり、そぎ取ったあとは茶巾包みのように周りの皮膚を引っ張って縫い合わせた。

こめかみの傷はたいしたことはないが、堅気の私は顔に傷を残しても偉くはない、ましてステージに立つミュージシャンである。傷口が目立たぬように細い糸で縫い合わせてくれと頼み、処置してもらった。しかし鼻血が止まらない。

医師が「鼻血は甘く感じないですか?」と聞いてきた。そう言われるとなんとなく甘さを感じる。

「たぶん、それは脳髄ですよ」

さりげなく言われた。この脳髄という言葉を聞いたとたん、頭がグラグラとして全身の力が抜け倒れそうになった。長い時間、俺は鼻血ではなく脳髄を垂れ流して歩いてきたのか……。脳障害という言葉が頭をよぎった。

レントゲンを撮ると、頭蓋骨にひびが見つかった。それが原因と分かったが、あと少し強く打ち付けていたら、こんなことではすまないと医師から通告された。まさに九死に一生を得たことを、私は実感した。その後、自宅近くの病院で1週間ほどの入院生活を余儀なくされた。

私は、こういった滑落を何度か経験している。原因は何かと考えてみたが、どうもいずれの滑落も振り向きざまであることが分かった。早出川でもきわどいヘツリの際、人に呼ばれて返事をし、振り向きざまに落ちた。

絶妙なバランスを要するところでは、人は自然に身体全身でバランスをとっている。身体の部位の中で一番比重が大きいのが頭である。振り向くということは、その比重が大きな一番上部が動くことになる。当然、バランスを大きく崩すことにつながるわけだ。

渓流釣りにはヘツリ、高巻が不可欠である。そんな時にバランスを崩すことは、イコール事故につながる。私の二の舞にならぬよう、くれぐれも〝振り向く〟という行動は控えてもらいたい。

私も還暦を過ぎ、気力、身体能力もすべてが落ちてきている。この事故当時のように瞬時に身をかわすこともできないだろう。もし釣行をご一緒することがあれば、きわどいところで決して私に声を掛けないでもらいたい。

斜め前方から押し寄せる一筋のヨタ波。船が谷間に落ちた瞬間、バランスを崩し、ロッドを握ったままドン！と床についた私の右手首は〝く〟の字に変形し……。

# 波を乗り越えたボートの落差の衝撃で手首を骨折

体験者◉伊藤博昭

※２０１５年刊行の『釣り人の「マジで死ぬかと思った」体験談５』より転載

温暖化のせいではないと思うが、神奈川県の相模湾では近年、夏から秋にかけて数十kgのキハダマグロが釣れている。もう少し沖に出ると、これまた数十kgのクロマグロも期待できる。このところ遊漁船も増え、首都圏近郊のアングラーは、手軽にマグロ釣りが楽しめるのだ。私は出版社に勤務し、『ボート倶楽部』という雑誌の編集をしている。プライベートでも小さなボートを所有し、釣りのはずが、なぜかいつもクルージングで終わる休日を楽しんでいる。人生のモットーは公私混同。仕事は趣味の一環である。我々ボートアングラーにとって、マイボートの航行区域で巨大マグロが釣れるなんて、想像するだけでもドキドキする話だ。

2010年7月下旬のこと。その日はベテラン船長Y氏の24フィート艇に、Y氏と私のふた家族、計6人が乗り込み、東京湾・金沢八景のマリーナを出航。近海の天然マグロを夢見て、相模灘を目差した。途中、千葉県の洲崎沖で、泳がせ釣りのエサにするスルメイカを10パイほど確保し、さらに南下。マリーナから約3時間半で目的のエリアに到着すると、そこには信じられない光景が待ち受けていた。海面を見渡すと、視界のあちこちで30〜40kg級のキハダマグロとクロマグロが、全身をあらわに飛び跳ねているのだ。ベイトフィッシュを食いあさっているスーパーボイルも見られ、鳥が盛んに急降下している。こんなシーンは『大間のマグロ漁に密着！　3時間スペシャル』とかいうテレビ番組でしか見たことがない。

「よし、やるぞ！」とY氏。キンメダイ用タックルにセットした1本バリのフカセ仕掛けに、生きたスルメイカを付けて投入。船を少し走らせてラインをくり出し、エサとの距離を取る。私はルアーのキャスティングでねらう。マグロは船からすぐの距離でもジャンプしているから、フローティングペンシルでも届きそうだ。

魚は少しずつ移動しているようで、だんだん船から離れていく。いったん仕掛けを回収し、より食い気のありそうなボイルを捜して走る。私はいつでもキャストできるように右手にタックルを持ち、船首デッキに陣取る。当日は、まれに見るベタナギで、船は快調に魚影の群れを追う。

その時、他船の曳き波だろうか、斜め前方から一筋のヨタ波が迫ってきた。一瞬、とてもイヤな感覚がよぎった。船が越えるには問題ないが、自分の立っている場所がマズイ。船長はとっくに船速を落としていた。焦ってキャビンを振り返った時にも「分かってるよ」と頷いたほどだ。

船首が波に持ち上げられる刹那、私は何もできずに中腰で固まっていた。

バタン！

船尾側で座っていた家族には、たいした衝撃ではなかったらしい。しかし、船は船尾と船首で、受ける衝撃はまるで違う。船が谷間に落ちた瞬間、バランスを崩し、ロッドを握ったままドン！と床についた私の右手首は〝く〟の字に変形して、手のひらは意識と全然違う方向を向いていた。

（やっちまった……）

後ろを振り返ると、みんなこっちを見て笑っている。

「大丈夫かー?」とのよびかけに私の口から出たのは、

「すいません、折っちゃいました……申しわけない」

という謝罪だった。こんな千載一遇のチャンスに釣りを中断させるなんて……。痛みを意識するより先に、いたたまれない気持ちでいっぱいになった。

あいかわらずマグロが飛びかう海を、全速力で病院へ向かう。その場所から一番近いのは、伊豆大島だった。幸いにも同乗していたY氏の奥さんが看護師で、アルミ製のフィッシュスケールを曲げて添え木にし、タオルで固縛してくれた。おそるおそる右手の指を動かしてみると、少しは動く。

「もしかして脱臼しただけかも？」と淡い期待を抱くが、折れても指は動くのだそうだ。

伊豆大島の漁港に入り、タクシーを呼んでもらう。やってきた運転手が私を見るなり、「服が濡れてるなあ、困るんだよね。着替えてもらえる？」と言い放った。この時ばかりは頭に血が上ったが、ここで揉めるのは得策ではない。付き添った妻が事情を説明し、島の総合病院まで乗せて行ってくれた。

受付後すぐに診てもらえると思ったら、直前に溺れたダイバーが運ばれてきたという。こちらは命に別状はないので、しばらく待たされることに。冷静になると脳内麻薬が出なくなるのか、どんどん痛みが増していく。およそ1時間半後、温厚そうな初老の先生が現われ、レントゲンを撮ってようやく診察が始まった。しかし、ここから新たな恐怖が待っているとは……。

結局、前腕に2本ある骨の太いほう、撓《とう》骨の先端が粉砕骨折していた。まずはこの折れ曲がった手首をどうするのかと思ったら、なんと力ずくで反対側に折り戻すのだという。それを整復というらしい。

「それって痛いですよね？」と聞くと、先生と看護師さんが声を揃えて「痛いですけどがまんしてくださいね」と言うではないか。いつも「痛くない」とウソをつく医者が「痛い」と断言する痛みって、どんだけ痛いんだ！　さらに先生が「うまくいかないかもしれない」と自信なさげなので理由を聞くと、その先生は皮膚科だというではないか！　この日は休診日で、たまたま皮膚科の先生が当直していたのだ。さっきのダイバーは無事だろうか。

どうしようもないので覚悟を決め、ベッドに横たわって右腕を預けた。看護師さんが肩を押さえつける。先生が折れた右手を両手でわしづかみにし、「メリメリッ、メリメリッ」という、ホラー映画に出てきそうな音を立てながら折り戻す。骨折した時など問題にならないほどの痛さで、もしこれが拷問なら、身に覚えのない罪でも白状するだろう。あまりの苦痛に呼吸ができず、意識が遠のく。このまま失神するんじゃないかと思った。

そうして、私の手首はとりあえず整復された。

簡易ギブスで固定してもらい、「応急処置なので、すぐ整形外科の先生に見てもらってくださいね」と見送られる。ふたたびタクシーで漁港に戻り、そのまま船で金沢八景まで帰ることになった。

海では依然としてマグロがバンバン跳ねている。Y氏に「どうぞ釣ってください、少しの間は大丈夫だから」と頼んだが、聞いてもらえなかった。病院で思いのほか時間がかかり、明るいうちにたどり着けるか微妙なのだという。帰路は大島から八景島まで2時間ちょっと。Y氏は愛艇のエンジンに少し無理をさせたようだ。

マリーナに到着し、すぐに最寄りの大学病院に駆け込んだ。すると、当直の先生は本物の整形外科医だった。しかし、それだけにこだわりがあるのだろう。レントゲンを見るなり「皮膚科の先生にしてはがんばったと思いますが、やはり気に入りませんねえ」と言い、もう一度整復をやり直すというではないか！

今度は立ったまま、研修医がふたりがかりで身体を押さえ、先生が手首を「ふん！」と言いながら何度も引っ張る。私は痛みと恐怖から、小島よしおのように床を蹴り続けていた。

そして先生は言った。

「あれ？」

あれ？　じゃねえ‼

その整復は失敗に終わり、「自宅から通える病院で手術したほうがいいでしょう」と告げられ、病院を出た。

翌日、自宅から近い千葉の市立病院で診察を受け、その翌日に手術をした。現在、チタンのプレートと9本のボルトで私の撓骨は固定されている。だいぶ動きもよくなり、カワハギ釣りくらいならできるようになった。そして春が来る頃、今度はプレートを取り出す手術をするのだという。しかし、皮膚科の先生による整復を経験した私には、手術なんてちっとも怖くない。

その後、Y氏は長崎県・五島列島にIターンして漁師になり、氏の愛艇は私が譲り受けた。いつかこの船で、大きなマグロを釣りあげるのが夢だ。

悪夢の元旦。ボートの上から一転、真冬の水中へ。
岸辺までの距離は5～6ｍ。
だが心臓の痙攣とともに動きの止まった身体はゆっくりと川底へ。

# 元旦の湖でボートから落水して心臓が痙攣

体験者◉荻野貴生

※2009年刊行の『釣り人の「マジで死ぬかと思った」体験談4』より転載

子どもの頃から釣りばっかりしているので、釣り場で怖い思いもしばしば体験している。でも、そのなかでも「死ぬ時ってこうなんだなぁ」とまで思ったのは一度きり。

あれは今から15年くらい前の元旦、毎年恒例になっていた霞ヶ浦での初釣りでの出来事である。バス釣り仲間が10人ほど集まり、ボート4艇に2〜3人ずつ乗船してちょっとした釣り大会を開催した。当時、人気、釣果とも最高潮だった霞ヶ浦のバスも、さすがに真冬ともなればそう簡単には釣れるもんじゃない。てなわけで午前中は全員ノーバイト。水温が上がる午後が勝負！

ということで早めに着岸。持ち寄ったお弁当やら豚汁でプチ宴会。これも楽しみの一つなのである。お酒が入っちゃうメンバーもいるけど、まあお正月だしってことで盛り上がるわけですよ。

そして、いよいよ午後の部スタート。僕の乗るボートはアルミの17フィート。後半はバスのストック量の多い桜川に勝負をかけることに。

水深のあるアシを中心にラバージグを入れていく。夢中でアシ撃ちを続けているうちにだいぶ上流まで上ってきてしまった。水温は徐々に下がり、魚探の水温計はすでに5℃弱。これはさすがに釣れないな、と思ったが、パートナーからもう少し流したいとのリクエストが。ここでエレキの操作を交代して僕はリアデッキに。これが悪夢の始まりだった……。

もうすでにこのエリアに確信を持てなくなっている僕の気持ちは、川を下り水温の上がりやすそうな本湖のワンドにある。キャストも散漫になり、いわゆる「ダメモード」に突入。

そんなだらだらとした時間が流れる中、突然パートナーがエレキを水中から回収して船内へ上げた。そしてコンソールに座るやいなや、すかさずエンジンを掛けギアを入れた。

アッという間にボートは上流へと走り出し、リアデッキでピッチングしていた僕はボートにしがみ付くかのごとくしゃがみ込むしかなかった。

「危ないからやめて！」

そんな僕の声はエンジン音でかき消されているのか、彼には届いていない。

この先、川幅は狭くなり、水面から出ていない鉄パイプがちょうど川のど真ん中に立っているのを覚えていた。いつもそれに注意しながら、エンジンではなくエレキでスローに上がって行くスポットなのだ。このままだと確実に命中してしまう。

しかし必死の阻止もむなしく、鉄パイプは左舷後方に突き刺さり、その衝撃で僕はボートから振り落とされた。防寒着の中に、まるで氷水のような恐ろしく冷たい水が一気に浸入してくる。当時はライフベストを着用するのはエンジンが掛かっている間だけというのが一般的で、僕も例に漏れず着用していなかった。

どっちが上でどっちが下だか、分からなくなり、水中で目を開けて必死で水面を目指した。よく水の中で足を引っ張られるという表現があるけれど、まさにそんな感じ。プールや海で泳いでいる時のような浮力がまるでなく、沈もうとする力が勝ってしまっている。僕は決して泳ぎは苦手なほうではないけれど、水面がとても遠く感じたのを覚えている。

最初に空気を吸う頃には衣類に水が浸透しきって身体の自由が利かなくなっていた。大きく息を吸うのと同時にこれが最後の「息継ぎ」になるのを確信した。

岸辺まではほんの5～6ｍ、でも再び水中に引き込まれた時、身体の震えは痙攣と化し、完全に身体の自由は奪われた。そして次には心臓が痙攣を始めた。まるで、大男の巨大な手で、ものすごいスピードで小刻みに心臓を握り潰されるかのごとく……。

今まで水面を目指し続けた身体の動きは完全に停止し、ゆっくり水底へと向かっていく。水深はおそらく手を伸ばせば指先は出るくらいだった。でも、底に着くまでにいろいろなことが走馬灯のように脳裏を駆け巡る。こんな時に、普段は気にもしていない母親の顔が出てきたりするんですね。楽しかったこととか、まだやり残したこととか……。そして身体が水底に着いた時、「このままじゃ死ねない、死んでたまるか！」っていう気持ちが湧き上がってきたのである。

まさに火事場の馬鹿力、渾身の力を込めてボトムを蹴ると、なんとか身体が水面に浮上。懸命に手を伸ばすと指先がぬかるんだ土の土手の感触を確認した。しかし顔を水面に出す力はもう残ってなく、右肘を土手に掛けた状態で、思いきり濁った水を飲みながら左腕で顔を土手に押し上げた。深く咳き込みながらも、ついに呼吸することができ、まさに九死に一生を得たのである。

その時ちょうど、乗っていたボートがＵターンして着岸。僕は土手に引き上げられ、着ている物を脱ぎ、唯一残る乾いた衣類であったレインウェアを直に着た。

しかしこれですべて解決したわけではなかった。穴の空いたボートはどんどん浸水するし、操縦していたパートナーは相当動揺している。いくらアルミボートとはいえエンジンは60馬力、人間の力で土手へ引き上げることはできない。

すぐに船内の水を船外に排水するビルジポンプを回し、港を目指した。川を下る途中、ちょうどキャストをしている別艇の仲間がいたので大声で先回りしてくれるよう指示。その間もどんどん船内に浸水し、ビルジポンプが追いつかず、溜まった水はもう足首まで来ようかという勢いだったが、仲間のアシストもあって間一髪で沈没だけはのがれることができたのだった。

今となってはもう常識だけど、ライフジャケットってホント大切です。「生きててよかった」ってこと、たくさんありますからね。

辛うじて痕跡を残していたゼンマイ道が途絶えた。
身動きが取れなくなった私たちは、
70mの断崖絶壁を下降することになったが……。

# 断崖絶壁からの下降中に滑落する

体験者◉小池 卓

※2009年刊行の『釣り人の「マジで死ぬかと思った」体験談2』より転載

杉川は、新潟県阿賀野市で阿賀野川に流れ込む早出川の支流で、青里岳（１２１６ｍ）に源を発している。下流から中流部のゴルジュ帯は見事なもので、グレード５級に相当する渓である。

出発は１９９８年9月20日。中秋の名月の日であった。メンバーは「翁」こと瀬畑雄三さんと渡部信雄さん、そして私の３名。渡部さんは小阿仁川の帰りで私の家にいた。夕方、買い出しをして準備を整える。夜半、瀬畑さんがやって来た。挨拶も早々にパッキング。

私が「瀬畑さん、ザイルは?」と聞くと、「ザイルなんていんねー」の返事。渡部さんが「小池さん、酒の量ちょっと多くない?」と聞く。「これくらい飲むんじゃないの」と私。２泊３日の予定でビール５００mlが6本、日本酒７５０mlが1本、５００mlが1本、ブランデー５００mlが1本、梅酒３００mlが1本、行動酒少々。何とこれで2人分。当時の瀬畑さんは酒をほとんど飲まなかった。今思うと、ザイルを持っていかなかったことと荷が重すぎたことが重大なミスであった。

午前2時に出発。会津西街道を順調に進む。途中、会津坂下のコンビニで朝飯と昼飯を仕入れる。この時、売れ残った月見団子を見て、十五夜だったことを知る。白々と夜も明けてきた49号線をひた走り、村松町に着く頃には明るくなっていた。6時に車止に到着。着替えながら朝食を取る。

7時、重いザックを担いで出発。植林地帯を1時間ほど行くと、急斜面の下りに出合う。注意して降りると朽ち果てた吊り橋。逢塞沢の出合で休憩。また沢を渡り、大きく左に回り込む。そこは素晴らしい景色が眺望でき、眼下は恐ろしいほどの断崖絶壁がえんえんと続いている。谷底までゆうに１００ｍはあろうか。取り付きのない岩壁。足を踏み外したら谷底まで真っ逆さまだ。急斜面を注意しながら行く。中ほどに半畳くらいの平地があり、そこで休憩。行く手を望むと、えんえんとゴルジュ帯が続く。地図で読むと６㎞。まるで釣り人を拒むかのように連なっている。聞くところによると、昔、山奥から鉱石を採取して運び出すために取り付けられた道跡とか。今は長い年月とともに風化して、その跡が辛うじて残されているだけだ。

２時間ほど下り、森の中に。詰めの急斜面を降りる。そこは杉川の渡渉点。通常は、ここから川通しに進むが、今回は増水と泳ぎが苦手な私のためにゼンマイ道を行くことに。

本流を徒渉すると、対岸は混成林となり、汗ばんだ身体に木々の影が心地よい。木々の間からは谷底のようすを垣間見ることができる。垂直に切れ込んだ側壁が長く続いており、このゴルジュの中で雨に降られたらと思うとゾッとする。しばらくして道は不鮮明になるが、ナタ目（刃物で木に刻んだ目印）ははっきり付いていた。途切れ途切れの道をナタ目を拾いながら行く。対岸の大岸壁の中ほどに滝がかかった沢が見えた。「あれが八匹沢だ。またこのあたりは中山スラブというんだ」と瀬畑さんが説明してくれる。

２時間ほど行くと、小沢を横切る。そこは１９８８年頃に瀬畑さんが切り開いたテン場跡だという。昼食を取った後30分ほど休んでから、また重いザックを背負う。瀬畑さんの「二本杉の宿泊地へ３時には着くから、そのあとノンビリしよう。明日から杉川は貸し切りだ」の言葉に心がはやる。小沢を横切り、急な壁をヘツリながら登ると、またも道が不鮮明に。小沢を横切るたびに道を見失って行き詰まるが、何とか捜し当て前進する。時計は２時半を指していた。それから30分、ゼンマイ道は完全に途絶えた。その場所から谷底までは60〜70ｍはある。幸いにも2〜3ｍの木が所々に生えているようだが、下降地点は確認できない。

この頃になると、ザックの重みと暑さでだいぶ疲れが出ていた。瀬畑さんが「ちょっとようすを見てくる。合図をしたら降りて来い」と言い残し、下へ消えていった。しばらくして「オーイハッコイ！」の合図があり、私が先に下降を始め、すぐに渡部さんが続いた。順調に50ｍほど下った辺りから木が細くなり注意する。瀬畑さんが下から木の揺れを見て判断しているのだろう、「右！」「左！」と声がする。そのうち「左」と聞こえたので、川下の方向に下って行った。あとで考えてみれば、山側を見上げている瀬畑さんと下っている私たちでは逆の方向を指していたのかも？

ともあれ、私は渡部さんの4〜5ｍ下で悪戦苦闘しながらルートを模索した。しかし、ますます木が細くなり、気が付くと足もとは2ｍほどの泥付きで75度の急傾斜。その下は直角に切り立った10ｍほどの壁。ヤバイと思った瞬間、足が流れ、完全に身体が伸び切った。ああ、落ちる……。

その間、数秒ほどだが、すごく長い時間に感じられ、これで終わりだと思った。しかし、落ちた瞬間に身体を反転させ、ザック側で足を下にして落ち、大きな岩の側面に右足からぶち当たってなんとか止まった。

すぐに瀬畑さんが「大丈夫かー」と叫びながら駆け寄り、ザックの腰ベルトを外そうとしてくれたが、なかなか外れない。渡部さんも降りてきて腰ベルトを外してくれ、平らな場所へ身体を移動させてくれた。右側の足と胸が異常に痛い。時刻は3時。9月も末になると日が暮れるのも早い。

瀬畑さんが「ここじゃ水が出たら危ない。なんとか二本杉まで行こう」と言う。さらに、「オレが小池のザックをテン場まで置いてくる。それから2人で小池を担ぎ上げよう。ナべさんは付いていてくれ。30分で戻ってくるから」と言い残して、急ぎ上流に向かった。その間、渡部さんが川の水で足を冷やし続けてくれたが、右膝から下が前にも増して腫れている。

40分ほどして戻ってきた瀬畑さんが開口一番「どうだ?」と心配してくれる。渡部さんが「この状態じゃ動かせないね」と言うと、足を見た瀬畑さんも納得した。「ザックをまた取って来なきゃダメか」と瀬畑さん。前もって偵察に来ていた渡部さんが「ここじゃ雨に降られたらどうしようもないない。対岸の6~7m上に少し平らな所があるよ」と言う。

大急ぎで木を払い、枝をスコップ代わりに土を掘り、石をどけ、なんとか3人が横になれるスペースを作った。そこにブルーシートを張り、ビバーク地ができた。しかし、まだ大仕事が残っている。私を担いでここまで上げなければならないのだ。身体を持ち上げ、腕を担がれ、足を持ち上げて、対岸まで運んでもらう。さらに上まで持ち上げてもらうわけだが、足場はかなり悪い。痛まないほうの足に体重を掛け、身体を支えてもらいながら前方に押してもらう。この動作を何度も繰り返し、何とかビバーク地にたどり着いた。「オレはザックを取ってくるから。ナべさんは火を起こしておいてくれ」と瀬畑さん。時計は5時を回っていた。その体力と行動力には本当に頭が下がる。

7時前、瀬畑さんが戻り遅い夕食を摂る。食欲はなかったが、生卵をぶっかけ無理にかきこむ。「明日は7時にここを出て救助を頼みに行く。川通しに行けば早く行けるから。ナべさんはここに残って昼から火を焚いて煙を出して救助の準備をしてくれ。いつでも出られるようパッキングもゴミの片付けもしておいてくれ」。瀬畑さんの言葉を聞き、痛みと不安の中、眠りに就いたのだった。

朝6時。昨夜の残り飯に味噌汁の残りを入れ、おじやにして食べる。「今日中には何とかするから頼んだよ」と言って瀬畑さんが出発。私は「無理をしないでお願いします」と頭を下げた。渡部さんは川原にレスキューシートを広げ、四隅に石を乗せて、風に飛ばされないようにした。そして濡れタオルで何度も足を冷やしてくれた。

「今日来るかなー」

「いやー、今日来なかったら明日には。もし明日来なかったら明後日にオレが行く」

「大丈夫。今日必ず来ると思う。早くて3時か4時。4時を過ぎたら明日に期待しよう」

「瀬畑さんは大丈夫だろうか」

「あの人のことだから平気だよ」

こんな会話の間も、渡部さんは火を絶やさない。時間があまりにも長く感じる。そして午後2時半。上のテン場で横になって耳を澄ませていた私が、「ナベさん、音が聞こえる！」と叫ぶ。来た来た、下流から谷筋に沿ってなめるように向かって来た。渡部さんが急いで葉の付いたヤブツバキの枝を焚き火の上に被せる。勢いよく煙が上がった。

ヘリに向かって大きく両手を振った。ヘリは下流に向かってホバーリング。こちらを確認したようだ。ゆっくりと頭上を通過して上流に向かい、機体を大きく左に傾け姿を消した後、今度は上流から谷に沿って、ゆっくりと渡部さんの頭上で止まった。ものすごい風圧だ。焚き火が火の粉を散らして激しく燃え上がる。

やがて1人の救助隊員がワイヤに吊られて降りて来たが、ワイヤが木に絡む恐れがあると判断。隊員がもう1人降りて来て、まずは3人で私を慎重に川原へ運んでくれた。ヘリから下ろされた担架に乗せられると、着物の前を合わせるように布で全身を覆われ、外が見えなくなった。

ヘリの真下の風はすごい。特に谷では両側の壁で風が凝縮されるため周りの木々はものすごい勢いで暴れている。ワイヤに担架を掛け、ヘリまで引っ張ってもらう。途中、担架がグルグルと回り、最後はヘリのタラップとの間に首を挟まれて苦しかったが、とにもかくにも救出された。

次いで渡部さん、隊員の順でヘリに戻り、昨日7時間かけてここまで来たのに、たったの5分で村松町の総合グラウンドへ着いてしまった。待機していた救急車に乗せられ、南部郷病院へ担ぎ込まれる。レントゲンの結果、右側の肋骨が5本折れ、右足の腓骨と脛骨が膝の付け根部分で剥離骨折しているとのこと。改めて事故の重大さに驚く。肋骨は岩の側面にぶち当たった時に右手の肘で押し込んだらしい。でも、頭から滑落していたら、私は恐らく死んでいただろう。

結局、地元の病院に入院。完治までに3ヵ月。それからリハビリ。後遺症として、右足が真っ直ぐにならず、少し短くなったため、背骨が湾曲し、腰痛に悩まされている。しかし、この事故にも懲りず、今も源流釣りは続いている。

極寒の氷結湖に開いた穴に転落。次いで、兄の足もとの氷が割れた。
這い上がるのは困難。私たちに気づく者は誰もいない。
もしかしたらこのまま助からないのか。

# 結氷した湖から転落し這い上がれなくなる

体験者◉横山 誠

※2005年刊行の『釣り人の「マジで死ぬかと思った」体験談2』より転載

冬の風物詩、氷上のワカサギ釣り。家族連れで楽しむこともできるレジャーだが、実は毎年、何人かが命を落としている危険な釣りでもある。氷が割れて水中に落ちたり、テント内の練炭で一酸化中毒になり、命を落とす者が後を絶たない。しかし、それでも自分が当事者になると考える人は少ないだろうし、かくいう私もそうは思わなかった……。

渓流釣りは30数年の経験がある私だが、ワカサギ釣りはまだ2シーズン目であった。釣り場は北海道の中心部を流れる石狩川の支流・空知川の中流域にある滝里ダム上流部。4、5年前に個人が開いたポイントで、昨年の後半あたりから土日になると30人以上が集まる人気釣り場になった。今年はさらに人気が高まり、平日でも30人以上、土日ともなると50人以上の釣り人で賑わう日もあった。型は10㎝以上の良型が揃い、臭みのない美味なワカサギが釣れると評判を呼んだ。しかも、管理釣り場ではないので入漁料はない。ただし、危険に関する管理も自己責任。釣り人個人個人の判断に委ねられている。

前の人が開けた後家穴に足を踏み入れたり、時には胸あたりまで水没するといったトラブルは毎年のように起きていたが、釣り人同士で注意し合ったり、助け上げたりして、これまで大きな事故はなかった。今年も2月中旬に氷が薄くなり、テントの中で氷が割れ、胸まで水に浸かる事故があったと聞いたが、その時も周囲にいた釣り人たちが助けあげたそうである。

例年なら12月末には結氷するのに今シーズンは結氷が遅く、1月5日になってようやく穴釣りシーズンが開幕した。また、例年なら40㎝はある氷の厚みが今年は30㎝程度にしかなく、開けた穴は

1週間もすると、水面と接する側が直径50㎝くらいまで広がることがあり、こんなことからも、昨年とはようすが違うと感じていた。

例年なら12月末から2月中旬までは安全に穴釣りが楽しめると聞いていたが、今年は安全面を考慮して1月15日から開始した。また、前年は初心者だったので岸寄りのプール状のポイントで釣ったのだが、今年は良型がねらえる沖側にテントを張った。このテントはシーズン中、常にポイントの上に置いておく。それから私は毎日のように通う常連の仲間入りをしたのだった。

そして3月に入ると、いよいよワカサギシーズンも終了を迎える。3月7日には釣り場の上流100ｍくらいまで川が開いた。しかし昨年はそれから1週間は釣り続けられたので、まだ大丈夫だろうとは思っていたが、今年は氷が下流方向に向かって長く大きく溶けていたのが気になったので、昼過ぎには釣りを止め、明日にはテントを撤収しようと決めた。周囲の常連たちも危険を察知したらしく、大半はその日の午後のうちにテントを撤収した。翌8日、午前中に仕事を終えてから兄を誘って湖に着くと、テントはわずか8張しか残っていなかった。

氷の状態が悪い。その日、私も兄もそう感じていたが、そのまま残せば釣り場が汚れるし、ダムの管理者側にも迷惑をかける。また、そのことが原因でここが釣り禁止にでもなったら釣り仲間たちに申し訳がないと考えたのである。この浅はかな考えによって、結果的にはもっと多くの人々に迷惑をかけてしまったのだ……。

「氷が薄いから無理はしないようにしよう」。兄とそう話し合って、少しずつ歩き出す。ある程度まで進んだ所に古い後家穴があり、調べてみると氷の厚さは20㎝以上ある。これなら注意して進めば大丈夫だと思った。それに、誰かがテントを撤収する際に使った真新しいボブスレーの跡がある。この跡をたどれば危険は少ないだろうと考えた（自分の体重が80kg以上あることを考慮しなかったのが誤算）。

やはり不安なので私が先を歩いた。普段ならテントの跡は後家穴も多いので避けて歩くのだが、この時はボブスレーの踏み跡をあまりにも頼り、注意力が希薄になっていた。

「落ちた」と言ったのは覚えている。次いで氷の上に顔だけ出して氷に掴まっていた。兄がいうには、落ちてしばらくは沈んだままで、先に帽子が浮き上がってきて、あとから頭がゆっくりと浮いてきたそうだ。

兄は私が氷の下に潜らないように氷を掴もうと前屈みになった。その時、兄が立っていた氷も割れてしまい、何と兄も氷の下に落下してしまった。

しかし、水面から氷までの段差が低いので、何とか這い上がれそうだと考えた兄は、一旦、顔を水に入れ、勢いをつけて浮かび上がり、足を氷に乗せようとした。が、その姿は私からは溺れているように見えたので、思わずベルトを掴んだ。すると兄は「大丈夫だから離せ！」と言う。が、その時、右手に激痛を感じて「腕を折ったらしい」と言いだした。落水時に氷に強くぶつけたらしい（実際は右肩脱臼）。

私1人が氷から落ちた時は、わりと冷静を保っていた2人だったが、2人とも湖に落ちてしまい、周囲には誰の姿もなく、そのうえ兄が怪我をしてしまったのでは、もしかすると助からないかもしれないと思った。途端に恐くなって大声で助けを求める。見上げれば国道の橋の上を何台もの車が走っているのだから、誰か気付いてくれないものかと大きく手を振り、大声を張り上げる。

しかし、「体力をなくすから止めろ」と兄。次いで「左手が使えるか試してみる」と言って、また顔を水の中に入れて、身体を反転させ、氷の上に片足を上げようとした。私も兄の腰の下に手を入れて持ち上げようとしたところ、わりと簡単に兄が氷の上に転げ上がった。どうやら兄が氷の角に足を掛けて蹴ったのと、私が持ち上げたタイミングがピタリと重なったらしい。幸運だった。

「自分にもできたのだからお前もやってみろ」と兄は言うが、私にはコツが分からない。腕の力だけを頼りにしているからなのか、胸まで浮くのがやっとで、足を氷の上まで上げることができない。兄が必死の形相で「俺が引っ張り上げてやる」と言うが、その怪我では無理だろう。「俺はまだ頑張れるから、助けを呼んできてくれ」と頼むが、「お前1人置いて行けるか！」と言う。

こんなことをしていても無駄だ。1人だけでも助かってほしい。そう思った私は、「早く行け！このままじゃ2人ともダメになるぞ！」と怒鳴った。

右手が利かず、その激痛に耐えながら、全身ずぶ濡れのまま雪の上を歩き出す兄。坂の上の国道までは700mほど。しかし兄にとっては数㎞以上の距離に感じたことだったと思う。私が氷の下に沈んでしまうのではないかと思いながら必死に歩いたことだろう。結局、40分以上かかって、雪まみれになりながら、這うようにして国道にたどり着いたようだ。

国道を走る車に手を振ると、3台目のトラックが止まってくれたそうだ。運転手さんが「1人か?」と聞いたので、「弟がまだ氷の下の水の中にいる」と答えると、すぐに無線か携帯電話で救助の要請をしてくれたという。後日、その運転手さんにお会いし、礼を述べたが、彼は多くを語らず、当たり前のことをしただけだと話すのみであった。

連絡を入れたあとすぐ、運よくダムを管理する職員と昨日まで釣りに来ていた釣り人が通りがかり、救急車が来るまでの間、車内で兄に暖を取らせてくれたそうだ。冷たい湖に落ち、雪まみれになり、体温が下がり切った兄が一命を取りとめたのは、彼らの善意のおかげであった。

一方の私は、1時間近くも氷水に浸かりながらも、湖底に沈むこともなく氷にしがみついていたそうだ。「そうだ」というのは記憶がないからで、救助に駆けつけてくれたレスキュー隊員に声を掛けられた時にも「大丈夫だ」と答えたらしいのだが、まったく記憶にない。

兄の姿が見えなくなったあと、兄の上がった氷の角を捜して這い上がろうと試みたが、数回で無理と判断。体力の温存を考えて、ただ静かに氷に掴まっていた。しだいに下半身の感覚がなくなる。一方、上半身は湖面に風が吹くと猛烈に寒い。

早く誰か助けてくれ！　私は虫のいいことをいっていた。しかし、このまま人生を終えたら、自分の最期はあまりにも寂しすぎる。不思議と死に対する恐怖や焦りはなかった。ただ、私が死んだら、私を残して助けを呼びに行った兄が悔やむだろうから頑張らないといけないと思った。また、歩くスキーの大会へ一緒に行く約束をした知的障害をもつ三男に、「約束を守れないかもしれない。

ゴメン」と1人つぶやいたことを覚えている。が、その後の記憶はない。

気が付いたのは、病院で検査が終わった頃だった。医者から、ずいぶん暴れていたと聞かされた。「意識をなくすと誰でも暴れるんですね」と私が言うと、「経験があるの?」と医者。「以前、私の長男が喘息の発作で意識をなくしたことがあったが、その時も暴れました」と言うと、医者は「もう大丈夫ですね」と安心したようだった。

診断の結果は、低体温症と脳浮腫。その後も意識ははっきりしていたし、外傷もなかったので3日後に退院。警察、消防署、ダム管理事務所へお礼とお詫びに行く。3者からは、テントを張りっぱなしにしていたことと、不安を感じながら無理をしたことが今回の事故につながったと指摘された。そのとおりだと思う。自分のためにも仲間たちのためにも、今後はテントを張りっぱなしにするのは止めようと思う。

あの事故から2ヵ月。いまだ後遺症に悩まされている。そんな折、突然、つり人社から原稿の依頼。体験談と呼べるものは書けないまでも、同じ釣りを楽しむ仲間に同じ轍を踏ませたくないとの思いからペンを取ったしだい。後遺症に苦しんでほしくないのだ。

事故直後は両手の指先と両足の膝から下の感覚が鈍い程度だったが、1週間ほど過ぎた頃から指に痛みが出て、指が曲がらなくなった(血行不良が原因らしい)。曲げ伸ばしを始めると関節痛が走る。関節痛には湿布がよいといわれ、新陳代謝を促進させるために1日中皮手袋をしている。指先は少しずつよくなりだしたが、肘、肩、首に痛みが移動しだした。足も少しずつつま先に向かって痺れと痛みが移動している。外見からは異常がないので、病院では治療の方法がないらしい。

兄と一緒に均整指導員の指導を受けているが、いつ完治するかは不明。兄の肩も単なる脱臼ではなく、神経ごと切れたらしい。医者も、どの程度まで回復するか分からないとのこと。ただし、兄は今のところは肩も肘も少しずつ動くようになっているし、動作に時間は掛かるが、大好きな釣りができるまでに回復している。

他人は「生きているだけでも運がよかった」と言うが、私や兄にとっては、生きているからには好きな釣りがしたい。釣りができなくては生きていることにはならないのである。手が自由に動かなかったり、後遺症に悩まされる毎日ではあまりにも辛い。だからこそ、釣りを楽しむ仲間には同じ思いをしてほしくない。

氷上の釣りは、常に危険と隣り合わせである。できれば初心者とベテランが同じ場所で釣りをしてほしい。

ちなみにこの事故は、新聞等でも「ワカサギ釣りの兄弟が氷割れ湖に転落」などと報じられたが、釣り人のマナーの悪さを指摘されたくないがために、テントを撤収しに行った挙げ句の事故だったというのはあまり言っていない。事実を知っているのは関係者数人のみだろう。

不用意に手を突っ込んだ道具箱の中から、安全装置の外れる音が……。
激痛と呼吸困難にのたうちまわった悪夢の60分。

# クマを撃退するはずの熊スプレーを誤って自分に顔射

体験者◉田村英俊

※2005年刊行の『釣り人の「マジで死ぬかと思った」体験談2』より転載

まだ私が出身地の北海道に住んでいた学生時代の話である。当事、私は山岳探検集団「北広島山岳隊」なるクラブを結成し、その代表を務めていた。

もともと北海道でのコイ釣り仲間の集いから発展したクラブなので、全員釣りが大好き。これまでも沢登りのついでに渓流釣りも楽しんでいた。こうした北海道の山遊び、沢遊びでつきものなのがヒグマの恐怖。これまでも何度となくヒグマのフンや臭いに戦々恐々としてきた。

昔からヒグマ対策といえば「ナタと鳴り物」というのが常識であり、現に私たちも山深く入る際はナタと熊鈴を必ず持っていった。ヒグマに対してはまず、こちらから音を発して早めに人間の存在に気づかせることで不意の遭遇を防止する。それでも万が一、ヒグマに襲われた場合は、ナタなどでとにかく抵抗すべきだという考え方である。

しかしながら、シンと静まり返った森の中ならいざ知らず、釣り人のように沢筋を移動する者にとって、熊鈴の音は沢の音に簡単にかき消されてしまい、その効果は半減してしまう。また、渓流釣りそのものに関しては、鈴の音は魚に警戒心を与えるため釣果の障害になる。そんなこともあってだろうか、統計的に見ても、聞こえよがしに鈴を鳴らして歩く登山者よりも、釣り人や山菜採りの人のほうがヒグマに襲われてしまう事例が圧倒的に多いのである。

また、「もし襲われたらナタでヒグマの鼻頭に一撃くらわす」なんてことも、もし実際にできたら神業に近い。クマ牧場などでケンカし合っているヒグマの姿を一度見ていただきたい。おそらくあまりの迫力に身体が硬直するだろう。そして誰もが「ナタで一撃なんて絶対に無理……」と思うはずである。

とまあ、ヒグマの恐怖に対しては「これだ！」という解決策を見つけられないまま過ごしていたわけだが、ついに7年前、私は衝撃的な商品と出会ったのだった。近年こそアウトドアショップ等でよく見かけるようになったが、当時は珍しく、とても画期的に思えた商品、それこそが対ヒグマの最終兵器「カウンターアソールト」。米国製の対クマ用大型催涙スプレーである。

当時は相当マイナーな店でしか売っていなかったこの熊スプレー、価格は1本1万円ほどで今と大差はなかったと記憶する。主原料はオレオレジン・カプサイシンという究極に辛いトウガラシ成分で、射程距離は4～9ｍとある。誤射を防ぐためにがっちりとした安全装置が付き、きちんと地球にやさしい代替フロンを使っている。その黒光りしたボディーには「クマのほかサル・イヌなど、攻撃してくる危険な動物に対して有効」と頼もしいことが書いてある。対策は1つでも多いほうがいい。命根性汚い私はこの商品に飛び付いた。

さて、それをうれしそうに腰にぶら下げて沢や山へ行くようになった1年後のある日のこと。とある山奥の沢に行く準備をするため、私は自宅の道具箱をゴソゴソと漁っていた。そして、釣りや登山道具などが雑然と放り込まれているその段ボール箱の奥底から熊スプレーを引っぱり出そうとした時である。

「おっ、あったあった……」

カチャ……。

「ん？　カチャ……？」

ブシューーーーーーー！！！

次の瞬間、箱の奥のほうから私の顔面に向かって、オレンジ色に輝く気体が一直線に噴出してきたのである。そう。カチャという音は安全装置が解除された音だったのである。箱を覗き込む姿勢でいた私はなす術もなく、顔面に対してきれいにその毒ガス攻撃をくらい続けてしまった。

「うぎゃあああぁぁぁぁ！」

「ごほぉぉぉぉぉっぉぉ！」

「ぎょえええええぇぇぇぇ！」

自分でも驚くような断末魔が我が家を叩き壊さんばかりに響き渡った。オレンジ色に輝く光を浴びて1秒後、強烈な激痛が顔面をはじめ全身にほとばしる！　全身にガソリンをかけて火を放たれたような、まさに生き地獄である。目は開けることができないほどの激痛に沁み、まぶたは大きく腫れ上がり、空気を吸い込んだ喉は漫画のように火を吐くほど熱く焼けついた。腕も首も唇も、皮膚が出ているところ、特に粘膜の部分が凄まじいほど痛い。それはもう本当に死んでしまうと思ったほどだ。呼吸困難になり、激しく咳き込み、目に至ってはもう失明したと確信したほどである。

あまりの痛さに顔の皮膚がどうにかなっているのかと思い、両手で顔に触れてみる。すると今度は両手が燃えるように痛い。その手で腕や足に触るとそこが燃える。どうすることもできないのだ。

呻き苦しみ、部屋の中をのたうち回り続けること約40分。その間、熱さと痛みが消えることはなかった。よくテレビの「衝撃映像集」などで、焼身自殺の映像を見かけるが、まさにあのような感じで絶叫しながら苦しみ、踊り狂っていた。

ちなみに製品説明には「カプサイシンはトウガラシから抽出した成分で、人体や生物には無害」と書いてある。が、あの激痛では成分云々の前にショック死しかねないと本気で思う。

私は確信した。これはヒグマに対して有効であると。奇しくも私は凄惨な体験をもって、その効果をよく理解した。カウンターアソールトは、とあるクマ牧場のヒグマに対して実際に噴射し、その有効性を立証する実験が行なわれていたと聞いたことがあるが、世界の片隅には自分の顔面に噴射してその有効性を確信した若者がいたということを、ここで小さくアピールしたい。

ちなみにこれは後日知ったことだが、製品説明をよく読んでみると、私のように熊スプレーの攻撃を受けた場合の救急処置がちゃんと書いてあった（涙）。以下のとおりである。

①万一、カプサイシンが身体にかかった場合は、清潔な冷たい水で目や鼻の穴をよくすすぎ、充分なうがいをし、ガスが付着した頭髪を含むすべての身体を洗う（↑それを早く言ってくれ！）。

②ガスが付着したところを擦らない（↑それを早く言ってくれ！）。

③ガスが付着したすべての衣類を外す（↑それを早く言ってくれ！）。

④45分経っても痛みがとれない場合、専門医にご相談ください（↑そんな余裕ありません！）。

私の場合、40分経っても痛みが引かなかったが、まず顔を洗い、流水で口や喉を何十回もうがいを繰り返すことで直撃を受けた顔面および喉はだいぶ楽になった。しかし、身体のヒリヒリは相変わらずなので、意を決して入浴したところ、案の定、皮膚をお湯につけると痛みが激増してしまい、まともに入浴できない。その後、ぬるま湯のシャワーで身体を洗ったところ、急激に痛みが治まり、1時間ほどで痛みが消えた。また、失明したかと思った目も元に戻り、視力の低下や皮膚のただれといった後遺症は一切なかった。

しかし強力な成分は部屋の中に残っているので、部屋の窓をすべて全開にして3時間ほど換気した。そうしなければ、呼吸するたびに喉が焼けつくような痛みが現われるからだ。当然、部屋の壁、床、布団などに触れても、その皮膚がまた痛みだす（これらは決して直接噴射を受けていないのに）始末。こんなことが2〜3日は続いただろうか。もちろん、洗濯できるものはすべて洗濯した。

さて、この熊スプレーだが、店頭での並びぐあいを見る限り、この凶器（?）を持っている人は今や相当な数に上ると思うが、取り扱いは極めて厳重に行なっていただきたい。個人的には散弾銃のようにカギのかかったロッカーで保管してほしいくらいである。なんたって、あれはヒグマも逃げ出す威力なのだから。当たり前のことだけど……。

この事件以来、北広島山岳隊では「熊スプレーはクマのほかサル・イヌ・田村など、あらゆる動物に対して有効」と評判である。そしてついに今年4月、北海道のある山菜採りの方が、熊スプレーで襲いくる野生のヒグマを撃退したそうだ（おそらく国内での「実戦」はこれが初の事例ではないかと思う）。助かった方はご無事で本当に何よりである。

しかし……何というか……つまり……。そのヒグマに対して、私はちょっと同情してしまうのだ。

その時、2万ボルトの電撃が私の身体を貫いた。
大音響に振り向いた釣友は、全身が火柱に包まれ、
黒煙を上げて倒れる私を見たという。

# 釣りザオが電線に触れて全身大やけど

体験者◉細堀喜一郎

※2004年刊行の『釣り人の「マジで死ぬかと思った」体験談』より転載

釣りって楽しいよね〜。まして昨今のヘラブナ釣りはスポーツ的要素を備えているから、一度ハマるとどんどんのめり込んでしまう。そんな楽しいヘラブナ釣りにも意外な危険が潜んでいる。たとえばボートからの転落、真冬の桟橋で霜に足を取られて水の中に転落などなど……。かくいう私もその当時としては珍しい事故に遭遇してしまった1人である。

あれは昭和55年8月16日のこと。奇しくもこの日は私の39歳の誕生日でもあった。気の合った釣り仲間、というよりもヘラブナ釣りの大先輩（元日研理事長、部長、釣り新聞ＡＰＣ、日研先輩）の方々16名と北陸方面のヘラブナ釣りのメッカ、石川県は柴山潟に旧盆休みを利用して2泊3日の釣り旅行に行き、事件は最終日に起こった。

初日は前川、串川を釣り、2日目は柴山潟を舟でねらい、3日目は柴山潟に流れ込んでいる動川で釣り、午後から山代温泉で湯に浸かり、疲れを取ってから帰ろうという予定だった。

問題の3日目。その日は朝から時折小雨混じりであったが雨具を用意するほどではなかった。空もまだ薄暗いうちにポイントに入る。仲間たちも思い思いのポイントに散って行った。

私は気の合うNさんと並んで釣り始める。開始早々から釣れ続いたが、時間が経つにつれてアタリが遠くなる。上流の地域で雨が強く降ったのか、多少流れが強くなり、増水の影響か魚も上流に上ったようす。仲間たちも魚を追って上流側に移動を始めた。

私とNさんは朝から同じポイントで粘っていたが、まるで釣れなくなってしまった。見回せば、ここでサオをだしているのは私とNさんの2人だけ。

「Nさん、俺たちも上流に行ってみようか」と私が切り出すと、Nさんも同意見。サオはたたまずそのまま担ぎ、川を土手づたいに歩き始めた。

土手から水面まではアシやガマに被われて、釣りができるポイントは少ない。その数少ないポイントのいずれにも先に移動した仲間たちが入っている。

Nさんと2人、上流へ上流へと魚を追って行く。魚はモジリと跳ねを繰り返しながら遡上している。朝からの小雨は相変わらずで、雨具なしの私は多少濡れてきた。

しばらく魚を追ってきたところで、北陸本線の鉄橋が現われた。その先を見るとアシ、ガマなど雑草が生い茂っていて、この先まで行っても無駄だろうと思えたので引き返すことにした。長い鎌を持ってきていたので、これで雑草を刈り、ポイントを作ることにしたのだ。

鉄橋から引き返す途中、何気なく私が振り向くと、鉄橋の先に白い上下の服を着た人物が、土手から水面に降りて行くのを見かけた。そのことをNさんに告げると、Nさんも振り返って見たのだが、「誰もいないよ。鉄橋の先に行くのは大変だよ。入るポイントもないみたいだし、雑草だらけだから濡れるよ」とのこと。それでも私は確かに人を見たような気がする。人がいるなら入る道もあるはず。そう思い、私は鉄橋の先まで行って見ようと思った。Nさんは引き返すという。

いま思えば、この時が運命の分かれ道だった。サオを担いだまま私は線路を横断した。土手から線路に入るのに何の柵もなく、難なく横断できる状況であった。線路は複線で、ひとつめの線路を渡り、ふたつめの線路を渡ろうとした時、突如「ガァ〜ン‼」と激しいショックが全身を貫いた。

真っ暗闇に引き込まれるような感じで、立っているのがやっとだった。このままの状態では、線路内だけに危険と感じたが、身体が硬直したままで身動きできない。この場から何とか脱出しなければ……。そう思うのだが身体がいうことをきかない、足が動かない。

いったい私の身体に何の異変が起きたのか？　以前にも貧血を起こしたことがあったので、今回も寝不足と疲れで強めの貧血になったのかもしれない。この場で少し休めばきっと回復して脱出できると思った。しかし、休んでも回復するどころか意識がだんだんと遠くなっていく。

私は感電していたのだ。担いでいたサオが架線に触れ、電撃で衣服と釣りバッグが燃えた。しかし、身体は熱く感じられたものの、痛みや苦痛はまったく感じられなかったため、何が起きたのか理解できなかったのである。

引き返していったNさんは、「バァーン！」という響きのある大きな音を耳にして振り向いた。その時、私の担いだサオと身体に火柱が立ったかと思うと、すべてが黒い煙に包まれるのを見たという。Nさんは一瞬、何が起きたのか分からなかったが、大変な事態になったのは間違いないと、すぐに釣り仲間に応援を頼みに走ってくれた。実は離れていた釣り仲間たちもその音を聞いており、ガス爆発でも起きたのかと思っていたそうだ。さらに鉄橋付近で黒い煙が立ち昇るのを見て、異常を感じとり、駆けつけてくれたのだった。

その後、私は気絶したようで、目を覚ました時には線路脇に助け出されて仰向けに寝かされていた。しかも、私が助け出された直後に特急列車が通過したという。あと少し救出が遅れていたら一巻の終わりだったと後に聞かされた。

釣り仲間たちは、怖い物でも見るように私を覗いていた。私が起き上がろうとすると、「起きるな、寝てろ寝てろ」と大慌てのようす。まだ事態が飲み込めていない私は、寝転がりながら、首を持ち上げて自分の身体を見て仰天。衣服は焼け焦げ、胸や腹から出血していたのである。ようやく事の重大さを感じた私は皆に謝った。謝った後で、また意識がなくなった。

私の症状は意識不明の重体。全身50％の大火傷。火傷の重症度は1度から3度まであり、私の場合は当然、最も重い3度（一部は2度）。2度でも全身の30％を占めると重症であり、3度になると10％以上で生命が危険といわれる。

電撃のショックは相当なもので、運び込まれた病院の医師は「どの程度ダメージを受けたのか、それによっては今夜が山です。覚悟は決めておいてください」と家内に告げたという。実際、即死でもおかしくない状況下だった。私の身体を駆け抜けた電流は実に2万ボルト！　が、電流は濡れた体表と衣服を通過したのか、体内に大きなダメージを受なかったのが奇跡的だったという。

意識不明の真っ暗闇の中、はるか遠くのほうから、「きいちゃん、きいちゃん」と呼ぶ声がかすかに聞こえてくる。暗闇の中に一点、小さな明りがあり、それに向かって這い上がろうともがく私。一方で、暗闇に引き込まれるような感覚もある。

私を呼ぶ声がだんだん大きくなってくる。私がようやく気がついたのは事故3日後のこと。金沢市内の中央病院。集中治療室のベッドの上だった。家内やお袋が心配そうな顔で覗いていた。家内の声が涙声なので、やはり軽いケガではないな、と感じ取った。

集中治療室で過ごした15日間。先生と看護婦さんの献身的な努力で私は奇跡的に一命を取りとめることができた。しかし、一般病棟に移ってからの闘病生活は苦しみと痛みとの戦いであった。皮膚の移植手術をすれば痛みはやわらぐと先生に言われたが、手術は体力が回復する1ヵ月先。その間、豚の皮を火傷の跡に張ると痛みはいくらか和らいだが、2、3日もすると豚の皮は腐って異様な臭いを発する。私の皮膚も壊死しており、その皮膚を取るためにストレッチャーごと消毒液の入った浴槽に浸かるのだが、ぷくぷくと泡が立ち、まるでジャグジーバスのようであった。こうして腐った豚の皮と壊れた私の皮膚を取るのだが、この時の痛みは筆舌に尽くしがたい。

また、顔の手術も辛く、口とマブタを縫われるから暗闇の恐怖に支配される。包帯の間からかすかに見える明かりを励みに頑張った。健康な皮膚もカンナで剥ぎ取られ、それを移植する手術は8時間に及んだ。ぼろぼろになった血管からは血が止まらず、麻酔も使えないため、電気ゴテで血管を焼き付けて血を止める。これがまた痛くてたまらない。痛みに対する抵抗力もなくなっているため、どんな小さな痛みも苦痛に感じる。辛い毎日であった。

なお、火傷治療はベトナム戦争以後飛躍的に改善され、この病院でも最先端の治療をいち早く取り入れており、北陸地域の火傷治療に献身している。そんな病院に担ぎ込まれた幸運も、私が助かった要因のひとつだと思う。

とはいえ、ようやくベッドから解放され歩けるようになり、初めてトイレで自分の姿を鏡で見た時の驚きといったらなかった。眉毛はなく目は開いたまま、鼻も欠け、口は曲がり、皮膚はケロイド状態……。これが俺の顔か？　まるで化け物じゃないか。すっかり落ち込んでしまった。

友人や釣り仲間、親戚の方々も、私を元気付けてやろうと見舞いに来てくれるのだが、病棟に入り私の姿を見ると決まって言葉を失う。ただ「頑張れ」と言うだけだった。

移植手術は８回にも及び、総輸血量は９０００㏄にも達した。肝臓もすっかり疲れてしまい、血清肝炎になってしまった。しかし、「ボロボロの身体になったが、俺はいま生きているゾー！　この顔がこれからの俺の顔なのだ」と自分に言い聞かせ、３年間の入退院の繰り返しに耐えた。

キズが残ったみにくい顔になり悩んだ時もあったが、生命を拾った喜びのほうが大きい。修正のための手術を何度か行なう予定だったが「痛いのはもういやだ」が偽らざる気持ち。家内も「その顔で充分」と言ってくれているし、取りあえず手足は正常に機能を果たしているので、「まーいっか」と思っている。

思い返せば、当時はカーボンザオが出始めた頃で、釣り人の間に電線の近くは危険であるという認識が薄かった。カーボンは良伝導体である、とは分かっていても、それが釣りザオに変身するとそんなことは忘れてしまう。私の仕事は土木建築関係で、しかもその時は鉄道工事をしていたため鉄道工事教育も受けていたし、責任ある立場にあったから鉄道内は危険区域と認識していたはずだ。しかし、釣りという遊びの時間内ではすっかり危険を忘れてしまっていた。

私の後にも同様の事故を起こして亡くなった方がいると聞き及んでいる。その後のカーボンザオには「雷や電線に注意」と書かれたシールが貼られるようになったし、また、危険と思われる箇所には看板などが立つようになった。実によいことだと思う。私も声を大にして言いたい。「電線付近の釣りは危険ですよ！」と。

それにしても、なぜこんなひどい目に遭わなければならないのだ。これまで放流活動など、ヘラブナに対して親切にしてきたのに……。

というわけで、私はまた釣りの世界に戻ってきてしまった。これからヘラブナに仇討ちだ〜。へラブナを釣って、釣って、釣りまくるぞ！　とかなんとか言いながら、休みの日には釣りザオを担いで、あっちの釣り場、こっちの山上湖と仇討ちに明け暮れている。が、20数年の歳月が過ぎているのにいまだ仇討ちはならず、いずれも返り討ちに遭っているしだいである。

さて、話は変わって、運命の分かれ道となった例の白い人影だが、あの日あの場所にいた釣り人は我々の仲間だけで、ほかには誰もいなかったと分かった。私の気のせいだったのか。しかし、いまでも上下白い服装の人物が頭の中にはっきりと残っている。もしかして、それは魔物だったのかも……。

最後に、一緒に釣り旅行をした大先輩の方々にご迷惑とご心配をお掛けしたことを、心からお詫びいたします。そして献血や励ましを頂いた方々、献身的に治療していただいた先生や看護婦さん、本当にありがとうございました。今はいたって健康で、最近ではスキーも年間30回近く行っています。せっかく拾った生命です。これからも大事に生きて行くつもりです。

突然、弾かれるように水面から飛び出たゴロ引き仕掛けのオモリ。
その先には15万４０００ボルトの高圧電流が流れる送電線が……！

# 高圧電線にオモリが触れ全身から火花を立てて失神

体験者◉金井恒晴

※２００９年刊行の『釣り人の「マジで死ぬかと思った」体験談４』より転載

人の一生において、九死に一生を得ることはそう度々あることではない。釣りをしている時でも、多少の危険はあるものの、そのような事態を経験した人は少数派のはずである。

今から2、3年前の9月1日、私はカナダのスキナーリバーでスチールヘッド（降海型の大型ニジマス）釣りを満喫して帰国していた。カナダのサーモン釣りは3回目。釣り場環境のよさ、サーモンの種類、量の多さには、いつもながら釣り人の幸せを身体一杯に感じた。私は帰りの飛行機の中で、1週間前の天竜川のアユ釣りの風景を思い浮かべていた。最後のアユ釣りに行かないと……。そう思いながらついウトウト。日付変更線を越えた頃、急に思い出したことがあった。前のアユ釣りの時、川底にあった去年のゴロ引き仕掛けに、ウエーダーが穴を開けられていたのだ。困った。すぐに穴を修理しなければならない。

そんなことを考えているうちに、カナダのきれいな川を思い出した。日本でも、せめてゴロ引き仕掛けをちゃんと回収して、川をきれいにすることはできないだろうか。そう考えた私は成田空港に着陸するまで眠気をものともせず、浮かんだアイデアを元に設計をしていた。

会社に帰り、時差ボケの頭をフル回転させながら、何回も何回も試作品作りを繰り返した。納得できた仕掛けを作りあげたのは、9月6日の深夜のことだった。仕掛けを枕元に置き、これでアユのゴロ引きファンは仕掛けをむだにせず、川もきれいになり、スキナーリバーのような清流になるはず。そう思いつつ、夢の中へZZZZZ。

これが、私の足のある、最後の寝姿だった。

9月7日、心地よい夢から覚めた。今日は完成した試作品の仕掛けのフィールドテストだ。枕元の試作品を手に取り、思わずニッコリ、ウットリ。これで釣り場がきれいになるぞ！

妻の心尽くしの朝飯を食べて、昼飯とお茶をクーラーに入れた。いつもの釣行風景である。今日は1人なのと聞く妻の問いかけに、試作のフィールドテストだからねと声を掛けていた。心は早くも現地に飛んでいた。

釣行の私の頼もしい愛車は、セドリック・ステーションワゴン2500CC。茶色のウッドパネルコンビネーションが気に入っていた愛車は、この日も勇ましく私の乗るのを待ち構えていた。愛車には季節の釣りものにあった道具一式が揃えてある。その時はアユの道具で、檜笠、ウエーダー（修理済）、オトリ缶、特製手編みタモ、友釣り仕掛け（背バリ付き）掛けバリ、釣りイト、目印などなどである。釣りザオは10、9、8m各1本に、さらに10mの9本継ぎ。これは翌年のサンプル製品だった。それに、この日テストするゴロ引き仕掛を持って、一路天竜川・駒ヶ根市宮田発電所下のホームグラウンドへと出発した。

もともと私はアユ釣りは友釣りが主で、ゴロ引きは2、3回しか経験したことがなかった。はたして、試作品の仕掛けでアユを掛けられるか？　この仕掛けが川底の小石や障害物を越えられるか？　何度も何度も想定上の問題点を検討しているうちに、いつもの駐車位置に着いた。川原は3週間前とほとんど変わりなく、私と愛車を迎えてくれた。

テスト用のゴロ引き仕掛けと、来年度のサンプルであるアユザオで塗装のないブランクスを持ち、アユ道具一式の入ったザックを背負った。そして私は、ワンド奥の定位置に着いた。

スキナーリバーから帰国して以来、試作品に没頭した毎日。時差ボケも直らない身体に天竜川の水は優しかった。その日、天竜川の天候は高曇り。まだ夏の名残の太陽が照りつける、蒸し暑い日だった。午前10時頃、山手から川に降りる川面に吹きぬけていく涼風が、ほてった頬に心地よかった。だがそれも一時だけで、川に立ち込んでいるというのに、じっとりと汗がにじみ出していた。

私の立ち込んでいた場所はお気に入りポイントで、周りに釣り人の姿もなく（いつもは満員なのだが）水は膝下まで。濁りなし、まさに試作品のテストにうってつけだった。

サンプルのアユザオ10mに試作仕掛けをセットし、サオと仕掛けのバランスをとった。よし、サオも仕掛けも申し分なしだ。川底の小砂利をウエーダーでならし、足場を確保してアユのポイントにねらいを定めた。1投目のゴロ引き仕掛けは、ポイントの上流に吸い込まれ、予想どおり扇型にドリフトして水面下を流れ下った。サオを下流に倒し、足場を数m下流へ移動した。

2投目も同じ動作で振り込んだ。今度は1投目よりも流速のある瀬をねらった。同じように扇状にポイントを流し始めると、今度は1投目よりもはるかに重量感のあるテンションがサオを握る手に伝わってきた。流し切ってサオを引き上げる。

ナマリのオモリが水面を切って空中に飛び出した瞬間だった。高弾性カーボンの長ザオは限界まで絞り込まれ、放たれた矢のように、オモリを想定外のスピードで跳ね上げた……。

弾かれて飛んだオモリの先には、15万4000ボルトの高圧電流が流れている送電線があった。

さらにその送電線の周囲には、半径5ｍ以上もある放電域が存在していた。もちろんこれらのことは、当時は想像もしていなかったのだが。

ちょうどその時、２００ｍくらい上流の対岸で友釣りをしていたアユ釣りファンが、全身から火花が星のように飛び散り、川に倒れ込む瞬間の私を目撃したという。その釣り人は、私が激流の天竜川本流に流されずに、50ｍくらい下流の静かなワンドの砂地に着いたのを確認して、救急車へ携帯電話をかけてくれた。

私は不幸中の幸いで、仰向けに倒れたために、窒息せずに済んだのだ。そしてもしも本流側に流されていたら、あの激流の中では仰向けであっても命はなかっただろう。私は、九死に一生を得たのである。これらのことも、もちろん後になってから分かったことである。その時の私は、もちろん意識を失っていたのだから。

どれくらい時間が経過したのだろう。私はなぜかぐっすり寝込んだ後の、いい気分で目を覚ました。

「なぜ俺はこんな所で仰向けに寝て空を眺めているんだろう」

そう思い、両手足を動かし起き上がろうとした。だが、全く身体が反応しない。辛うじて右手を見ることができた。その手首から、真っ赤な血が出ていた。やがて、対岸の釣り人が本流の向こうから「救急車に連絡したから、もう少しがんばれ！」と大声で伝えてくれた。

しばらくすると、救急車のサイレンが遠くから聞こえて来た。そして私は、再び気を失ったのである……。

搬送された昭和伊南病院で、私は4日間ほど死線をさまよっていた。事故当時、水中にあった膝下から15㎝の両足は、命と引き換えに切断する大手術をすることになった。事故の結果を知らされ、見舞いに飛んで来てくれた盟友の池永さんは言った。

「足なんか心配するな。俺が足になってやる……」

2人は声を出して泣いた。この一言で、私の心も九死に一生を得ることができたのである。

退院後に私はアユ釣りの仲間を集め、『信州信鮎組』を旗揚げした。それから23年間、釣り場環境の保全と釣り人のマナー向上のため、仲間たちで活動を続けている。

九死に一生を得た私にとって、よき仲間と楽しい釣りがあれば、人生に失望はない。

追伸：２００９年1月6日に脳梗塞を患い、さらに2日後に再発。まさに死線をさまよい、彼岸へ行きそうになった。しかし妻の実に恐ろしき一喝に再び九死に一生を得て、三途の川で釣りをしているところを呼び戻された。現在は失語症のリハビリ中である。

本書で最新の事故だろう。運がいいのか、悪いのか、
いや、確実によかったのだろう、
今思えば。事故でスマホはなくしてしまったが、
ＳＮＳでつながる友にも感謝だ。

# 行先も告げず
# 春の単独渓流釣りで滑落、
# 骨盤骨折で身動きとれず。
# 激痛・雨・冷え・
# 獣の恐怖に耐えた3日間

体験者◉ぴちこ

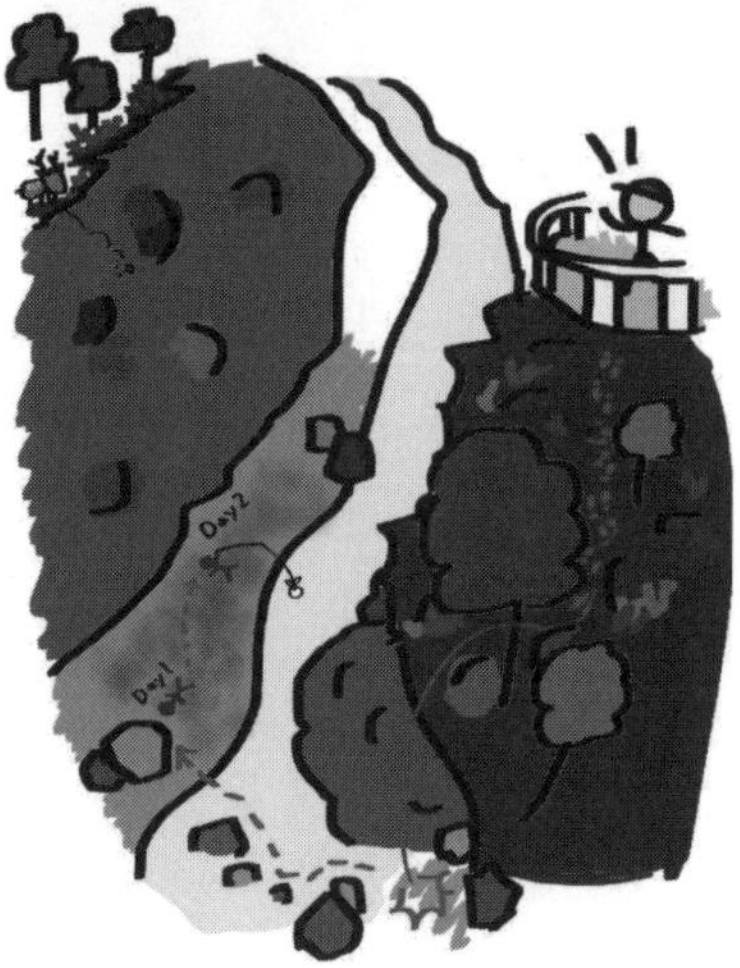

2023年3月31日（金）快晴。友人に釣りに出掛けるとしか告げず、一人初めての山に渓流釣りへと向かった。平日休みが多く普段から単独行動で登山をしている私は、知らない山に入るのに何の躊躇もなく、体力にも自信があった。一方、釣りは全くの初心者である。ある時キャンプがしたいと思い、キャンプ場ではなく電気もトイレも水道もないただの森の中で野営し、近くを流れる川を見て渓流釣りを始めたのがきっかけだった。ある程度やり方を教わって、あとは過去に歩いた山の記憶を辿り、登山道を流れる浅い川を中心に簡単な場所で釣っていた。そのうちいつもと違う場所でやってみたいと思い始め、公共交通機関で行ける場所を探していた。この日は新たな野営地を新規開拓すべく、ネットで軽く調べた情報だけで行き先を決めた。

電車から降りて、駅前に咲く満開の桜を見て春を感じた。今日の釣りが上手くいくように願いをかけて、ツイッター（現X）に写真を投稿した。これが自分の命の鍵になるとは思いもよらずに……。

始発のバスを降りて40分ほど歩いた所で、30m下の川を覗き込んだ。入渓点はまだ先だったが、情報収集不足で詳しいことは知らなかった。岩肌を見て、ここから下りられそうだな、と登山の経験を過信して行けると判断した。それは全くの見当違いだった。

思っていたより土が柔らかく、捕まる木々も根っこが不安定だった。半分まで下りて、これはまずい……と思ったが時すでに遅し。案の定、足場が崩れ落ちて、私は宙に舞った。

強い衝撃を受けて、気付くと川の浅瀬に両手をついて四つん這いになっていた。直後はパニックになったが、落ち着け、落ち着けと自分をなだめながら呼吸を整え、すぐにポケットの中に入れていたスマホが無いのを確認した。電波は圏外だったため、どうせ救助要請はできなかった。頭は打ってない、首も胸も大丈夫、手も動く。生きていることがわかったが、立てなかった……。あぁ右脚がダメだ。左はなんとかつける。お尻も痛い。骨盤やったな、こりゃ……。

頭上を見上げたが、到底登り返すことはできない。右脚を引きずりながら岩伝いに上流に向かって少し移動したが、ハングした岩があってそれ以上進めない。落ちた場所は岩壁の真下で、覗き込んでも見えない位置だった。ここにいても見つけてもらえない……。

覚悟を決めて、対岸まで川を渡ることにした。全身濡れてしまううえに、下手したら水に流される可能性もあったが、助かるにはやるしかないと思った。川幅は狭く水流も弱め。水に入れば浮力で足は楽になるから、あとは腕力だけで必死に岩にしがみ付いた。顔に水が付くぐらい深い箇所もあり、危うく流されそうにもなったが、女の根性、火事場の馬鹿力。無事、対岸に到着。

激痛だった。骨盤骨折がいかに危険なことかは知っていた。実は今回終始冷静でいられたのは看護師という職業柄だった。情けないことにこの後、自ら身を持って患者体験をすることになるのだが……。

折れた骨が万が一、内臓や血管を傷付けたら出血死すると分かっていたから、これ以上動かないと決めた。いや、どうせまともには動けなかった。ある程度平らな場所で力尽きて寝転がった。全身ずぶ濡れで当然寒くなってきたため、ウルトラライトダウンとレインウェアを急いで着た。しかし右脚が動かず、ズボンを履くのに苦労した。激痛で尻が上がらない。そもそも体を起こすだけでも辛い。痛みに耐えてやっと履いた。靴も脱ぎたかったが一度脱いだら履き直せなくなりそうで、紐を緩めるまでに留めた。着ていたフリースはしっかり水を吸ってしまったため、絞れるだけ絞って足の上に広げて掛けた。このお天気で少しでも乾いてくれたらと願った。

ここでリュックの脇に入れていた水筒を紛失したことに気付いた。川の水を飲めばよいのだが、動けない。さてどうしたものか……。釣りザオの先にコンビニ袋を付けて、汲み上げる方法を思い付いた。サオを伸ばして袋を沢に落とし、そのまま持ち上げるとサオが折れるためズルズルと引きずり上げた。作戦は大成功！　しかし袋の中の水を手で掬って飲むことができなかった。身体が痛過ぎて手をついていないと上半身を起こしていられなかったからだ。そこで今度は朝食べたおにぎりの空袋で掬って飲むことにした。大した量は入らないが、たくさん飲むわけではないので充分のぐい呑みだった。

いつ発見されるかわからなかったため、脱水、低血糖、低体温症にならないようにと考えた。幸い食料は多めに持っていて、おにぎり、サンドイ

ッチ、パンを各1個。動かないから腹も空かないが、食べないと低血糖を起こすし、エネルギーも必要だと思ってちびちび齧った。もしかしたら1週間も見つからない可能性だってある。食料は残さなければと思った。

ここまでまだ朝の話だ。

一日が長かった。平日だから釣り人や沢登りの人は皆無だった。春の陽気で暖かかったが、外傷による身体反応で定期的に寒気が来た。激しい全身の震え。いちいち筋肉が強張って尻が痛んだ。

低体温を防ぐため、持っていた長靴を上着の中に突っ込んだ。小さい保冷バックも胸元に入れて、他にもジップロックやコンビニ袋があったので背中に入れた。とにかく体幹の保温を優先し、替えの靴下は手袋にした。

それから夕モを使い、見えない頭のほうにも目一杯手を伸ばして、周囲の落ち葉を掻き集めた。下半身にこんもりと乗せて、枯葉の布団を作った。

さすがに夜は寒かった。リュックを肩に乗せて寝ていると、突然近くに石が落ちて来た。シカがいるのだと思った。アイツらが頭上の岩壁を歩くことで、落石が直撃するかもしれないと思うと急

に怖くなった。リュックに両腕を入れて頭を保護し、追っ払うために「コラー!」と大声を出したら、そのうち落石はなくなった。ちなみに翌日も同じことが起きた。クマだけは来ないことを祈るしかなかった。

看護師の特権とも言えよう、ロキソニンとエペリゾン（鎮痙剤）、デパス（抗不安薬）、眠剤各種を持っていた。夜をメインに少しずつ時間を見ながら内服した。夜はとにかく長いため寝ていたかった。時計はあまり見ないようにした。見てもあまり時間が経っていないから……。

2日目もよい天気だった。

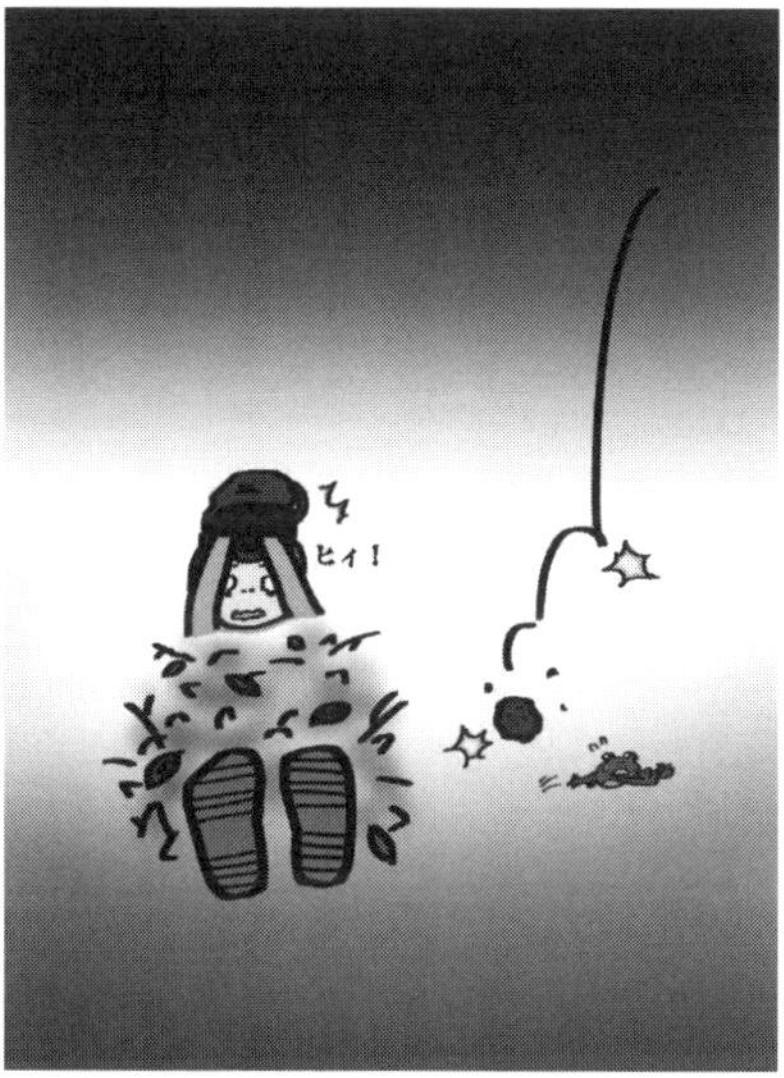

今いる場所がどうも斜めになっており、真っ平だったため体を起こすのが辛かった。頭側を高くしたかったから、数m、ほんの少しずつ腕の力で移動した。どうせ時間はたっぷりある。万能道具達も一緒に移動させ、また落ち葉を掻き集めた。

土曜日なので釣り人に期待した。時々見上げた先の道路に車が通るのが見えた。声を上げてみたが当然気付かれることはなかった。よっぽど車から降りて見下ろさない限りは見えない深い谷だった。

天気がよいのに相変わらず定期的な悪寒と強い眠気があった。窮地に立たされると仮死状態になるのだろうか。ウトウトすることが多かった。寝ていると悪寒で目が覚めて、震えながら痛みを堪えなんとか起き上がり、水を飲んで食料を齧った。

そんなことを繰り返して夕方になった。この日出勤予定だったため、無断欠勤となれば確実に捜索願が出るだろうと思った。ここから捜索か……夜は動かないから明日の朝からだな……。明日には見つけて貰えるだろうとどこかで期待していた。もう一晩我慢しなきゃ……。いよいよ体力が落ちてきて、自力で首が上げられなくなった。手で頭を持ってなんとか半身を起こして水を飲んだ。二つ目の食料も残り僅か……。

3日目に入った夜、小雨が降った。

よく眠っていて、気付いたら足の上に乗せていたフリースが濡れてしまって凹んだ。しかしどうしようもない。下半身は既に濡れていたし、枯葉布団がよい仕事をしていたのでそのままにした。

幸い雨はすぐに止んだ。

夜が明けて青空が見えたのは奇跡だった。この日は日曜日、人が来ないか期待した。目が覚めてふと横を見ると、釣り人が見えた！　と思って大声で叫んだが、向こうに行ってしまった……。とうとう幻覚が見えるようになったのかと自問自答した。低体温症で幻覚が見える症状があるが、そこまで重症になっているとは思えなかった。そもそも、そうなれば自覚もないのかもしれないが、脱水も低血糖もなさそうだった。冷静を保っているつもりでいた。沢の音で声は掻き消されるし、横たわっていたので向こうからは見えなかったのかもしれない。ただ前日よりさらに眠気が強く、夢だと思うしかなかった……。

首が上がらないし、疲労もあって起きるのは精一杯だった。もう半身の半身で、ほぼ横向きで水をやっと飲んでいた。この日も時々車が通り過ぎるが、声を出して無駄な体力を使うより、大人しく見つけて貰うのを待った。救助されるための行動を辞めたというか、諦めた。

眠気に負けてよく寝ていた。悪寒で起きて、水を飲んで、食料を齧って、また寝て………。時計は見なかった。空の色や影を見てなんとなくの時間を予想していた。時が経つにつれ、もしこのまま救助が来なかったらまた夜が来る……、そろそろ雨が降るんじゃないか……、体力持つかなぁ……、なんて不安がよぎった。

陽が傾いて来て時計を見たのは15時半頃だと思う。捜索時間はもってあと1時間半だな……、陽が暮れたら明日だ、と覚悟した。

次に目を開けると、ガードレールから人が覗いているように見えた。すぐに声を上げたが、どこかへ行ってしまった……。

……やっぱり幻かと思った。うなだれていると、いなくなった人が戻って来た。手を振っている。

「待って！　行かないで！　ここだよー！」

そして続々と人が集まって来た。あぁ、救助が来たんだ……。

両手を振り返し、腹から声を出した。遠い距離間で、名前は言えるか、動けるか、どこが痛いか等々、大声で叫ぶように質問に答えた。到底、３日間遭難して弱っている声ではなかった。なんだ、自分結構元気じゃん、と思った。

滑落時、もし両腕か両脚をついていたら開放骨折、出血死もあり得たし、頭や首だったら即死だっただろう。肺を傷付けていたら3日も持たなかった。結果は骨盤骨折だったのだが、尻だけで済んだのはむしろ軽傷である。

誰にも行き先を告げず、登山届も出さずしてあっさりと行き先が見つかったのも幸運だった。冒頭で述べた桜の写真を妹がネットで画像検索した結果、運良く一発で下車した「猿橋駅」（山梨県大月市／中央本線）がヒットしたらしい。そこからタクシー会社やバス会社に聞き込み調査をして、たまたま私を乗せたバスの運転手が居合わせ、女性一人を終点の奈良子で下ろしたことがわかった。これで奈良子川上流、小俣川に向かったことが確定したのだった。

ツイッターに情報提供を呼び掛け、警察以外の捜索機関を当たってくれたのはＳＮＳ上の友人達だった。友に恵まれ自然にも救われ、持ち前の性格と体力、そして知識……すべてが強運を基に噛み合った結果だった。

救助後、高度救命救急センターに運ばれ、状態が安定していたため数日後の手術となった。最長20cm辺のスクリューを主軸に５本のボルトを尻に入れることになったわけだが、登山で培った人並外れた体力のおかげで２ヵ月後には支えなく歩いている。我ながら、山の中で３日間サバイバルしていただけある。

事故を起こした原因はただただ情報収集不足、装備不足、判断能力不足。落ちるべくして落ちた。そんなアホに、救助してくれた警察官が正しい入渓点を教えてくれた。「リベンジしに来なきゃね」と。私の返事は「もちろん！」。そして今また自分の足で、懲りもせず釣りができるまで復活を遂げた。必死に捜索してくれた妹、そして友人、皆が口揃えて、「余計なこと言いやがって……」とボヤくのであった。

# 死《し》ぬか生《い》きるか　海《うみ》・山《やま》・川《かわ》
# 絶《ぜっ》体《たい》絶《ぜつ》命《めい》アウトドア体《たい》験《けん》談《だん》55

2023年10月1日発行

編　者　つり人社書籍編集部
発行者　山根和明
発行所　株式会社つり人社

〒101－8408　東京都千代田区神田神保町1－30－13
TEL 03－3294－0781（営業部）
TEL 03－3294－0766（編集部）
印刷・製本　シナノ書籍印刷株式会社

乱丁、落丁などありましたらお取り替えいたします。


ISBN978-4-86447-725-3 C2075

つり人社ホームページ　https://tsuribito.co.jp/
つり人オンライン https://web.tsuribito.co.jp/
釣り人道具店　http://tsuribito-dougu.com/
つり人チャンネル（You Tube）　https://www.youtube.com/channel/UCOsyeHNb_Y2VOHqEiV-6dGQ